山西财经大学"双碳"经济系列丛书

中国土地利用碳排放效率及影响因素研究

贡 俊 著

中国财经出版传媒集团
中国财政经济出版社

图书在版编目（CIP）数据

中国土地利用碳排放效率及影响因素研究／贡俊著. --北京：中国财政经济出版社，2023.7

（山西财经大学"双碳"经济系列丛书）

ISBN 978-7-5223-2265-0

Ⅰ.①中… Ⅱ.①贡… Ⅲ.①土地利用-影响-二氧化碳-排气-研究-中国 Ⅳ.①F321.1②X511

中国国家版本馆 CIP 数据核字（2023）第 097758 号

责任编辑：孙 琛　　　　　　　　责任校对：张 凡
封面设计：王 颖　　　　　　　　责任印制：党 辉

中国土地利用碳排放效率及影响因素研究
ZHONGGUO TUDI LIYONG TANPAIFANG XIAOLÜ
JI YINGXIANG YINSU YANJIU

中国财政经济出版社 出版

URL：http://www.cfeph.cn
E-mail：cfeph@cfeph.cn
（版权所有　翻印必究）
社址：北京市海淀区阜成路甲 28 号　邮政编码：100142
营销中心电话：010-88191522
天猫网店：中国财政经济出版社旗舰店
网址：https://zgcjjcbs.tmall.com
北京财经印刷厂印刷　各地新华书店经销
成品尺寸：170mm×240mm　16 开　14.25 印张　200 000 字
2023 年 8 月第 1 版　2023 年 8 月北京第 1 次印刷
定价：66.00 元
ISBN 978-7-5223-2265-0
（图书出现印装问题，本社负责调换，电话：010-88190548）
本社质量投诉电话：010-88190744
打击盗版举报热线：010-88191661　QQ：2242791300

目 录

第1章 绪论 ………………………………………………………… （1）
  1.1 研究背景和意义 ………………………………………………… （1）
  1.2 相关概念和理论基础 …………………………………………… （3）
  1.3 国内外研究动态 ………………………………………………… （6）
  1.4 研究内容 ………………………………………………………… （12）

第2章 中国土地利用碳排放测算及时空特征分析 ……………… （15）
  2.1 中国土地利用现状 ……………………………………………… （15）
  2.2 中国土地利用碳排放量的测算 ………………………………… （18）
  2.3 中国土地利用碳排放时序变化分析 …………………………… （22）
  2.4 中国土地利用碳排放空间分布特征 …………………………… （31）
  2.5 本章小结 ………………………………………………………… （47）

第3章 单要素视角下中国土地利用碳排放效率测算及时空特征分析 ………………………………………………………………… （50）
  3.1 指标选取及数据来源 …………………………………………… （50）
  3.2 单要素视角下土地利用碳排放效率测算方法 ………………… （51）
  3.3 单要素视角下中国土地利用碳排放效率时序分析 …………… （53）
  3.4 单要素视角下中国土地利用碳排放效率空间分析 …………… （94）
  3.5 本章小结 ………………………………………………………… （113）

第4章 全要素视角下中国土地利用碳排放效率测算及时空特征
　　　分析 …………………………………………………………（116）
　4.1 全要素视角下土地利用碳排放效率测算方法 …………（116）
　4.2 全要素视角下中国土地利用碳排放静态效率结果分析 …（120）
　4.3 全要素视角下中国土地利用碳排放动态效率结果分析 …（126）
　4.4 本章小结 ………………………………………………（159）

第5章 中国土地利用碳排放效率的影响因素分析 ……………（162）
　5.1 指标选取及数据来源 …………………………………（162）
　5.2 灰色关联模型介绍 ……………………………………（165）
　5.3 中国土地利用碳排放效率影响因素分析 ……………（166）
　5.4 各省区市土地利用碳排放效率影响因素分析 ………（170）
　5.5 本章小结 ………………………………………………（189）

第6章 "双碳"目标下中国土地利用减碳增效的适应性策略 ……（192）
　6.1 土地利用减碳增效的制约因素分析 …………………（192）
　6.2 土地利用减碳增效的适应性策略 ……………………（197）
　6.3 土地利用减碳增效推动经济高质量发展 ……………（205）

参考文献 …………………………………………………………（212）

后　　记 …………………………………………………………（224）

第 1 章 绪论

1.1 研究背景和意义

全球气候变化作为当前国际社会面临的严峻问题之一,给人类生存和社会经济的发展造成了极大的威胁,气候变化是全球性挑战,任何一个国家都不可能置身事外,因此,世界各国纷纷出台措施来参与应对气候变化全球治理。2020 年,中国正式提出力争在 2030 年前实现碳达峰,力争在 2060 年前实现碳中和的"双碳"目标。2022 年 4 月 4 日,联合国政府间气候变化专门委员会(IPCC)发布《减缓气候变化 2022 报告》指出,2010 年至 2019 年全球温室气体年平均排放量处于人类历史最高水平,但增长速度已经放缓。目前全球平均气温已经比工业化前水平高出 1.09℃,而《巴黎协定》提出争取将全球平均气温升温控制在 2℃ 以下,实现 1.5℃ 以下的目标。因此如果不立即进行深度减排,将全球变暖限制在 1.5℃ 的目标就毫无可能。气候变化是一个多世纪以来不可持续的能源消耗、土地利用、生活方式以及消费生产模式造成的结果,需要加快采取多方面的措施来减少温室气体的排放,以此来适应与影响气候变化。

土地利用变化引起的碳排放仅次于化石燃料燃烧产生的碳排放,土地利用引起的碳排放问题也已经成为国内外学者关注的热点问题之一[1,2]。当前城市化进程速度较快、规模较大,建设用地的迅速增长与生产性土地的减少给土地利用碳减排带来很大压力,粗放型的土地利用方式需要被高质量精细化的低碳方式所代替。近几年来,中国积极推进低碳经济发展,坚持实行最严格的生态环境保护制度，低碳减排与环境保护协同推进。党中央、国务院号召全国各省区市积极发展低碳经济，加快推动煤炭清洁高效利用，加快规划建设新型能源体系，以减排约束、倒逼行业转型和创新，多方面采取行动奋力推进低碳城市的建设。随着我国经济社会的快速发展、综合国力的不断增强，土地利用碳排放总量在不断上升，碳减排的任务也非常艰巨。因此，党的二十大提出继续践行"绿水青山就是金山银山"的生态文明理念，站在人与自然和谐共生的高度谋划发展，进一步加强生态文明建设、优化土地利用结构、提升土地利用碳排放效率、推进绿色低碳发展的任务已迫在眉睫。

低碳经济发展理念已经得到世界各国的认同，中国及各省区市也在为"双碳"目标做出不懈努力，减少温室气体的排放、发展低碳经济已经成为了当前的迫切需求。目前，对于土地利用碳排放效率的研究还在不断的发展和完善中。传统的 DEA 模型忽视了非期望产出，将土地利用净碳排放量作为非期望产出，可以全面分析中国省际土地利用碳排放效率变化特征。同时从理论层面，在经济、自然、社会、政府等多个方面构建我国土地利用碳排放效率影响因素指标体系，有助于丰富碳排放效率的理论体系，对于中国土地低碳利用结构的优化具有重要的理论意义。

在建设美丽中国和实现"双碳"目标的过程中，减污降碳协同治理已进入实质性推进阶段，将全面提高中国环境综合效能，实现环境效益、气候效益、经济效益多方面共赢，引领全球气候与生态环境保护进入污碳共治的新时代。全面系统分析中国各省区市土地利用碳排放效率的主要影响因素，对于中国未来发展低碳经济有积极的指导作用，有利于实现经济发展与生态环境之间的和谐发展。对当前中国土地利用碳排放存在的问题进行细致的梳理，提出针对性的碳减排和土地利用碳排放效率提升的适应性策略，可以为各省区市科学合理地优化国土空间布局提供参考，为制定区域低碳发展策略提供依据，对于未来土地利用碳减排及全面推进"双碳"目标具有一定的实践意义。

1.2 相关概念和理论基础

1.2.1 相关概念

1.2.1.1 土地利用变化

土地利用变化是指通过改变或影响生态系统格局和土地利用管理方式，导致生态系统及土地覆被的变化。土地利用变化是人类与地球环境进行物质流、能量流交换的重要表现，是全球环境变化研究的核心领域[3]。目前，土地利用变化已成为"国际全球环境变化人文因素计划"（IHDP）的重要研究领域，众多国内外学者对全球以及区域土地利用变化进行了不同程度的研究。当前面对一系列严峻的生态环境问题，探究维护好土地利用与生态环境的关系，对实现资源可持续利用、维护生态系统功能稳定变得非常重要[4]。

1.2.1.2 土地利用类型

土地利用类型指在人类进行生产和建设过程时，根据土地利用方式不同划分不同的土地资源单元和土地利用类别，具有明显的地域特征，表现为有不同特点的土地利用方式。《土地利用现状分类》（GB/T 21010—2007）体系在对土地利用类型的划分上共包括12个一级类、57个二级类[5]。2017年11月，国土资源部修订新标准《土地利用现状分类》（GB/T 21010—2017），土地利用类型分类得到细化，地类含义更加丰富，一级类仍包括12个，二级类增加至72个。土地利用类型并非稳定不变，它会受到经济发展水平、科技进步水平及人类活动的影响[6-8]。

1.2.1.3 碳源与碳汇

碳源与碳汇是两个相对的概念[9-10]。其中碳源是自然界中向大气释放碳的母体，它向其他碳储库提供碳。碳汇是指自然界中碳的寄存体，通过植树造林、植被恢复等措施吸收大气中的二氧化碳，达到减少温室气体在大气中的过程、活动或机制[11-13]。碳汇接受来自其碳储库的碳，碳汇包括森林碳汇、海洋碳汇、岩溶碳汇等。

1.2.1.4 碳达峰与碳中和

2020年9月，中国向世界宣布2030年前实现碳达峰、努力在2060年前实现碳中和。碳达峰，指在某一个时点二氧化碳排放量达到峰值，二氧化碳增速接近于零，之后碳排放总量出现稳定或下降趋势。碳中和，指在一定时间内人类活动直接或间接产生的温室气体，通过植树造林等碳减排形式，抵消二氧化碳排放量，实现"零排放"[14-15]。二氧化碳的吸收方式主要有两种：第一种要增加植被覆盖率，提高森林、草原等的温室气体吸收效率；第二种要加大碳捕捉、碳封存等先进技术研究和推广应用，通过人工方式减少温室气体总量[16-17]。

1.2.1.5 碳排放强度

根据现有研究来看，在学术界尚未形成对碳排放强度概念的统一观点，主要定义碳排放强度是指单位GDP的增长所产生的二氧化碳排放量。该指标主要是用来衡量某地区经济与碳排放量之间的关系，如果每单位GDP导致的二氧化碳排放量下降，则该地区碳排放强度增强，处于低碳发展模式[18]。此外，还有学者用到地均碳排放强度、人均碳排放强度概念，前者是通过单位土地利用类型面积的碳排放量来定义的，后者是指单位人口的碳排放量来衡量[19-21]。

1.2.1.6 土地利用碳排放

赖力在2010年基于碳排放作用机理提出不同土地利用类型所产生的碳排放之和为土地利用综合碳排放，这一概念的提出统筹考虑了自然碳排放和社会经济碳排放[1]。土地利用碳排放类型包括直接和间接碳排放两部分，直接碳排放是不同土地利用方式改变而产生的碳排放，间接碳排放是由人类活动造成土地利用发生变化引起的碳排放[22]。

1.2.1.7 土地利用碳排放效率

土地利用碳排放效率是在土地利用碳排放的基础上引入生产效率演变而来的，以最低要素投入和最小的温室气体产生的环境代价来得到最大收益[22]。人类对土地利用的目的是获得经济或社会效益，但土地利用变化引起的碳排放破坏生态环境却制约着经济、社会、生态效益的提高，所以提出碳排放最小化的约束，实现要素间合理配置。从理论上看，土地利用碳排放效率的实质是从土地利用视角分析经济、资源、生态三者之间的可持续发展能力[18][23]。

1.2.2 理论基础

1.2.2.1 人地关系理论

人地关系理论狭义上是指人口与耕地之间的关系，广义上是指各种人文现象与自然环境的相互关系，对人类利用、改造自然的方式和强度有重要影响[24]。目前工业化和城市化快速推进使人地关系恶化，人类经济活动对地理环境的干扰程度不断加深，人地矛盾日益突出[25-26]。随着人类需求日益增长，土地成为稀缺资源，大量农用地被转化为非农用地，以森林为代表的陆地生态系统碳库不断减少，生态系统碳汇受到影响；同时，大量建设用地占用农用地，生活生产能源消耗产生大量温室气体，碳排放量不断增加。树立正确的人地关系思想对人类发展意义重大，创新低碳土地利用方式、合理规划布局，是缓解人地关系的重要手段。

1.2.2.2 低碳经济理论

2003年，《我们能源的未来：创建低碳经济》白皮书中最早提出"低碳经济"概念，意指通过减少高碳资源消耗，降低碳排放量，以获得更高的经济产出[22][24]。自此之后，各国政府结合本国国情，在低碳经济上加强关注，这极大推动各国绿色低碳转型发展进程。低碳经济实质是通过使用清洁能源、提高资源利用效率而减少能源消耗的经济模式[27]。低碳经济要求各国发展经济的同时降低碳排放量，从而保护全球生态系统。除了能源消耗，土地利用变化是产生二氧化碳的另一个重要方式，因此土地低碳利用也是低碳经济的重要内容，对土地资源的合理配置，能够降低二氧化碳的排放，提高土地利用碳排放效率[28-29]。

1.2.2.3 可持续发展理论

可持续发展是指经济、社会和生态三个方面的可持续[30]，其要求在满足当代人需求的同时,又不对后代人满足其自身需求的能力造成危害。可持续发展理论不仅重视经济增长的速度,更注重其增长的质量,实现经济效益与生态效益的共同发展。土地作为一种自然资源具有稀缺性,因此要想实现人类社会的可持续发展,必须重视土地资源的合理开发与利用[31-32]。

1.2.2.4 生产效率理论

效率是经济学研究的一个重要概念,用来衡量资源利用能力的大小[33-34]。在企业中常被称作生产效率,主要研究企业是否可以有效利用各种投入要素得到最大产出。本章研究碳排放效率是从土地利用的视角,基于生产效率理论,分析中国不同省区市的经济生态发展状况,把土地利用净碳排放量作为非期望产出指标加入效率模型,多方面、多维度研究中国土地利用碳排放效率[35]。

1.3 国内外研究动态

1.3.1 土地利用变化的研究动态

土地利用变化的过程中往往伴随着大量的碳交换,从而影响着温室气体的排放以及陆地的碳储量[36]。

国外学者对于土地利用变化的研究可以追溯到 20 世纪 20 年代。1922 年,Lee 在《从空中看到的地球表面》中阐述了利用遥感技术进行自然与人类关系研究的重要性和可行性[37]。20 世纪 90 年代之前,人们对于土地利用变化缺乏系统的研究。1995 年,IGBP 和 IHDP 联合提出"土地利用与土地覆被计划(LUCC)"研究计划[38]。随着 LUCC 的提出,一些参与全球环境变化研究的国家和组织纷纷开展对 LUCC 的研究,人们也开始意识到土地利用是一个动态过程,不单单是对土地用途的改变,土地利用与土地覆被成为全球变化研究的重点问题之一。国外学者对于土地利用变化的研究发展迅速。学者们利用 GIS 和遥感对土地利用变化进行研究,估计了不同植被类型被开垦的程度[39-40]，巴尔干半岛近年来经历了相当大的土地利用变化，基于地理信息系统研究了 1995—2015 年 LUCC 对土壤侵蚀的影响[41]。Austin K. G 等回顾了 2008 年以来美国生物燃料政策带来的土地利用变化，并对回顾的模型和实证方法进行了补充、改善，进一步提高了我们对土地利用变化的认识[42]。Padbhushan Rajeev 基于印度 1990—2019 年的土地利用数据集，确定了土地利用变化对土壤碳储量、微生物生物量等的影响程度，并提出：随着土地利用类型由原始林地向其他利用类型过渡，土壤碳库呈下降趋势，建议可减少密集土地利用单元 CO_2 排放的作物生产系统，有助于改善印度土壤质量和缓解气候变化的影响[43]。

国内关于土地利用变化的研究起步较晚。改革开放后，随着经济社会的快速发展，建设用地的需求日益增大，人地矛盾开始出现[44]。1986 年，设立国家土地管理局，同年颁布《中华人民共和国土地管理法》，这是我国第一部关于土地资源管理、全面调整土地关系的法律[45]。这部土地管理法对后来国内土地利用的研究有深刻的意义。1995 年，国际学者对 LUCC 研究进行关注，中国许多学者跟随其后，及时跟踪国际动向，积极开展土地利用变化研究，形成了具有中国特色的研究进展[24][46]。

基于国家层面，根据国内的普查和遥感资料，通过分析不同利用类型的面积、复种指数，对土地利用变化概貌、耕地等进行了统计与比较分析，揭示了中国 20 世纪以来土地利用结构的变化[47]。中国矿业大学从 LUCC 状况、驱动力、环境效应、模型四个方面评述了中国土地利用变化研究取得的进展，指出存在的主要问题，结合中国实际情况，提出切实可行的对策建议[48]。刘纪远、朱闯等利用遥感影像，通过投影、解译等方法获取土地利用数据，实现了对中国土地利用变化遥感的动态监测，分析了中国土地利用变化的时空特征。同时结合 Landsat 8 卫星遥感数据，从全国和区域两个尺度揭示了 2015—2020 年中国土地利用变化的区域分异和主要特征[49-51]。继而很多学者又开始了对重点城市甚至县域城市土地利用变化的研究，与碳循环紧密联系起来。在对咸阳市具有黄土高原特性的长武县研究中，基于 2010 年、2014 年、2018 年整合后的数据，研究了土地利用时空变化特征,并结合区域实际情况,深入分析其土地利用变化驱动因子,为长武县土地利用的科学发展提供建议[52]。张晓瑶、王晶等以平原城市群、重点城市为研究对象,基于各城市的土地利用遥感数据,分析其土地利用时空变化特征,并对该区域土地利用变化产生的生态效应进行定量分析[53-54]。总体来看,更多的学者从研究土地利用变化到探究区域土地利用变化对生态系统的影响,以期在低碳经济导向下优化土地利用结构,以达到土地利用碳减排的目的。

1.3.2 土地利用碳排放的研究动态

20世纪70年代以来,包括化石燃料燃烧及土地利用活动等在内的人类活动所引起的碳排放及全球变暖问题逐渐受到学术界的重视,其中土地利用活动是仅次于化石燃料燃烧的第二大排放源[1][55-57]。因此从土地利用的视角研究碳排放成了国内外学者关注的热点问题。在土地利用碳排放的测算方法中,较为成熟且应用范围较广的包括直接土地利用碳排放测算和间接土地利用碳排放测算两类[58-59]。

1.3.2.1 直接碳排放测算

在土地利用直接碳排放测算方面,学者们最早提出了模型估算法、样地清查法等方法。模型估算法是指由于大气和土地能够借助物质流动与交换的方式彼此影响,对土地和大气的关系进行处理,以此估算碳排放量的方法[60]。Houghton通过建立"薄记"模型,用于估算全球、典型国家的土地利用碳排放量,为后人研究土地利用碳排放奠定了基础[61]。样地清查法在实测调查的基础上,设立典型样地,通过碳密度估算植被、枯落物或土壤等碳库的碳储量,该方法用于森林碳储量的估算[62]。Dixon RK 等运用样地清查法系统对20世纪末全球的森林生态系统中土壤植被的碳储量、碳通量进行了估算[63]。国内开展对森林碳储量的研究较晚,最早开始于20世纪70年代末80年代初,研究基于中国森林资源清查资料,运用样地清查法对中国森林植被地上碳库的时空变化作出了大尺度的探讨[64]。王伟峰等基于文献计量学方法评述了森林固碳研究领域近年来的最新进展,比较了各森林固碳计量方法的优缺点[65]。

1.3.2.2 间接碳排放测算

间接土地利用碳排放的核算方法包括实测法、物料衡算法、排放系数法[66]。实测法和物料衡算法对样品代表性具有较高的要求,目前对于这两种方法的研究比较少[67-68]。碳排放系数法操作简单,应用广泛,受到了众多学者的推崇,目前国内外众多学者采用该方法在国家、省域、市域等多尺度展开了研究[69-71]。碳排放系数法基于国内外权威的碳排放系数,对应不同土地利用类型面积乘积得到碳排放量,该方法将土地类型分为碳源区和碳汇区,最终净碳排放量为碳源与碳汇之和[22]。比如张秀梅基于江苏省1996—2007年土地利用数据和能源消费数据,运用碳排放系数法进行碳排放量测算和区域差异分析,并提出地均碳排放强度[72-73]。周婷婷采用碳排放系数法对全国林地、草地、农作物用地及建设用地的碳排放量进行了计算,并分析了2003—2009年碳排放总量、人均碳排放量等多项碳排放指标的变化趋势[74]。还有很多学者在参照前人研究的基础上,结合区域实际情况确定其系数,利用碳排放系数法计算区域土地利用碳排放量,还有学者进一步利用灰色预测、马尔科夫模型等多种预测方法研究土地利用碳排放的演变规律,探索未来实现碳减排的途径[75-78]。

1.3.3 土地利用碳排放效率的研究动态

目前,国内外对土地利用碳排放效率的研究集中于两个方面:一是对区域全部或几类土地碳排放效率进行测度;二是从土地利用结构的视角分析区域土地碳排放效率[79-82]。数据包络分析(DEA)是目前测算土地利用碳排放效率最为主流的方法,在处理多投入多产出效率问题中具有明显的优势[58][83-84]。DEA最早是由Charnes提出对决策单元进行相对有效性的一种评价方法[85],传统DEA模型无法处理非期望产出指标,而碳排放是经济发展中的一种非期望产出,针对如何处理非期望产出,不同的学者基于自己的研究领域提出不同的构想,如Hailu A.将非期望产出视作投入变量,Tone K.提出了SBM模型[86-87][81]。金雯以陕西省为例,在估算土地利用产生的碳排放总量基础上,通过引入SBM效率评价模型,以资源消耗作为投入指标,以GDP作为期望产出、碳排放量作为非期望产出,计算城市土地利用过程中的综合效率[88]。胡光伟、孙艺璇都从土地集约利用的角度,使用SBM模型分析各城市土地用地集约利用度与其碳排放效率之间的关系[89-90]。学者们在DEA模型的基础上逐渐完善对土地利用碳排放效率的研究。唐洪松、范建双尝试分别从单要素和全要素碳排放效率增长的视角,运用Hicks - Moorsteen TFP和Malmquist指数模型对各省区市的土地利用碳排放效率增长进行估算、比较和分析[58][79]。员开奇构建了土地利用碳排放效率投入和产出评价指标体系,借助改进的DEA模型对湖南、湖北省多个城市的土地利用碳排放效率进行了实例研究[91-93]。游和远则是利用以投入为导向的CCR与BCC模型,对研究区域土地利用碳排放的效率进行了测算[94]。

1.3.4　土地利用碳排放效率影响因素研究动态

在已有文献中,学者提出很多方法和指标分析土地利用碳排放的影响因素,但对土地利用碳排放效率的影响因素研究较少,还在不断发展和完善中[95]。目前对土地利用碳排放影响因素的研究多集中在人口、经济、能源消费、技术水平等因素[96]。主要采用的指数分解法Kaya恒等式中的对数平均分级指数(LMDI),该方法简单灵活,数据易于获取,有较强的适应性[97-99]。如李键计算了长株潭城市2007—2017年土地利用碳收支量情况,应用LMDI分解模型和脱钩模型对土地利用碳排放的影响因素与经济增长之间的内在关系进行了定量分析[100]。邓宣凯研究武汉市2009—2019年土地利用碳排放,通过扩展Kaya恒等式,采用LMDI分解法将净碳排放变化进行因素分解,分逐年效应和累积效应分析各因素对碳排放的影响[101]。

学者们在分析碳排放效率的影响因素研究中大多采用Tobit模型和灰色关联度模型进行实证分析,涉及经济发展水平、对外开放程度、产业结构、科技进步水平、城镇化水平等多方面因素,在此基础上探究影响碳排放效率变化的影响因素[102-103]。通过 Tobit 回归模型，可以看出影响因素与碳排放效率的正负向关系及其显著性。其中，郭炳南基于非期望产出 SBM 模型和 Tobit 模型，对人力资本、产业结构与碳排放的关联度进行实证分析，并且也对人力资本和产业结构的交互项对碳排放研究做了进一步探索[104]。李海霞在京津冀城市碳排放效率与影响因素研究中利用定量和定性结合的方法，构建 SBM 模型、Malmquist 模型以及 Tobit 模型，分析京津冀的碳排放效率和影响因素，结果表明对碳排放效率起到促进作用的影响因素包括经济发展水平、科技进步水平和环境治理能力；对碳排放效率有抑制作用的影响因素则包括对外开放程度、人口规模和产业结构[105]。臧红映在河南省碳排放效率测算及其影响因素实证分析中，运用随机前沿分析和 Tobit 模型分析了 8 个影响指标：产业结构、能源结构、城市化水平、对外开放程度、产权结构、技术进步、能源价格和环境政策[106]。

学者们通过灰色关联可分析各影响因素与碳排放效率关联程度的大小。吴彤在内蒙古城市土地利用效率与碳排放关联研究中，采用灰色关联度模型对各盟市的城市土地利用效率与碳排放强度、土地碳排放量三者之间进行关联性分析，结论表明：第二、三产业发展水平、城市化水平、建设用地碳排放与具有碳汇效应的水域碳排放、草地碳排放和园地碳排放都与碳排放效率有较高的关联影响[62]。曹丹娜等人在广西地区土地利用与碳排放关联研究中，使用灰色关联度模型，探索影响碳排放的主要土地类型，认为土地利用与人均碳排放强度、单位 GDP 碳排放强度与碳排放有强烈相关性，其中建设用地是关联度最高的[107]。张余等学者在对东北地区城市土地利用碳排放研究中，利用 GIS 软件对土地利用变化进行分析，基于灰色关联度模型探索影响因素。结果表明：人口规模、经济发展是促进东北碳吸收用地变化的主要原因[108]。袁壮壮在南昌市土地利用碳排放变化特征及低碳优化研究中利用灰色关联度分析和 LMDI 模型探索导致碳排放增加的主要地类和影响因素，结果表明各影响因素中对土地利用碳排放始终起抑制作用的因素包括单位 GDP 土地利用面积和土地利用碳排放强度；而对土地利用碳排放效率始终起到正向拉动作用的因素则是土地利用结构效应、人均 GDP 和人口规模[109]。

国内外学者从不同视角、不同层面对土地利用碳排放、土地利用碳排放效率及影响因素分析等内容展开了大量的学术研究，这些研究成果为未来研究碳排放奠定了坚实的理论基础。在"双碳"目标背景下，土地利用碳排放效率的提升、碳减排措施以及碳市场交易将会是未来持续关注的重点研究方向和趋势。

在土地利用碳排放的测算方法中，碳排放系数法测算简易实用，学者们大多采用碳排放系数法来测算土地利用的碳排放量，方法的逐步完善与改进也见证着土地利用碳排放研究的创新。在土地利用碳排放的研究中，学者们就国家或某一特定区域，通过分析土地利用类型的时空变化、碳排放效率的时空变化、碳排放效率的影响因素等方面对研究区域土地利用碳排放效应进行全面的反映，这些研究对于摸清现有的土地利用结构及土地利用碳排放现状、预测未来发展路径，具有重要的现实意义。学者们把碳排放效率应用在工业、农业、交通、能源等多个领域，但从土地利用这个视角对碳排放效率的研究比较少，还在不断的发展和完善之中。DEA 是目前测算碳排放效率最为主流的方法，但传统方法存在一些弊端。很多学者对其进行了改进与创新，土地利用碳排放作为经济发展的非期望产出，与期望产出结合测度效率是评价经济运行系统合理性的重要标准，所以将土地利用碳排放量作为非期望产出，可以规避一些不合理的问题出现[91]。同时，分析土地利用碳排放效率的时空动态演变对研究区域的发展也至关重要，已有成果在这方面的研究还比较少。

1.4 研究内容

本章以中国 30 个省区市（除西藏、港澳台地区）为研究对象，测算出 2009—2019 年中国土地利用碳排放量，从单要素和全要素视角构建中国土地利用碳排放效率评价指标体系，运用非期望产出 SBM 和 DEA – Malmquist 模型等分析中国土地利用碳排放效率演变特征，在此基础上进一步基于灰色关联模型分析土地利用碳排放效率的主要影响因素，并提出相应的减碳增效策略。主要内容包括以下五个部分。

第一部分，中国土地利用碳排放的测算及时空特征分析。基于全国土地利用类型的相关数据、能源消耗数据、农作物及农业生产等数据，采用直接碳排放测算法和间接碳排放测算法，利用碳排放系数法计算不同土地利用类型的碳吸收、碳排放和净碳排放量，在时空双重维度分析全国土地利用碳排放及碳排放强度的变化特征和趋势。

第二部分，单要素视角下中国土地利用碳排放效率的测算及分析。在单要素视角下，主要分析我国土地利用碳排放与资源投入产出间的关系，通过土地利用净碳排放量与各单要素影响因子两者的比值来表示碳排放效率。本章主要从投入产出指标角度来分析各种碳排放效率，中国土地利用碳排放效率评价指标体系主要包括资本、劳动力、土地资源、水资源、能源、科技共六种投入指标，经济和环境效益两个方面期望产出指标，引入土地利用净碳排放量作为非期望产出指标，最终根据测算结果，从时间和空间两个维度分析中国及各省区市土地利用碳排放效率。

第三部分，全要素视角下中国土地利用碳排放效率的测算及分析。在单要素碳排放效率的研究基础上，全要素视角下通过改进的DEA模型全面分析中国及30个省区市土地利用碳排放的静态效率和动态效率。首先通过超效率SBM模型测算出静态效率，分析中国及30个省区市每年静态效率值的时序变化，并基于2009年、2015年、2019年全国土地利用碳排放效率空间分布特征，探究不同区域土地利用碳排放效率差异；同时，采用目前应用比较广泛且权威的Malmquist模型，来测算中国及30个省区市的土地利用碳排放的动态效率，通过分析综合效率、规模效率和技术效率的年度变化特征，探究中国土地利用碳排放效率状态。

第四部分，中国土地利用碳排放效率影响因素分析。基于前文测算的碳排放静态效率值，构建土地利用碳排放效率影响因素指标体系，运用灰色关联模型分析影响中国土地利用碳排放效率的主要因素。主要从经济发展水平、人口规模、城镇化水平、产业结构、科学技术进步、能源结构、政府干预、对外开放程度八个方面研究对土地利用碳排放效率的影响，并对影响因素的关联度大小进行具体分析，梳理出中国及各省区市土地利用碳排放效率的主要影响因素。

第五部分，中国土地利用减碳增效的适应性策略。根据以上研究结果，分析当前中国土地利用碳减排和碳排放效率提升的制约性因素，根据制约性因素和主要影响因素提出相应的减碳增效策略，为"双碳"目标下的国土空间开发保护和土地低碳高效利用提供一定参考。

第 2 章　中国土地利用碳排放测算及时空特征分析

2.1　中国土地利用现状

2.1.1　中国土地利用基本概况

中国位于亚洲东部、太平洋的西岸，陆地面积约 960 万平方公里，位居世界第三，占全球陆地总面积的 1/15。全国国土划分为省、自治区、直辖市和特别行政区等 34 个一级行政区。中国土地类型多样，土地资源丰富，能够因地制宜地进行不同类型的土地利用。截至 2019 年，全国土地利用情况为：耕地 191792.80 万亩，占比 15%；园地 30257.33 万亩，占比 2%；林地 426188.81 万亩，占比 34%；草地 396795.22 万亩，占比 31%；水域 54351.57 万亩，占比 4%；未利用地 102472.12 万亩，占比 8%；建设用地 68492.33 万亩，占比 2%（见图 2-1）。

2.1.2　中国土地利用变化趋势分析

本章对耕地、园地、林地、草地、水域、未利用地、建设用地七种土地利用类型进行分析（见图 2-2）。

2009—2017 年园地面积基本稳定、变化较小，2018 年和 2019 年均出现了小幅度的上升，增长率分别为 20.9% 和 17.3%，园地面积从 2009 年的 22217.70 万亩增加至 2019 年的 30257.33 万亩。这是由于在国家乡村振

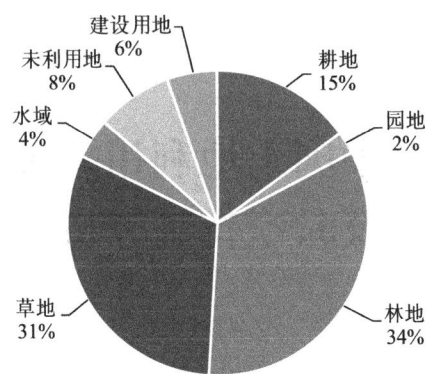

图 2-1 2019 年全国土地利用类型占比情况图

数据来源：根据国土调查数据公报数据计算整理。

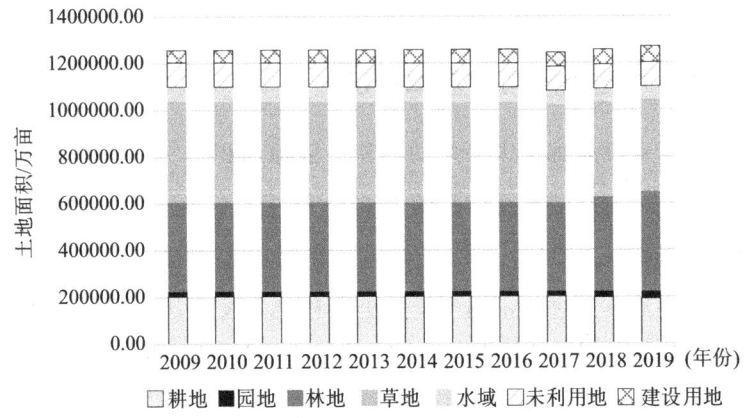

图 2-2 2009—2019 年全国不同土地利用类型面积图

数据来源：《中国国土资源统计年鉴》及国土调查数据公报数据。

兴和脱贫攻坚战略背景下，园地经济产业得到了大力发展，从而引起了园地的面积增长。

2009—2017 年林地面积呈逐年缓慢下降的趋势，2018 年大幅上升到 402695.83 万亩，相较于 2017 年增加了 23493 万亩，2019 年依旧呈现持续上升状态，林地面积达到 426189 万亩。这一时期是发展林业关键时期，加上我国一直秉持的退耕还林政策，加强林地资源管理，林地的保护和管理力度不断提高，使林地面积不断增大。

2009—2019年草地面积整体呈下降趋势，2016年开始迎来大幅度的下跌。自2009年林地面积由430970.09万亩下降到2019年396795.22万亩。虽然过度放牧近年来得以控制，但是建设用地占用草地尤其是其他草地资源也是造成草地面积减少的重要因素，此外各省区草地的减少伴随着其他地类面积的增加，内蒙古、青海林地园地增加，四川、云南、贵州、河北、山西、陕西、广西是林地、园地和建设用地增加，而黑龙江是耕地园地面积增加。

2009—2019年水域面积也出现整体下降趋势，自2016年起下降速度不断增加，水域面积由2009年的64035.50万亩下降到了2019年的54431.78万亩。气候变化、人口增加、水资源的不合理利用使得水域面积不断缩小，缺少对水域更加严厉的规划和监管。

2009—2019年未利用地（沙地、盐碱地、沼泽地）面积总体趋势保持平稳，每年有较小幅度的下降，全国对沙地、盐碱地等未利用土地的开发利用取得了一定的效果，尤其对于荒漠化土地和一些裸地进行了治理与生态修复，但是我国土地国情特征表明难以开发利用和质量较低的土地比例一直较高。

2009—2019年耕地面积呈逐年下降趋势，2009—2017年下降幅度较小，2017年以后出现了大幅度下降，截至2019年耕地面积减少到191793万亩。耕地减少主要是受国家退耕还林发展战略和产业承接转移、生态保护政策，以及农业结构调整的影响。

2009—2019年建设用地面积整体呈现出逐年增加的趋势，由2009年的52499.33万亩，上升到了2019年的68492.33万亩，增加了接近16000万亩，提高了30.5%。我国在"十二五"及"十三五"发展期间，城市化发展加快，建设用地的面积不断扩大，建设用地的增加与经济社会发展的用地需求总体上相适应。

整体变化趋势为：自2009年起，全国土地利用类型中建设用地、园地、林地的面积出现持续的增加，其他土地利用类型如耕地、草地、水域、未利用地的面积出现不同程度的减少，不同时间政策和经济因素会造成土地利用类型的变化。

2.2 中国土地利用碳排放量的测算

2.2.1 数据来源

本章中的土地利用类型包括耕地、园地、林地、草地、水域用地、建设用地、未利用地共七种,主要涉及的数据包括2009—2019年土地利用相关数据、能源消耗数据。其中,土地利用数据主要来源于历年《中国国土资源统计年鉴》及国土调查数据公报,能源相关数据主要来源于《中国能源统计年鉴》,农作物产量、化肥、农药、农膜和柴油使用量、灌溉面积、翻耕面积等数据主要来自《中国统计年鉴》,各省区市面积数据等获取自中华人民共和国民政部全国行政区划信息查询平台。对于少数缺失值,本章采取线性插值法来进行补充。

2.2.2 土地利用碳排放的测算方法

参照国内外已有土地利用碳排放计算方法[110-111],本章采用碳排放系数法测算中国土地利用碳排放量。土地利用碳排放的计算方法包括直接和间接碳排放估算法,其中对耕地、园地、林地、草地、水域、未利用地的碳排放运用直接碳排放计算法;对建设用地碳排放量,利用能源消耗所产生的碳排放量间接计算;对耕地所产生的碳排放量,通过农业活动中使用化肥、农药等农资产品所产生的碳排放量间接计算。目前对于不同土地利用类型的碳排放系数已有很多研究,本章在参照前人已有的成果基础上[112-113],综合考虑所研究区域的具体特点,最终确定各个土地利用类型的碳排放系数。同时,为了方便计算,林地、园地、草地、水域、未利用地进行的是碳吸收,其系数为负值;建设用地产生碳排放,其系数为正值;耕地既有碳吸收又有碳排放,其碳吸收的碳排放系数为负,碳排放的碳排放系数为正。

2.2.2.1 直接碳排放测算

①耕地直接碳排放量计算。耕地既是碳源又是碳汇,耕地的碳排放效

应需要同时考虑碳排放和碳吸收两个方面,碳吸收是各种农作物自身光合作用吸收二氧化碳的过程,在此以碳直接排放量来表示(碳排放系数为负值)。碳直接排放量主要来源于各种农作物通过自身光合作用所吸收的碳。耕地碳直接排放量的测算公式如下:

$$E_d = \sum C_i * Y_i / H_i \qquad (2-1)$$

公式(2-1)中,E_d为耕地直接碳排放量,C_i、Y_i、H_i分别为第i种农作物碳排放系数、产量、经济系数。

我国主要农作物的经济系数和碳排放系数表见表2-1。

表2-1　我国主要农作物的经济系数和碳排放系数表

土地利用类型	主要农作物	经济系数	碳排放系数
耕地	水稻	0.489	-0.414
	小麦	0.434	-0.485
	玉米	0.438	-0.471
	谷子	0.4	-0.450
	高粱	0.350	-0.450
	其他谷类	0.400	-0.450
	豆类	0.425	-0.450
	薯类	0.7	-0.423
	油料	0.430	-0.450
	棉花	0.100	-0.450
	麻类	0.830	-0.45
	甜菜	0.1	-0.4072
	烟叶	0.550	-0.450
	蔬菜	9.5	-0.45

②其他土地直接碳排放量计算。通过参考学者已有的研究成果确定不同土地利用类型的碳排放系数[1][114],具体数值如表2-2所示。土地利用直接碳排放量通过不同土地利用类型的面积与对应碳排放系数的乘积计算[115-117]。

$$E_x = \sum e_i = \sum S_i * Q_i \qquad (2-2)$$

在公式(2-2)中,E_x为土地利用碳排放总量;e_i、S_i、Q_i分别表示

第 i 种土地利用类型碳排放量、面积、碳排放系数。

表2-2　　各土地利用类型的碳排放系数表

土地利用类型	碳排放系数
园地	-0.730t/（hm²·a）
林地	-0.578t/（hm²·a）
草地	-0.021t/（hm²·a）
水域	-0.254t/（hm²·a）
未利用地	-0.005t/（hm²·a）

2.2.2.2　间接碳排放测算

①耕地间接碳排放量计算。耕地作为碳源，其产生的碳排放量是由农业生产活动中化肥、农药、农膜、农业机械、农业翻耕和灌溉等造成的[118-119]。而化肥、农膜、农药的碳排放量是以其使用量与对应碳排放系数的乘积表示；农业机械所产生的碳排放量是用农用机械柴油的使用量乘以对应系数表示；翻耕、灌溉所产生的碳排放量通过其面积与对应碳排放系数乘积表示。结合国内外已有研究成果，确定各生产活动的碳排放系数，如表2-3所示[120-122]。耕地碳排放测算的公式如下所示。

$$E_i = \sum T_i * \delta_i \tag{2-3}$$

公式（2-3）中，E_i 为耕地碳排放总量，T_i、δ_i 分别为第 i 种资源消耗量和碳排放系数。

表2-3　　耕地农业生产活动碳排放系数表

土地利用类型	农业生产活动类型	碳排放系数
耕地	化肥	0.8956kg/kg
	农业机械	0.5927kg/kg
	农药	4.934kg/kg
	农膜	5.18kg/kg
	翻耕	3.126kg/hm²
	农业灌溉	266.48kg/hm²

②建设用地间接碳排放量计算。IPCC 在《国家温室气体清单指南》中指出，全球碳排放量大多由化石能源活动产生[123]，现有建设用地碳排放量的测算研究主要采用 IPCC 推荐的能源核算方法，通过煤炭、焦炭、柴油、天然气等多种能源消耗量来间接反映建设用地的碳排放[124-127]。碳排放系数法操作简单，能源消耗数据比较容易获取，因此，被大家广泛应用于测算国家层面、省域层面及重点城市的建设用地碳排放量。

本章利用煤炭、焦炭、原油、汽油、柴油、煤油、燃料油、天然气共八种能源消费量来估算碳排放量，间接作为建设用地的碳排放量。该估算方法所用的各能源碳排放系数主要参照《国家温室气体排放清单指南》及国家发展和改革委员会能源研究所采纳的数据。能源碳排放公式如下所示，即建设用地的碳排放量等于各能源消费量与碳排放系数的乘积之和。

$$E_c = \sum_{i=1}^{n} e_i * Z_i * f_i \qquad (2-4)$$

公式（2-4）中，E_c 为建设用地的碳排放量，i 为不同能源类型，e_i、Z_i、f_i 分别表示第 i 种能源的能源消费量、标准煤折算系数、碳排放系数（见表 2-4）。

表 2-4　　　　各种能源标准煤折算系数和碳排放系数表

土地利用类型	能源类型	标准煤折算系数	碳排放系数
建设用地	煤炭	0.7143	0.7559
	焦炭	0.9714	0.8550
	原油	1.4286	0.5857
	汽油	1.4714	0.5538
	煤油	1.4714	0.5714
	柴油	1.4571	0.5921
	燃料油	1.4286	0.6185
	天然气	1.330	0.4483

2.2.3　土地利用净碳排放量

土地利用净碳排放量计算公式如下所示。

$$E_{总} = E_d + E_x + E_i + E_c \tag{2-5}$$

公式（2-5）中，$E_{总}$表示土地利用净碳排放量，E_d为耕地直接碳排放量，E_x为其他农用地碳排放量，E_i为耕地间接碳排放量，E_c为建设用地碳排放量。

表2-5显示了中国30个省区市的净碳排放量，因西藏地区数据的可获得性，本章暂不做分析。从全国净碳排放量来看，2009—2019年整体呈现上升趋势，由2009年的274359.01万吨上升到2019年383510.69万吨，增加了40%。根据上述净碳排放量数据，发现各地区净碳排放量存在明显的差异，大致可以将其分为三大类。一是总体趋势下降地区：北京、河南、吉林、黑龙江；二是总体趋势上升较小地区：上海、重庆、天津、河北、浙江、湖北、湖南、云南、甘肃；三是总体趋势上升较大地区：内蒙古、山西、贵州、陕西、辽宁、江苏、安徽、福建、四川、青海、江西、山东、宁夏、新疆、广东、海南、广西。

2.3　中国土地利用碳排放时序变化分析

2.3.1　土地利用碳吸收时间分布特征

根据耕地、园地等碳汇的碳吸收量以及各自占总碳吸收的比重，分析其变化趋势，具体结果如表2-6所示。

减少碳排放不仅需要在碳源方面着手，碳汇也是比较重要的部分，只有实现碳源和碳汇协调发展，才能实现碳中和和碳达峰的目标，使碳的产生和吸收能够平衡。

耕地作为碳源和碳汇，是整个土地利用碳排放的关键角色，耕地的碳吸收量在整个农业用地位居第一，2009—2019年全国耕地碳排放总量一直处于上升趋势，自2009年的72785.03万吨上升到2019年的90762.14万吨。这一时期的耕地面积在下降但是碳吸收却增加，表明在"耕地数量+质量+生态"三位一体保护政策管控下，耕地利用效率不断加强，作物产量不断提高。

表2-5 2009—2019年中国各省区市净碳排放量表

单位：万吨

	2009年	2010年	2011年	2012年	2013年	2014年	2015年	2016年	2017年	2018年	2019年
全国	274359.01	302868.75	335104.08	357930.87	372633.60	371261.05	364608.36	360624.00	365334.58	374391.61	383510.69
北京	5113.95	5169.72	4855.83	4819.53	4274.29	4431.91	4073.91	3704.49	3670.13	3656.26	3622.93
上海	9936.71	10827.45	11055.57	10894.94	11446.19	10379.02	10410.80	10449.83	10681.47	10405.68	10813.91
重庆	3814.91	4337.61	5150.55	4977.46	4100.95	4422.84	3642.98	3759.63	3918.60	3895.03	3900.43
天津	5708.91	7185.02	7901.35	7846.20	8052.22	7688.70	7504.28	6937.69	6870.02	7006.36	7004.40
河北	23867.90	25813.48	29543.25	29815.14	29581.23	27867.67	29249.28	29080.13	28582.48	29210.76	29286.31
山西	22002.56	23367.26	25815.85	26792.80	27566.84	28276.43	32800.40	32360.96	34234.40	36688.35	41220.35
辽宁	22724.03	24901.38	26242.53	27137.46	25308.54	25872.65	24914.17	25242.95	25908.82	27996.19	30744.29
吉林	5505.86	6090.90	7024.53	6537.78	5753.55	5648.19	4046.39	3692.10	3523.10	4540.06	4627.39
黑龙江	6415.84	6429.05	6474.36	6761.09	5892.07	6113.89	4760.36	5059.59	4902.46	4984.43	5681.67
江苏	19463.18	22193.92	25852.16	26308.70	27015.03	26784.34	27660.54	29045.11	28203.11	28120.92	28120.92
浙江	14943.60	16180.58	17124.72	16565.40	16671.21	16349.76	16604.43	16416.51	17237.18	16584.58	17064.12
安徽	7039.82	7714.18	8513.76	8759.44	9871.93	10056.69	9834.61	10184.44	10737.40	11324.19	11326.12
福建	6878.07	7804.55	8926.78	8937.23	8579.24	10243.62	9927.76	9277.97	9792.98	10871.40	11704.28
江西	3056.55	4027.98	4562.46	4560.12	5048.46	5112.21	5441.87	5633.17	5783.06	6184.02	6397.85
山东	32035.58	36332.98	38448.93	40712.47	39256.76	42557.03	47520.97	50443.26	52208.66	51593.67	52913.37
河南	12909.23	14536.61	16780.23	14794.11	14292.18	14366.21	12722.07	12389.44	11644.94	11360.87	9552.24
湖北	8426.06	10064.04	11867.02	11742.89	9566.63	9644.41	8754.80	8834.59	9067.15	9534.26	10450.86
湖南	6679.32	7353.71	8488.65	8294.31	7909.52	7423.26	7374.39	7702.19	7755.97	8039.45	8010.90

续表

	2009年	2010年	2011年	2012年	2013年	2014年	2015年	2016年	2017年	2018年	2019年
广东	18822.57	21549.80	23035.94	22653.14	22441.15	22483.79	22534.76	23311.52	24342.55	25291.39	24741.89
海南	1704.52	1868.88	2119.59	2230.10	1986.52	2281.64	2548.21	2512.99	2414.64	2583.37	2665.07
四川	6761.09	6759.90	6949.05	7473.31	7767.41	8267.87	5931.63	5605.41	5229.08	4636.69	5337.54
贵州	6814.12	7039.91	8044.59	8695.27	9153.24	8663.72	8669.80	9088.37	9754.03	9503.85	10254.70
云南	5544.82	6199.54	6245.44	6516.06	6329.05	5289.76	4569.07	4458.43	5013.94	5958.58	6245.13
陕西	9188.54	11161.71	12476.49	14550.42	15521.99	16458.52	16047.26	16211.47	16823.14	16335.77	17751.90
甘肃	4605.60	5151.68	6180.25	6210.20	6465.16	6413.63	6169.98	5886.31	5969.78	6228.87	6259.20
青海	812.29	830.52	1071.96	1366.88	1576.12	1421.55	1236.85	1575.27	1473.89	1392.73	1350.41
宁夏	3705.18	4415.26	5985.68	6537.43	7002.11	7141.19	7419.63	7374.33	9169.14	10157.79	11051.93
新疆	5901.52	6835.98	8577.25	10208.83	12225.52	13769.97	14453.97	14543.98	16023.69	16700.98	17872.78
广西	3275.88	4568.37	6218.38	7076.69	6820.89	6797.64	6282.68	6553.49	7126.25	7427.51	7816.28
内蒙古	16066.93	17767.79	23154.96	24098.02	22837.04	23495.16	22740.65	22693.34	23857.04	27432.18	30642.60

表2-6 2009—2019年全国不同农用地类型和未利用地碳吸收总量表 单位：万吨

年份	耕地碳吸收量	园地碳吸收量	林地碳吸收量	草地碳吸收量	水域碳吸收量	未利用地碳吸收量
2009	72785.03	1081.27	14678.36	603.36	1084.34	34.37
2010	75440.75	1073.33	14667.76	603.07	1082.30	34.36
2011	79271.27	1066.06	14655.84	602.75	1080.86	34.33
2012	82558.09	1060.94	14646.41	602.47	1078.99	34.32
2013	83860.33	1055.20	14638.14	602.09	1076.94	34.29
2014	84496.03	1049.61	14627.59	601.75	1075.97	34.27
2015	86832.34	1045.60	14623.01	601.45	1074.46	34.26
2016	88274.40	1041.44	14618.16	601.20	1073.00	34.23
2017	89120.27	1037.64	14612.02	585.97	1022.57	34.21
2018	89367.22	1255.09	15517.29	570.74	972.14	34.18
2019	90762.14	1472.53	16422.56	555.52	921.72	34.16

2009—2019年林地碳吸收总量总体波动较小，2009—2017年碳吸收量处于平稳状态，保持在14600万—14680万吨。2017—2019年林地的碳吸收总量迎来了爬升，由14612.02万吨上升到16422.56万吨。整体林地碳吸收总量与全国林地面积形成正比。林地碳吸收稳中有进，原因一方面在于"退耕还林"等政策的有效实施，另一方面在于土地利用结构发生较大变化[128-129]。

2009—2018年园地碳吸收总量保持平衡状态，由2009年的1081.27万吨稳步上升至2018年的1255.09万吨，在2019年又上升至1472.53万吨，这与园地能产生较大的经济收益有关，全国土地利用总体规划也提出要提高园地利用效益、重点发展优质果园、建设优势果产品基地，同时在国家的乡村振兴和脱贫攻坚战略大背景下，出现了园地发展较快的现象，也使其碳吸收出现明显的增长。

草地、水域、未利用地的碳吸收总量变化趋势相同。2009—2019年全国草地碳吸收总量整体呈下降趋势，由603.36万吨下降到555.52万吨。2009—2019年全国水域碳吸收总量也处在下降状态，2019年碳吸收总量达到921.72万吨。2009—2019年全国未利用地（盐碱地、沼泽地、沙地）碳吸收总量虽处于下降趋势，但是由于其碳吸收系数较小，整体保持在34万吨。

总体上看，碳吸收总量与其面积存在正相关关系，碳吸收总量由大到小：耕地＞林地＞园地＞水域＞草地＞未利用地。

在基于年度分析各种土地利用类型变化的基础上，本章继续对其在2009—2019年度碳吸收量占比进行分析，结果如表2-7所示。

表2-7 2009—2019年全国不同农用地类型和未利用地碳吸收总量占比表

年份	耕地碳吸收比重	园地碳吸收比重	林地碳吸收比重	草地碳吸收比重	水域碳吸收比重	未利用地碳吸收比重
2009	81%	1%	16%	1%	1%	0%
2010	81%	1%	16%	1%	1%	0%
2011	82%	1%	15%	1%	1%	0%
2012	83%	1%	15%	1%	1%	0%
2013	83%	1%	14%	1%	1%	0%
2014	83%	1%	14%	1%	1%	0%
2015	83%	1%	14%	1%	1%	0%
2016	84%	1%	14%	1%	1%	0%
2017	84%	1%	14%	1%	1%	0%
2018	83%	1%	14%	1%	1%	0%
2019	82%	1%	15%	1%	1%	0%

2009—2019年各种农业用地类型碳吸收总量的比重维持稳定，其中耕地的比重保持在81%—84%，林地保持在14%—16%，园地、草地、水域三者的比重基本保持一致为1%，未利用地碳吸收占比可以忽略不计。

2.3.2 土地利用碳排放时间分布特征

根据每年建设用地、耕地碳排放量以及各自占总碳排放量的比重，探索其变化趋势，掌握目前碳源的情况（见表2-8）。

表 2-8　　2009—2019 年耕地、建设用地碳排放总量及比重表

年份	碳排放总量（万吨）	耕地碳排放量（万吨）	比重（%）	建设用地能源排放量（万吨）	比重（%）
2009	364625.73	6502.52	0.02	358123.21	0.98
2010	395770.31	6573.51	0.02	389196.80	0.98
2011	431815.20	6664.95	0.02	425150.25	0.98
2012	457912.08	6740.20	0.01	451171.88	0.99
2013	473900.59	6817.52	0.01	467083.07	0.99
2014	473146.29	6892.37	0.01	466253.92	0.99
2015	468819.48	6979.38	0.01	461840.10	0.99
2016	466266.42	7016.50	0.01	459249.92	0.98
2017	471747.26	7015.30	0.01	464731.95	0.99
2018	482108.27	7013.68	0.01	475094.59	0.99
2019	493679.30	7025.06	0.01	486654.24	0.99

本章将耕地的各种化肥总量、农药、农膜、农业机械柴油用量、翻耕、灌溉面积的消耗转化为碳排放量，建设用地使用能源消耗碳排放量。近十年建设用地的规模不断扩大，建设用地碳排放总量整体呈上升趋势，由 2009 年的 358123.21 万吨，到 2019 年增加到 486654.24 万吨。建设用地排放量占碳排放总量比重居高不下，高达 98%—99%。耕地碳排放量整体也是呈上升趋势，自 2009 年的 6502.52 万吨增加到 2019 年的 7025.06 万吨，占碳排放总量的比值保持在 1%—2%。从 2009—2019 年碳排放的总体占比来看，建设用地占比有所增加，说明在全国土地利用碳排放结构中，建设用地起主导作用。

2.3.3　土地利用净碳排放时间分布特征

如图 2-3 所示，2009—2019 年全国净碳排放量整体呈上升趋势，由 2009 年的 274359.01 万吨上升到 2019 年的 383510.69 万吨，2019 年是近 11 年的最高值。2009—2013 年净碳排放量一直在快速上升，2013—2016 年净碳排放量排放总量有所下降，2017—2019 年净碳排放总量再次上升。

在增速上2011—2015年增速不断下降，2016年以后增速又有所回升，碳减排任务依然艰巨。

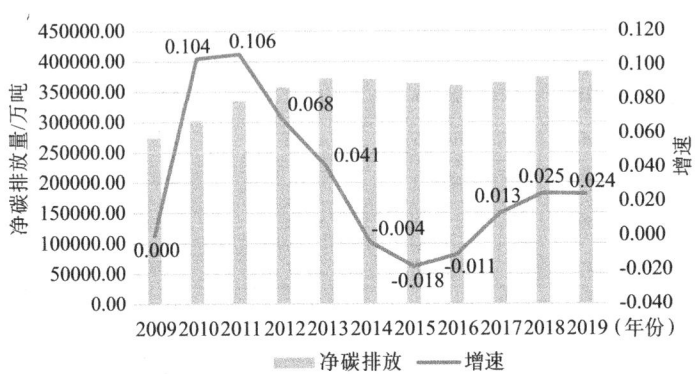

图2-3 2009—2019年全国净碳排放总量及增速变化图

总体来看，我国土地利用碳排放量、碳吸收量和净碳排放量整体保持上升趋势，碳吸收量较低，随时间平稳上升，而碳排放量整体也是呈现稳中有升的趋势，碳吸收量和碳排放量差距在2009—2019年不断增加，由2009年的274359.01万吨上升到2019年的375649.25万吨，导致净碳排放量不断上升（见图2-4）。

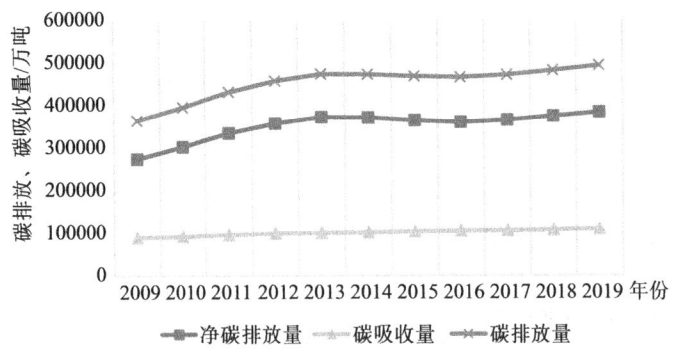

图2-4 2009—2019年全国碳排放、碳吸收、净碳排放总量变化图

2.3.4 土地利用碳吸收、碳排放、净碳排放强度时间分布特征

土地利用碳吸收和碳排放总量容易受到行政辖区土地利用面积大小的

影响，因此分析碳吸收和碳排放强度对于衡量研究区域的碳排放情况更有实际意义，具体公式为：

$$D_i = E_{吸} / N_i \qquad (2-6)$$

$$M_i = E_{排} / N_i \qquad (2-7)$$

$$W_i = E_{总} / N_i \qquad (2-8)$$

在上面公式中，D_i 为 i 种土地利用碳吸收强度，M_i 为 i 种土地利用碳排放强度，W_i 为 i 种土地利用净碳排放强度，$E_{吸}$、$E_{排}$、$E_{总}$ 分别表示土地利用碳吸收、碳排放及净碳排放量；N_i 为 i 种土地行政区域面积。

2009—2019 年全国碳吸收强度呈现稳步上升趋势，由 2009 年 93.653 吨/平方千米上升至 2019 年的 114.301 吨/平方千米，上升幅度达到 22%，我国耕地保护政策和生态保护政策产生了积极的碳汇效应，但是由于吸收量较小，而碳排放量较大，因此净碳排放强度整体也呈现上升趋势，由 284.650 吨/平方千米上升到 397.896 吨/平方千米，土地利用碳减排仍然任重道远（见表 2-9）。

表 2-9　2009—2019 年全国碳吸收/碳排放/净碳排放强度表

年份	碳吸收强度（吨/平方千米）	碳排放强度（吨/平方千米）	净碳排放强度（吨/平方千米）
2009	93.653	378.302	284.650
2010	96.386	410.615	314.229
2011	100.339	448.012	347.673
2012	103.731	475.088	371.356
2013	105.065	491.676	386.611
2014	105.707	490.893	385.187
2015	108.120	486.404	378.284
2016	109.605	483.755	374.151
2017	110.404	489.442	379.038
2018	111.757	500.192	388.435
2019	114.301	512.197	397.896

如表 2-10 所示，在农业用地的碳吸收强度方面，耕地土地利用类型的碳吸收强度处于上升趋势，由 2009 年的 75.515 吨/平方千米到 2019 年

的 94.167 吨/平方千米，上升幅度 24.7%。园地和林地土地利用类型的碳吸收强度在 2009—2017 年不断下降，分别在 2017 年达到了 1.077 万吨/平方千米、15.160 吨/平方千米，2018 年后逐渐上升，截至 2019 年强度分别达到 1.528 吨/平方千米、17.039 吨/平方千米。草地、水域和未利用地土地利用类型碳吸收强度呈现稳中有降的趋势，强度分别由 2009 年的 0.626 吨/平方千米、1.125 吨/平方千米、0.036 吨/平方千米降至 2019 年的 0.576 吨/平方千米、0.956 吨/平方千米、0.035 吨/平方千米，下降幅度分别为 8.0%、15.0%、0.6%。

表 2-10　　2009—2019 年全国不同土地利用类型碳吸收强度表

年份	耕地	园地	林地	草地	水域	未利用地
2009	75.515	1.122	15.229	0.626	1.125	0.036
2010	78.270	1.114	15.218	0.626	1.123	0.036
2011	82.245	1.106	15.206	0.625	1.121	0.036
2012	85.655	1.101	15.196	0.625	1.119	0.036
2013	87.006	1.095	15.187	0.625	1.117	0.036
2014	87.665	1.089	15.176	0.624	1.116	0.036
2015	90.089	1.085	15.172	0.624	1.115	0.036
2016	91.585	1.081	15.166	0.624	1.113	0.036
2017	92.463	1.077	15.160	0.608	1.061	0.035
2018	92.719	1.302	16.099	0.592	1.009	0.035
2019	94.167	1.528	17.039	0.576	0.956	0.035

2009—2019 年全国土地利用类型碳排放强度情况如表 2-11 所示，耕地碳排放强度和建设用地碳排放强度整体由上升转为平稳，耕地碳排放强度由 2009 年的 6.746 吨/平方千米升至 2019 年的 7.289 吨/平方千米，上升幅度为 8.0%，建设用地碳排放强度由 2009 年的 371.556 吨/平方千米升高到 2019 年 504.908 吨/平方千米，上升幅度为 35.9%，建设用地碳排放强度上升幅度远大于耕地。总体来看，单位面积耕地和建设用地碳排放量不断增加。

表 2-11   2009—2019 年全国土地利用类型碳排放强度

年份	耕地碳排放强度（吨/平方千米）	建设用地碳排放强度（吨/平方千米）
2009	6.746	371.556
2010	6.820	403.795
2011	6.915	441.097
2012	6.993	468.095
2013	7.073	484.603
2014	7.151	483.743
2015	7.241	479.163
2016	7.280	476.476
2017	7.278	482.163
2018	7.277	492.915
2019	7.289	504.908

综上所述，不同土地利用类型碳吸收、碳排放强度存在差异。碳吸收强度方面，耕地、园地、林地呈现上升趋势，其他用地碳吸收强度有所下降，在碳排放强度方面，耕地和建设用地排放强度都是上升趋势，主要原因与土地利用类型面积变化密切相关，而耕地虽然面积减少，但其作物产量却不断提升，导致耕地土地利用类型碳吸收强度不断提高。

2.4 中国土地利用碳排放空间分布特征

为了能够更加直观反映全国各地区土地利用碳排放的空间分布特征，本章对全国（西藏、港、澳、台地区除外）30 个省区市的土地利用碳排放、碳吸收和净碳排放总量进行分析。由于不同区域土地利用类型的不同以及能源消费存在差异，导致我国各省区市土地利用碳排放、碳吸收量也存在明显差异。本章为更好反映我国不同地区土地利用碳排放的情况，选取 2009 年、2012 年、2015 年、2019 年的数据来反映土地利用碳排放量的空间变化特征。

2.4.1 中国土地利用碳吸收空间分布特征

2.4.1.1 中国土地利用碳吸收空间分布特征

如图 2-5 所示，2009 年我国土地利用碳吸收量最高的三个地区为河南省、山东省和黑龙江省，其中河南省碳吸收量 8840.70 万吨居于首位，其次是山东为 7047.80 万吨，黑龙江为 6615.88 万吨。同年，碳排放吸收量最低的三个地区为上海、天津和北京，吸收量均在 190 万吨至 220 万吨之间。河南、山东和黑龙江三个省份耕地、园地、林地和草地面积占地区总面积的 40% 以上，故土地利用碳吸收量相对较高，而像上海、天津、北京这种经济比较发达的城市，建设用地占比均超过地区总面积的 30%，农用地面积非常有限，因此，土地利用碳吸收量较低。

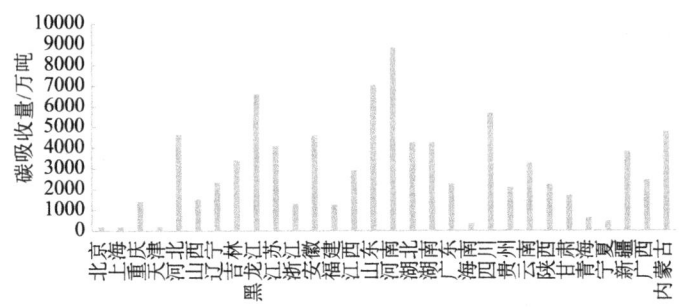

图 2-5　2009 年各省区市土地利用碳吸收分布图

如图 2-6 所示，2012 年碳吸收量整体有所增加，吸收量最高的三个地区仍为河南、黑龙江和山东，其中河南仍是最高的地区，吸收量达 9324.85 万吨，而黑龙江碳吸收量由 6615.88 万吨增至 9044.70 万吨，增幅为 36.7%，超过山东，位居第二，山东则以 7327.73 万吨退居第三位。黑龙江省的转变主要得益于三年来蔬菜和油料作物产量的稳步增长，而碳吸收量较小的区域相较于 2009 年并未发生明显变化，上海、天津和北京三地区仍保持在 190 万吨至 220 万吨之间。

如图 2-7 所示，2012—2015 年我国土地利用碳吸收量呈现缓慢增长状态，全国 30 个地区土地利用碳吸收总量共增加 4220 万吨，增幅为 4.28%，

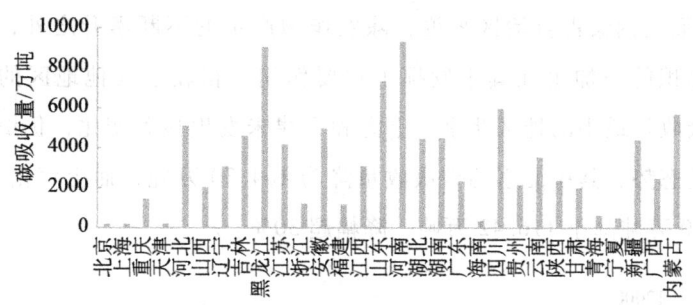

图 2-6 2012 年各省区市土地利用碳吸收分布图

其中碳吸收量最高的三个地区仍为河南、黑龙江和山东，与之前不同的是内蒙古碳吸收量由 2012 年的 5710.54 万吨增长到 2015 年的 6816.83 万吨，超过四川省的 6213.26 万吨，成为第四大碳吸收地区，这一增长态势与四川省三年间油料作物及甜菜等农作物产量的稳步提升密不可分。而在各地区中碳吸收量较少的三个地区仍为北京、上海和天津，这些经济高速发展地区由于城市化扩张等因素碳吸收量呈现出逐年下降的态势，在 2015 年北京市碳吸收量由 197.18 万吨下降到 134.34 万吨，下降幅度达到 31.87%，成为碳吸收量最少的地区。

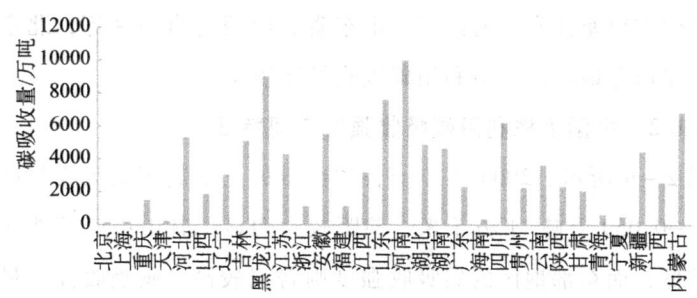

图 2-7 2015 年各省区市土地利用碳吸收分布图

如图 2-8 所示，2015—2019 年我国土地利用碳吸收量总体上仍处于稳步增长阶段，2019 年碳吸收量最高的地区仍然是河南省 10802.03 万吨，而内蒙古自治区依旧保持着高速增长态势，以 9029.69 万吨且增速超 30%跃居第二，接下来则是黑龙江的 8998.92 万吨，位居第三。河南作为农业大省，农作物对碳吸收量贡献最大，农田生态系统具有较强的碳汇能力[130]，而就内蒙古自治区来说，除农作物产量的不断攀升之外，这一阶段耕地面积的增加也在其中发挥了重要作用。相较于其他地区的逐年增长，碳吸收量最小的地区北京、上海和天津未发生显著变化，仍旧保持逐年下降的态势，其中北京的碳吸收量降为104.30万吨，而上海由2015年的171.50万吨降至116.42万吨，降幅超30%。

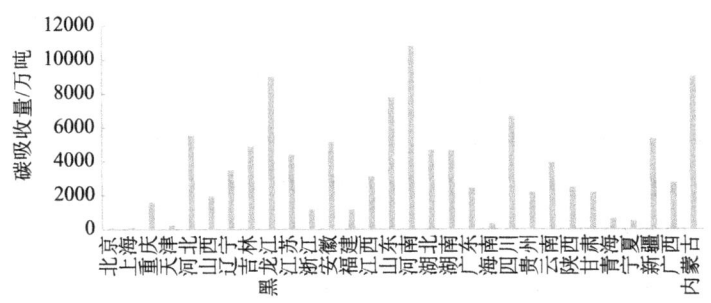

图2-8 2019年各省区市土地利用碳吸收分布图

从2009—2019年全国各省区市的土地利用碳吸收分布图可以看出，全国各省区市的碳吸收量具有明显的差异性。整体上来看，我国土地利用碳吸收量在2009—2019年处于稳步增长趋势，土地利用碳吸收量比较高的地区主要集中在黑龙江省、河南省、山东省、内蒙古自治区等，北京市、上海市、天津市等地区的土地利用碳吸收量比较少。

2.4.1.2 中国土地利用碳吸收强度空间特征

如图2-9所示，2009年中国各省区市的土地利用碳吸收强度分布于0.001万—0.059万吨/平方千米，差距较为明显，其中中西部地区的碳吸收强度较低，而东部地区的碳吸收强度则普遍较高。碳吸收强度最低的五个地区分别为青海、新疆、内蒙古、甘肃及宁夏，碳吸收强度均处于0.001万—0.007万吨/平方千米，这些地区的碳吸收强度较小与区域面积大这一因素密切相关。而碳吸收强度最高的地区为河南，碳吸收强度有0.053万吨/平方千米，位居第二的则是山东0.044万吨/平方千米，接下来则是江苏、安徽和上海。

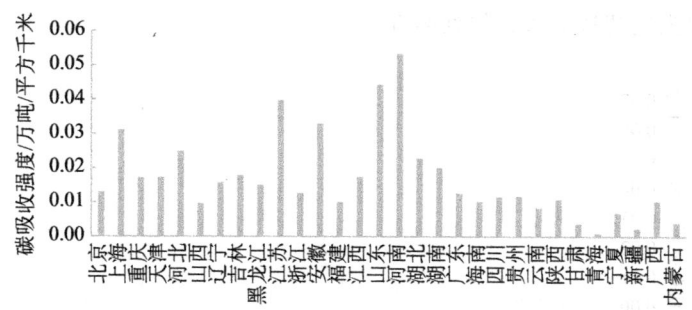

图 2-9 2009 年各省区市土地利用碳吸收强度分布图

如图 2-10 所示，2012 年中国各省区市的土地利用碳吸收强度主要分布在 0.001 万—0.056 万吨/平方千米，相较于 2009 年多数地区碳吸收强度均有所增加，其中增幅最大的是内蒙古，增幅接近 20% 位列首位，接下来增幅较大的是甘肃和新疆，分别为 16% 和 15%。在各地区中碳吸收强度较低的五个地区与 2009 年一致，为青海、新疆、甘肃、内蒙古及宁夏。而碳吸收强度最高的五个地区也未发生变化，依旧为河南、山东、江苏、安徽与上海。

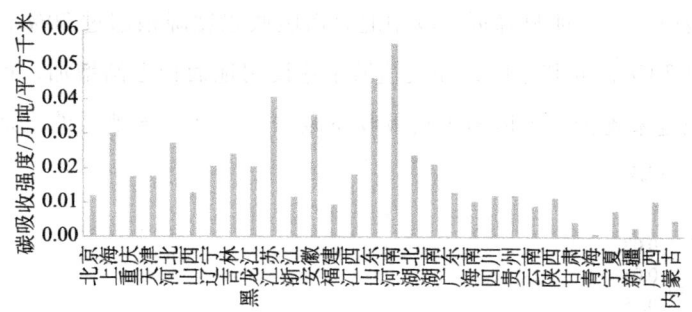

图 2-10 2012 年各省区市土地利用碳吸收强度分布图

如图 2-11 所示，2015 年中国各省区市的土地利用碳吸收强度主要分布在 0.001 万—0.06 万吨/平方千米范围内，其中青海省碳吸收强度依旧为各地区中的最低值，除此之外，还有甘肃、内蒙古、新疆及宁夏属于土地利用碳吸收低强度较低的区域。土地利用碳吸收强度最大值依旧在河南省，达到 0.06 万吨/平方千米，接下来依次为山东、江苏及安徽，而河北的碳吸收强度超过上海,位列第五。

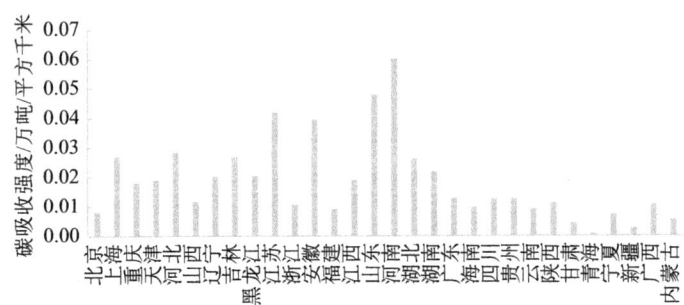

图 2-11 2015 年各省区市土地利用碳吸收强度分布图

如图 2-12 所示,2019 年各省区市土地利用碳吸收强度空间分布与 2015 年相似,除了北京、上海等较发达地区的土地利用碳吸收强度下降,其他省区市的碳吸收强度依旧保持稳定增长态势。碳吸收强度较大的五个地区与 2015 年保持一致,为河南、山东、江苏、安徽和河北,其中土地利用碳吸收强度的最大值仍在河南,且较 2015 年有 8% 的增幅。碳吸收强度较低的地区依旧为青海、新疆、甘肃。此外,以北京、上海为代表的发达地区碳吸收强度有明显降低,其中北京碳吸收强度降幅超过 20%,而上海更是超过 30%,究其原因,较发达城市建设用地面积逐渐增加,可利用农用地面积越来越少,土地利用碳吸收量减少,因此,该地区的土地利用碳吸收强度下降。

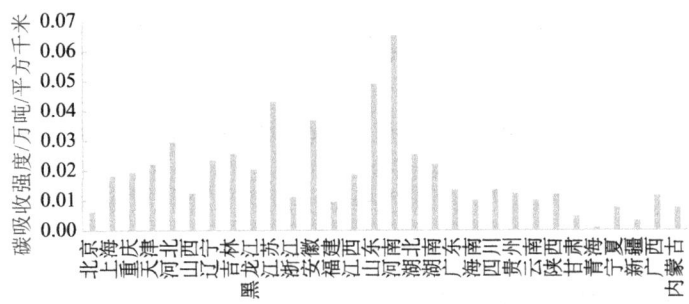

图 2-12 2019 年各省区市土地利用碳吸收强度分布图

结合土地利用碳吸收强度分布来看,2009—2019 年中国 30 个省区市的土地利用碳吸收强度变化较稳定，碳吸收强度较高的区域主要分布在山东、河南、江苏、安徽等省份，土地利用碳吸收强度较低的区域主要有青海、新疆、内蒙古、甘肃等，碳吸收强度整体呈现出由东向西逐渐降低的趋势，西部地区总土地面积大，但其土地利用类型中草地和未利用地占比较大，碳吸收总量受到限制，碳吸收强度较低。

2.4.2 中国土地利用碳排放空间分布特征

2.4.2.1 中国土地利用碳排放空间分布特征

从图 2-13 可以看到，全国各省区市之间的碳排放量存在明显的空间差异性。土地利用碳排放量最大的地区是山东省，碳排放量为 39083.38 万吨，其后依次为河北、辽宁、江苏、山西、河南、广东和内蒙古，以上八个地区碳排放总量为 203416.14 万吨，占到全国碳排放总量的 50% 以上。而土地利用碳排放最低的地区则是青海，仅有 1499.78 万吨，其次是海南省土地利用碳排放量为 2055 万吨，除此之外，剩余的 20 个地区碳排放量分布较为集中，都处于 4200 万—13000 万吨这一区间。

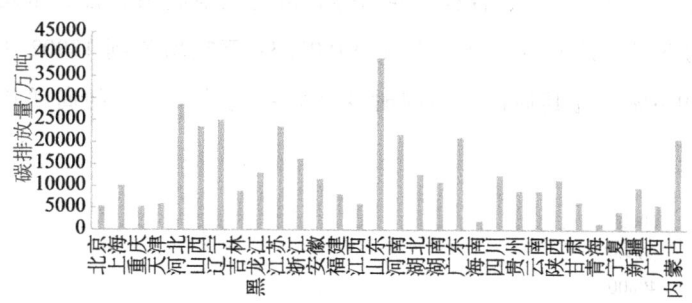

图 2-13　2009 年各省区市土地利用碳排放分布图

2009—2012 年，除北京市以外，我国土地利用碳排放量整体呈现逐年增长的态势。碳排放量较高的地区与 2009 年相比没有大的变化，依旧为山东、河北、辽宁、江苏、广东、内蒙古、山西和河南八个地区，其中山东省碳排放量为 48040.21 万吨，增幅 23%，依旧为全国碳排放量最高的地区，而内蒙古则增至 29808.56 万吨，增幅超过 40%，这些地区碳排放量的增加与能源消费量的增长有密切关联。相较于2009年，碳排放量较少的区域并未发生明显变化，最少的地区仍然是青海省，仅为2002.92万吨，海南次之为2589.69万吨（见图2-14）。

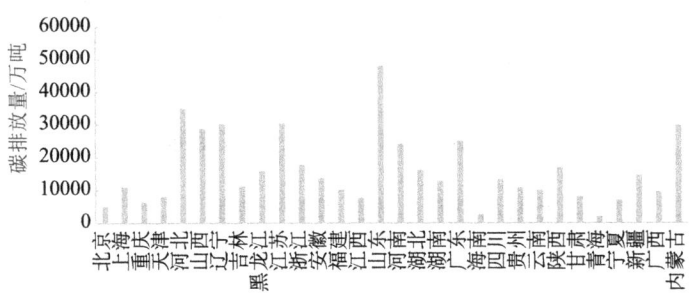

图2-14　2012年各省区市土地利用碳排放分布图

如图2-15所示，我国2015年各地区土地利用碳排放情况基本同2012年保持一致，山东、河北、山西、内蒙古等在内的八大地区碳排放量依旧占了总体碳排放量的一半以上，而碳排放量最低的地区依旧是青海，仅有1854.65万吨，其次是海南的2890.52万吨。在2012—2015年，北京、上海、重庆、天津、吉林、四川等省市的土地利用碳排放量均出现了小幅度的下降。而新疆碳排放量由14607.31万吨增长到18902.38万吨，增幅为29.4%，究其原因，与同时期新疆耕地碳排放量的高增长有密切联系。

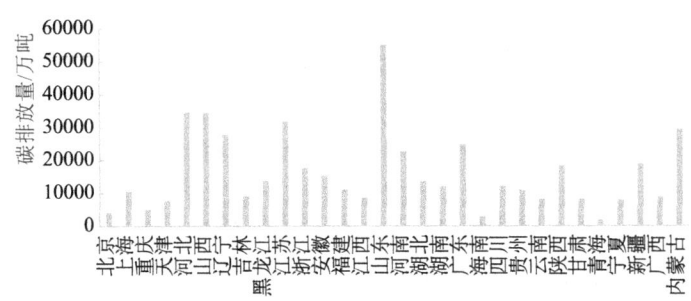

图2-15　2015年各省区市土地利用碳排放分布图

2015—2019年，我国整体的碳排放总量呈现出稳定的增长趋势，2019

年碳排放量较高的区域依次为山东、山西、内蒙古、河北、辽宁、江苏、广东（见图2-16），以上地区具备工业发达或经济体量靠前的特性，因此，土地利用碳排放量位居前列。山西省的碳排放量由2015年的34655.41万吨增长到2019年的43179.74万吨，涨幅达24.5%，这一增长与同时期山西省能源消费量的提高有强相关性。碳排放量最低的区域依旧是青海及海南，其排放量相较于2015年未发生明显变化。

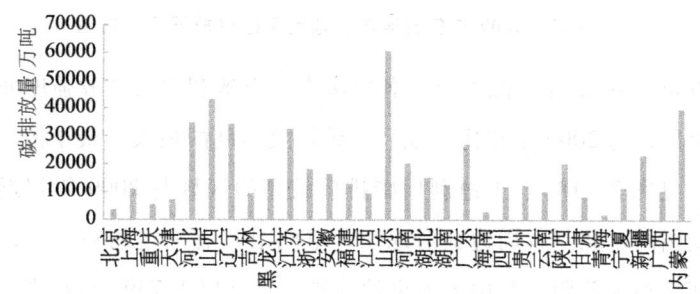

图2-16　2019年各省区市土地利用碳排放分布图

从2009—2019年的土地利用碳排放分布图来看，全国各省区市土地利用碳排放量呈现逐年增加的趋势。全国整体呈现自东向西递减的趋势，青海省和海南省的土地利用碳排放量一直保持较低的水平。土地利用碳排放量较高的区域则主要集中在中国东部和北部地区，包括内蒙古、辽宁、河北、山西、山东、广东、江苏等多个地区，其中山东省一直是土地利用碳排放量最高的省份，且随着时间推进，土地利用碳排放量也在逐年增加。

2.4.2.2　中国土地利用碳排放强度空间特征分析

如图2-17所示，2009年中国各省区市的土地利用碳排放强度值分布于0.002万—1.598万吨/平方千米，总体上看，碳排放强度由东向西递减。其中，上海的碳排放强度为1.598万吨/平方千米，是各地区中唯一一个碳排放强度大于1万吨/平方千米的地区，天津以0.496万吨/平方千米位列第二大碳排放强度地区，而北京碳排放强度以0.342万吨/平方千米居于第三位。碳排放强度最低的三个地区分别为青海、新疆和内蒙古，三个地区碳排放强度在0.006万—0.018万吨/平方千米。

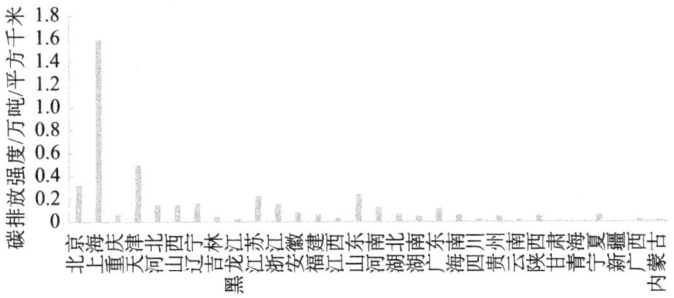

图 2-17　2009 年各省区市土地利用碳排放强度分布图

在 2009—2012 年，除北京外各省区市的土地利用碳排放强度处于稳步增长的阶段，与 2009 年相比土地利用碳排放强度的最大、最小值均有小幅度增长（见图 2-18）。土地利用碳排放较高的区域与 2009 年相近，主要分布在我国的东北部及周边辐射地区，空间上具有一定的集聚性，但各省区市之间又存在差距，其中上海市的碳排放强度以 1.749 万吨/平方千米位列第一，接下来分别是天津、北京及山东。而碳排放强度低值区依旧分布在内陆地区，其中青海、新疆、内蒙古三地区的碳排放强度最低，处于 0.003 万—0.025 万吨/平方千米这一范围。

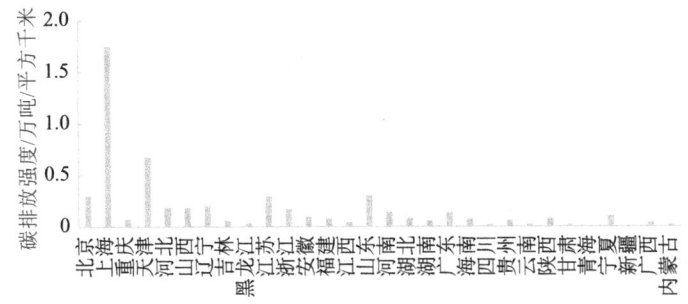

图 2-18　2012 年各省区市土地利用碳排放强度分布图

如图 2-19 所示，相较于 2012 年，在 2015 年中国各省区市的土地利用碳排放强度普遍下降，其中碳排放强度最高的地区上海降至 1.669 万吨/平方千米，碳排放强度第二大区天津也较 2012 年有所下降，而山东省 2015 年的碳排放强度为 0.347 万吨/平方千米，较 2012 年提高 15%，提升为碳排放强度第三大区。碳排放强度低值区方面，青海依旧是全国碳排放强度最低的地区，为0.003万吨/平方千米，接下来是新疆的0.012万吨/平方千米，较2012年有29%的涨幅，然后是甘肃的0.018万吨/平方千米，与2012年碳排放强度持平。

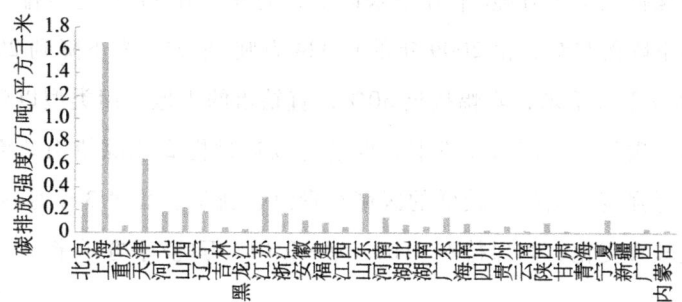

图2-19　2015年各省区市土地利用碳排放强度分布图

如图2-20所示，在2015—2019年间，我国碳排放强度整体仍旧处于增长的阶段，其中碳排放强度最高的地区依旧为上海，高达1.724万吨/平方千米，而天津以0.609万吨/平方千米位列第二，第三是山东，为0.382万吨/平方千米。碳排放强度最低的地区依旧是青海，仅为0.003万吨/平方千米，新疆为0.014万吨/平方千米，甘肃也较低，为0.018万吨/平方千米，与2015年相比基本未发生变化。而宁夏的碳排放强度由2015年的0.119万吨/平方千米增长到2019年的0.174万吨/平方千米，增幅达到46%。

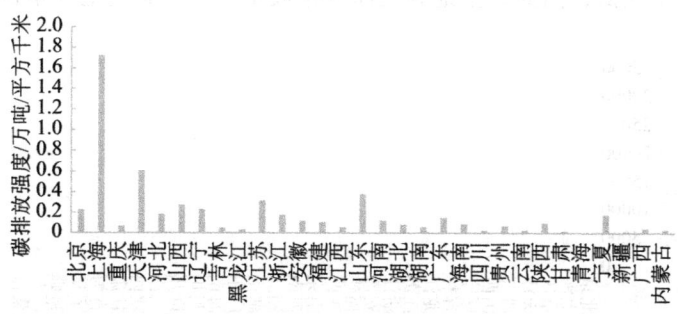

图2-20　2019年各省区市土地利用碳排放强度分布图

根据土地利用碳排放强度分布图，我国 30 个省区市的土地利用碳排放强度区域间存在差异性。2009—2019 年整体呈现出逐年增长的态势，其中东部沿海经济发达地区碳排放强度普遍较高，而向中西部内陆地区碳排放强度逐渐降低。上海市始终是全国范围内土地利用碳排放强度最高的地区，一直保持在 1.5 万吨/平方千米以上，而北京在 11 年间碳排放强度呈现出逐年下降的趋势，由 2009 年的 0.324 万吨/平方千米下降到 2019 年的 0.227 万吨/平方千米，降幅接近 30%，直辖市的土地利用类型以建设用地为主，导致碳排放强度居高不下，但是可以通过提高能源使用效率和能源转型来降低强度。碳排放较低的区域在青海、新疆、甘肃 3 个地区，11 年间未发生较大变化，均保持在 0.003 万—0.018 万吨/平方千米。

2.4.3 中国土地利用净碳排放空间分布特征

2.4.3.1 中国土地利用净碳排放空间分布特征

如图 2-21 所示，2009 年中国各省区市土地利用净碳排放量值介于 812.29 万吨与 32035.5 万吨之间，最大值和最小值差距明显。其中山东省土地利用碳排放总量最高，除此之外，河北、辽宁、山西、江苏及广东也属于净碳排放量高值区域，以上 6 个地区的净碳排放强度占到全国净碳排放总量的 46%。净碳排放量较小的区域集中分布在我国西北和西南地区，比如青海、甘肃、宁夏、四川、贵州、广西等，其中青海省的土地利用净碳排放量最低，仅有 812.29 万吨，其主要原因是人口密度较小，工业化、城镇化水平偏低，因此，土地利用净碳排放量相较于其他地区偏低。

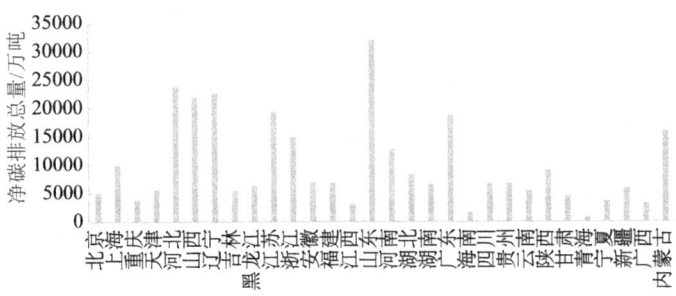

图 2-21　2009 年各省区市土地利用净碳排放分布图

如图 2-22 所示，2012 年我国土地利用净碳排放量较大的省份与 2009 年相比未发生明显变化，依旧是山东、河北、辽宁、山西、江苏和广东，其中山东的土地利用净碳排放量达到 40712.47 万吨，为全国净排放量中的最高值，净碳排放量较小的地区依旧集中在西部地区，其中青海为 1366.88 万吨，海南为 2230.10 万吨，甘肃为 6210.21 万吨，宁夏为 6537.43 万吨。2009—2012 年，除北京市外，我国土地利用净碳排放量呈现出明显的增长趋势，其中内蒙古的净碳排放量增幅最大，由 2009 年的 16066.93 万吨增长到 24098.02 万吨，增幅高达 49%，同一时期，内蒙古能源排放量由 20547.76 万吨增长到 29485.23 万吨，增幅达到 43%。

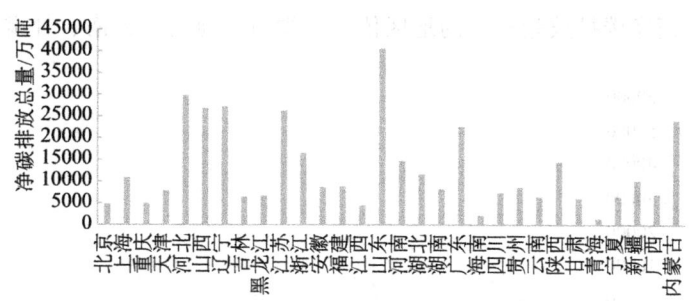

图 2-22　2012 年各省区市土地利用净碳排放分布图

2012—2015 年，我国土地利用净碳排放量增速有所放缓，甚至有些省区市土地利用净碳排放量出现了下降。如图 2-23 所示，2015 年土地利用净碳排放量最大的地区依旧为山东省，高达 47520.97 万吨，而山西以净碳排放量 32800.40 万吨成为全国净排放量第二大区域，增速达 22.4%，山西省的这一变化与同时期能源排放量 18.4% 的增幅密切相关，河北省以 29249.28 万吨居于第三位。而净碳排放量最低的区域依旧为青海，为 1236.85 万吨，且较 2012 年有 9% 的降幅，接下来依次为海南和北京。

如图 2-24 所示，2019 年我国土地利用净碳排放总量值分布于 1350.41 万—52913.37 万吨，与 2015 年相比，土地利用净碳排放总量的最大值和最小值均有所增加。其中净碳排放量最高的三个地区与 2015 年相比未发生变化，主要为山东、山西、辽宁，而内蒙古以 30642.60 万吨位

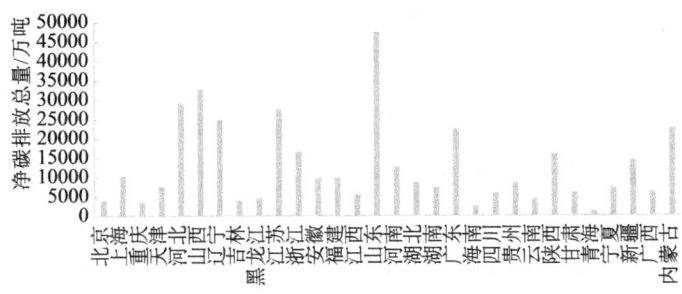

图 2-23 2015 年各省区市土地利用净碳排放分布图

居第四，增幅近 50%，这一时期内蒙古的能源消费排放量由 29211.58 万吨增至 39308.99 万吨，增幅近 35%，故此碳排放总量及净碳排放量都有所增加。而净碳排放量较低的地区依旧是青海、海南、云南、甘肃等地。

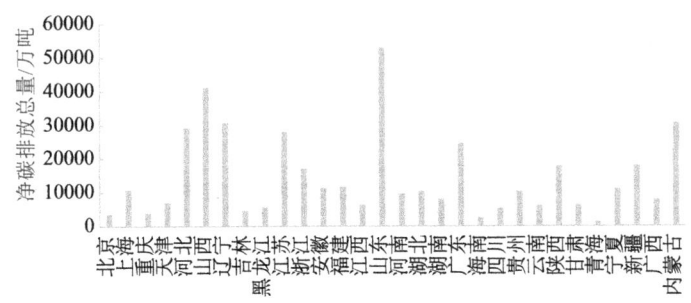

图 2-24 2019 年各省区市土地利用净碳排放分布图

从土地利用净碳排放总量的分布图来看，各省区市的土地利用净碳排放量呈现出从东往西依次递减的分布特征。2009—2019 年各省区市的土地利用净碳排放量呈现稳定增长的趋势，净碳排放量较高的地区主要集中在我国的东部北部地区，包括山东省、山西省、河北省、辽宁省等，与这些地区的高能耗产业比较集中有关。净碳排放量较低的地区主要集中分布在青海、甘肃、江西、云南、四川等地区，这些地区人口稀少，且受自然条件限制，城镇化工业化水平较低，同时林地、草地资源丰富，因此土地净碳排放量较低。

2.4.3.2 中国土地利用净碳排放强度空间特征分析

从图 2-25 来看，上海市的土地利用净碳排放强度最大，达到 1.567

万吨/平方千米且远超其他地区，天津的土地利用净碳排放强度以0.478万吨/平方千米位列第二位，第三是北京，为0.311万吨/平方千米。而土地利用净碳排放强度最低的地区则是青海，为0.001万吨/平方千米，接着依次为新疆和甘肃，除以上的六个地区外，其他区域的净碳排放强度主要分布在0.014万—0.202万吨/平方千米。

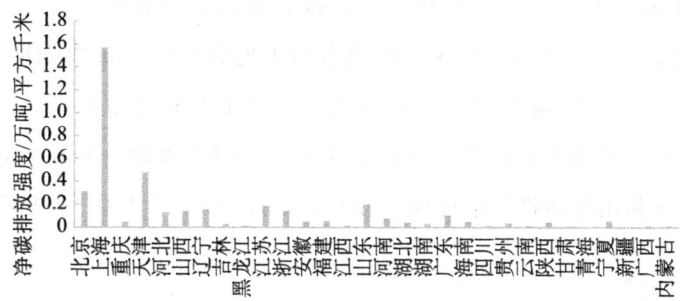

图2-25　2009年各省区市土地利用净碳排放强度分布图

如图2-26所示，2012年我国的土地利用净碳排放强度较大及较小的地区与2009年相比未发生明显变化，其中上海的净碳排放强度最大，为1.718万吨/平方千米，天津净碳排放强度为0.657万吨/平方千米，增幅达到34.7%，继续稳居第二，北京为第三。而净碳排放强度最低的三个地区依旧为青海、新疆及甘肃，净碳排放强度处于0.002万—0.014万吨/平方千米。2009—2012年，我国的土地利用净碳排放强度与同时期的土地利用碳排放量呈现出相同的变化趋势，除北京外，其他地区的土地利用净碳排放强度逐年增大。

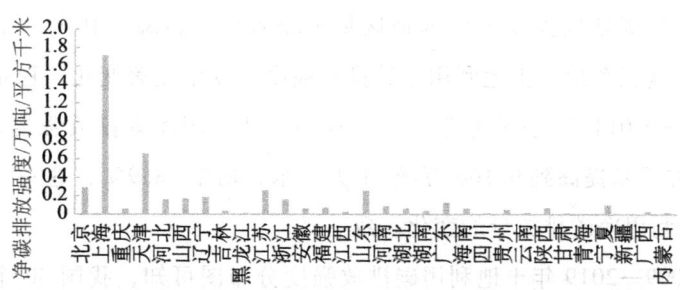

图2-26　2012年各省区市土地利用净碳排放强度分布图

2012—2015 年，我国多数省区市的土地利用净碳排放强度下降，其中吉林的土地利用净碳排放强度下降最为明显，由 2012 年的 0.034 万吨/平方千米下降到 2015 年的 0.021 万吨/平方千米，降幅超过 38%，这一变化主要是受到同时期土地利用净碳排放量下降的影响。如图 2-27 所示，2015 年上海市的土地利用净碳排放强度依旧稳居全国各地区之首，达到 1.642 万吨/平方千米，天津市的土地利用净碳排放强度为 0.629 万吨/平方千米，仅次于上海，位居第二大地区，而山东的土地利用净碳排放强度为 0.299 万吨/平方千米，增幅 16.8%，超过北京成为土地利用净碳排放强度第三大区。而土地利用净碳排放强度较低的地区依旧为青海、新疆、甘肃三个地区，土地利用净碳排放强度保持在 0.002 万—0.013 万吨/平方千米。

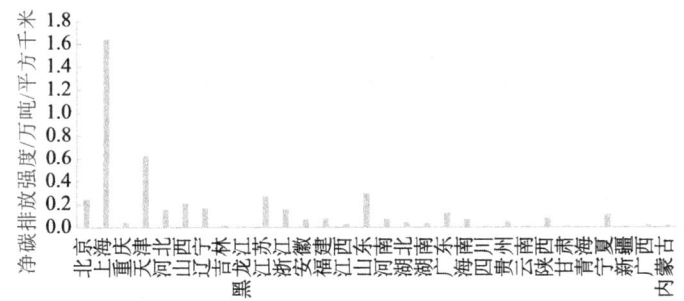

图 2-27　2015 年各省区市土地利用净碳排放强度分布图

如图 2-28 所示，2019 年中国各省区市的土地利用净碳排放强度集中于 0.002 万—1.706 万吨/平方千米，与 2009 年相比，整体有小幅度的提升。上海、天津、山东依旧是净碳排放强度较大的地区，占到各地区总和的 52%。净碳排放强度较低的地区依旧是青海、新疆、甘肃，在 2015—2019 年，这三个地区土地利用净碳排放强度未发生显著变化，稳定保持在 0.002 万—0.014 万吨/平方千米。宁夏的土地利用净碳排放强度由 0.112 万吨/平方千米提高到 0.166 万吨/平方千米，增幅 48.9%，这一变化与同时期土地利用净碳排放量的变化一致。

由 2009—2019 年土地利用碳排放强度分布图可知，我国 30 个地区土地利用净碳排放强度呈现出东高西低的特征。净碳排放强度较高的地区主

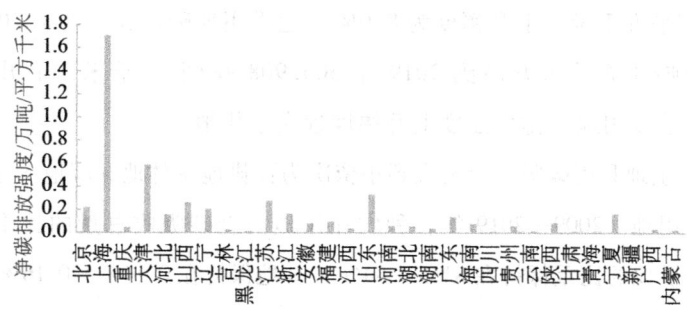

图 2-28　2019 年各省区市土地利用净碳排放强度分布图

要集中在上海、天津、北京、山东等直辖市和东部地区。净碳排放强度较低的地区主要集中分布在我国的西北地区和西南地区，包括青海、新疆、广西、内蒙古、甘肃、青海等地，土地利用净碳排放强度与土地面积和碳排放量密切相关。

2.5　本章小结

本章基于全国（西藏、港澳台除外）30 个省区市 2009—2019 年的土地利用类型相关数据、能源消耗数据、农作物及农业生产等数据，采用直接碳排放测算法和间接碳排放测算法，利用碳排放系数计算了不同土地利用类型的碳吸收量、碳排放量和净碳排放量，从时间和空间双重维度分析了全国及各省区市土地利用变化碳排放及碳排放强度变化情况，具体研究结果如下。

（1）从全国（西藏、港澳台除外）土地利用碳排放总量来看，建设用地碳排放总量整体呈上升趋势，由 2009 年的 358123.21 万吨上升至 2019 年的 486654.24 万吨，占土地利用碳排放总量的比重高达 98%—99%，耕地碳排放量自 2009 年的 6502.52 万吨增加到 2019 年的 7025.06 万吨，占比保持在 1%—2%，建设用地碳排放是土地利用碳排放的主要因素。

2009—2019 年全国耕地碳排放强度和建设用地碳排放强度整体由上升转为平稳，耕地碳排放强度由 2009 年的 6.746 吨/平方千米升至 2019 年的

7.289 吨/平方千米，上升幅度为 8.0%，建设用地碳排放强度由 2009 年的 371.556 吨/平方千米升高到 2019 年 504.908 吨/平方千米，上升幅度为 35.9%，建设用地碳排放强度上升幅度远大于耕地。

（2）土地利用碳吸收量由大到小依次为：耕地＞林地＞园地＞水域＞草地＞未利用地。2009—2019 年各种农业用地类型碳吸收总量的比重维持稳定，其中耕地的比重保持在 81%—84%，林地保持在 0.14%—0.16%，园地、草地、水域三者的比重均保持在 1%，未利用地碳吸收占比可以忽略不计。

在农业用地的碳吸收强度方面，耕地的碳吸收强度处于上升趋势，由 2009 年的 75.515 吨/平方千米，到 2019 年的 94.167 吨/平方千米，上升幅度为 24.7%。园地和林地土地利用类型的碳吸收强度先下降后逐渐上升，截至 2019 年，强度分别达到 1.528 吨/平方千米、17.039 吨/平方千米。草地、水域和未利用地土地利用类型碳吸收强度呈现稳中有降趋势，强度分别由 2009 年的 0.626 吨/平方千米、1.125 吨/平方千米、0.036 吨/平方千米降至 2019 年的 0.576 吨/平方千米、0.956 吨/平方千米、0.035 吨/平方千米。

（3）从净碳排放总量来看，2009—2019 年整体呈现上升趋势，由 2009 年的 274359.012 万吨上升到了 2019 年 383510.686 万吨，增加了 39.8%。各地区净碳排放量存在明显的差异，大致可以将其分为三类。一是总体趋势下降地区：北京、河南、吉林、黑龙江。二是总体趋势上升较小地区：上海、重庆、天津、河北、浙江、湖北、湖南、云南、甘肃。三是总体趋势上升较大地区：内蒙古、山西、辽宁、江苏、安徽、福建、江西、山东、广东、海南、贵州、陕西、四川、青海、宁夏、新疆、广西。

全国土地利用碳排放量和碳吸收量整体均保持上升趋势，但是碳吸收总量明显小于碳排放总量，两者的差额在 2009—2019 年不断增加，导致净碳排放量不断上升，净碳排放强度整体也呈现上升趋势，由 284.650 吨/平方千米上升到了 397.896 吨/平方千米，土地利用碳减排仍然任重道远。

（4）由于各省区市土地利用结构不同，全国各省区市的碳吸收量具有明显的差异性。整体上来看，我国土地利用碳吸收量在 2009—2019 年呈现稳步增长趋势，土地利用碳吸收量比较高的地区主要集中在黑龙江、河南、山东、内蒙古等地区，北京、上海、天津等地区的土地利用碳吸收量比较少。

2009—2019年中国30个省区市的土地利用碳吸收强度变化较稳定，碳吸收强度较高的区域主要分布在山东、河南、江苏、安徽等。土地利用碳吸收强度较低的区域主要有青海、新疆、内蒙古、甘肃等，碳吸收强度整体呈现由东向西逐渐降低的趋势。

（5）2009—2019年全国各省区市土地利用碳排放量呈现逐年增加的趋势。全国整体呈现自东向西递减的趋势，青海省和海南省的土地利用碳排放量一直保持较低的水平。土地利用碳排放量较高的区域则主要集中在中国东部和北部地区，包括内蒙古、辽宁、河北、山西、山东、广东、江苏等多个地区，其中山东省一直是土地利用碳排放量最高的省份，且随着时间推进，土地利用碳排放量也在逐年增加。

土地利用碳排放强度空间存在差异性。2009—2019年整体呈现出逐年增长的态势，其中东部沿海经济发达地区碳排放强度普遍较高，而向中西部内陆地区碳排放强度逐渐降低，上海、北京等直辖市的土地利用类型以建设用地为主，导致碳排放强度居高不下，碳排放较低的区域在青海、新疆、甘肃三个地区均保持在0.003万—0.018万吨/平方千米。

（6）各省区市的土地利用净碳排放量呈现出从东往西依次递减的分布特征。在2009—2019年各省区市的土地利用净碳排放量呈现稳定增长的趋势，净碳排放量较高的地区主要集中在我国的东部北部地区，包括山东省、山西省、河北省、辽宁省等。净碳排放量较低的地区主要集中分布在青海、甘肃、江西、云南、四川等地区。

我国土地利用净碳排放强度呈现出东高西低的特征。净碳排放强度较高的地区主要集中在上海、天津、北京、山东等直辖市和东部地区；净碳排放强度较低的地区主要集中分布在我国的西北地区和西南地区，包括青海、新疆、广西、内蒙古、甘肃等。

第3章　单要素视角下中国土地利用碳排放效率测算及时空特征分析

3.1　指标选取及数据来源

在传统土地利用碳排放效率的计算中，通常会涉及多种生产要素和经济产出，学者们一般会将资本、土地、人口作为投入指标，将地区生产总值作为唯一的期望产出指标、碳排放量作为非期望产出。本章根据实际情况，结合之前专家学者的研究[22,58][131]，将资本、劳动力、土地资源、水资源、能源、科学技术作为研究土地利用碳排放效率的资源投入要素。其中，资本投入用各省区市的固定资产投资总额表示；劳动力投入用社会从业人员人数来表示；土地资源投入用建设用地面积和农用地播种面积总和表示；水资源投入用建设用地用水量和农用地用水量总和表示，这里建设用地用水量由工业用水量和城市生活用水量总和获得；在能源投入方面，用八种能源的标准煤使用量来表示建设用地的能源投入；科学技术投入指标用国家和地方财政科学技术支出之和来表示。期望产出从经济效益方面选取，用各省区市的地区生产总值表示经济产出，绿地率来表示生态效益，通过城市绿地面积与城市建成区面积之比获得数据，土地利用净碳排放量作为本章唯一的非期望产出。投入产出指标如表3-1所示。

测算土地利用碳排放效率所用到的投入产出指标，其中资本投入、劳动力投入、科学技术投入、经济产出、环境产出等多指标数据均来源于历年的《国家统计年鉴》，建设用地面积、农资投入等数据来源于各省区市的统计年鉴，碳排放产出数据为本书第 2 章计算出来的中国各省区市的土地利用净碳排放量。

表 3 - 1　　　　土地利用碳排放效率测算的投入产出指标表

指标类型	指标	指标说明
投入指标	资本投入	固定资产投资总额
	能源投入	建设用地标准煤使用量
	劳动力投入	社会从业人员总数
	水资源投入	建设用地用水量 + 农用地用水量
	土地资源投入	建设用地面积 + 农用地播种面积
	科学技术投入	科学技术支出
期望产出指标	经济产出	地区生产总值
	环境产出	绿化率
非期望产出指标	碳排放产出	土地利用净碳排放量

3.2　单要素视角下土地利用碳排放效率测算方法

本章基于生态效率研究方法进行研究，包括单要素生态效率和全要素生态效率。单要素视角是从各种投入产出要素来衡量碳排放的效率，全要素视角是把握全部要素，来衡量整个省区市碳排放的综合效率。本章将从这两个角度全面分析中国 2009—2019 年各省区市的碳排放效率，掌握碳排放效率现状。

单要素土地利用碳排放效率由碳排放量与各单要素影响因子投入量两者指标的比值构成，计算过程简便，运用较为广泛。本章主要从投入产出指标角度来分析各种单要素视角下碳排放效率。一方面从投入端减少人力、用水、资金、土地资源以及能源、科研资源的投入，优化人力、物力、财力的配置，在开端过程中强化资源利用效率，从而以较少的资源投入产出更多的物质；另一方面是在产出端把好产出关口，减少废弃物的产生，增加经济、环境等的期望产出，减少碳排放的非期望产出。

本章将土地利用碳排放效率的要素指标具体分为：人力投入、用水投入、资金投入、土地资源投入、能源投入、科技投入、生产总值产出、绿地率产出以及本章考虑的非期望净碳排放产出，具体说明及计算方法如下。

（1）人力投入碳排放效率。指在土地利用活动中从业人员因素带来的碳排放量，该指标表示从业人员投入利用与碳排放之间的关系，人力投入碳排放效率值越大，效率越小。人力投入碳排放效率值＝碳排放量/从业人数要素投入量。

（2）用水投入碳排放效率。指在土地利用活动中用水因素带来的碳排放量，该指标表示水资源利用与碳排放之间的关系，用水投入碳排放效率值越大，效率越小。用水总量投入碳排放效率值＝碳排放量/用水总量要素投入量。

（3）资金投入碳排放效率。指在土地利用活动中固定资产投资总额投入多少给碳排放量带来的影响程度，该指标表示固定资产投入利用与碳排放之间的关系，资金投入碳排放效率值越大，效率越小。资金投入碳排放效率值＝碳排放量/资金投入要素投入量。

（4）土地资源投入碳排放效率。指在土地利用活动中建设用地和农用地播种面积之和对碳排放量的影响程度，该指标表示土地资源投入利用与碳排放之间的关系，土地资源投入碳排放效率值越大，效率越小。土地资源投入碳排放效率值＝碳排放量/土地资源要素投入量。

（5）能源投入碳排放效率。指在土地利用活动中单位能源使用造成的碳排放量，该指标表示能源投入利用与碳排放之间的关系，能源投入碳排放效率值越大，效率越小。能源投入碳排放效率值＝碳排放量/能源投入要素投入量。

（6）科技投入碳排放效率。指土地利用过程中科技要素的投入引起的碳排放量变化。该指标表示科技资源投入利用与碳排放之间的关系，科技投入碳排放效率值越大，效率越小。科技投入碳排放效率值＝碳排放量/科技资源要素投入量。

（7）生产总值产出碳排放效率。指在土地利用活动中地区生产总值引起的碳排放量变化，该指标表示经济产出利用与碳排放之间的关系，生总值产出碳排放效率值越大,效率越小。生产总值产出碳排放效率值=碳排放量/生产总值要素量。

(8) 绿地率产出碳排放效率。指在土地利用活动中绿化率变化造成碳排放量的变化,该指标表示绿地率利用与碳排放之间的关系,绿地率产出碳排放效率值越大,效率越小。绿地率产出碳排放效率值=碳排放量/绿地率产出要素量。

3.3 单要素视角下中国土地利用碳排放效率时序分析

3.3.1 中国土地利用碳排放效率时序分析

中国单要素投入碳排放效率值与碳排放效率之间呈负相关关系,碳排放效率值越大,表明单位要素值产生的土地利用碳排放量越大,单要素土地利用碳排放效率越低(见表3-2)。

表3-2　　　2009—2019年全国单要素碳排放效率值表

年份	人力投入(吨/人)	用水投入(吨/百万吨)	资金投入(吨/万元)	土地投入(吨/公顷)	能源投入(吨/吨)	科技投入(吨/万元)	生产总值产出(吨/万元)	绿地率(吨/%)
2009	3.502	0.497	1.369	1.648	0.626	81.042	0.779	51068684.309
2010	3.864	0.547	1.218	1.809	0.641	70.071	0.733	55484424.194
2011	4.270	0.598	1.079	1.983	0.646	85.239	0.690	63979937.319
2012	4.552	0.630	0.957	2.095	0.652	78.409	0.673	67139459.440
2013	4.726	0.650	0.835	2.160	0.658	71.558	0.619	71337594.096
2014	4.692	0.659	0.723	2.130	0.662	68.200	0.570	71068907.566
2015	4.594	0.650	0.645	2.069	0.663	60.690	0.516	69764512.599
2016	4.534	0.654	0.590	2.043	0.664	53.598	0.473	68983560.922
2017	4.592	0.665	0.564	2.075	0.667	49.061	0.434	68562661.943
2018	4.718	0.693	0.576	2.134	0.672	43.962	0.398	70395485.801
2019	4.849	0.717	0.681	2.187	0.676	39.664	0.379	72240241.156

2009—2019年人力投入碳排放效率值由3.502吨/人增加至4.849吨/人，整体呈现波动上升的趋势，增加幅度为38.5%，说明社会从业人员资源配置效率较低，导致人力投入土地利用碳排放效率降低。

用水投入要素碳排放效率值2009—2019年基本保持上升趋势，由2009年的0.497吨/百万吨升高至2019年的0.717吨/百万吨，上升幅度较大达到44.3%，建设用地和农用地用水投入效率较低，土地利用碳排放效率总体在下降，推动水资源绿色低碳利用势在必行。

资金投入要素碳排放效率值2009—2019年基本呈现下降趋势，由2009年的1.369吨/万元减少至2019年的0.681吨/万元，下降幅度为50.3%，单位固定资产投资总额产生的土地利用碳排放量下降，资金投入要素碳排放效率明显升高。

土地资源投入要素碳排放效率值2009—2019年基本呈现上升趋势，效率值由2009年的1.648吨/公顷上升至2019年的2.187吨/公顷，上升幅度达到32.7%，单位土地面积产生的土地利用碳排放量在不断增加，土地投入碳排放效率逐渐下降。

能源投入要素碳排放效率值2009—2019年呈现小幅上升趋势，由2009年的0.626吨/吨上升到了2019年的0.676吨/吨，单位能源标准煤使用量产生的土地利用碳排放量在不断增加，能源利用效率不高，能源投入要素碳排放效率有所下降。

科技投入要素碳排放效率值2009—2019年总体保持下降趋势，由2009年的81.042吨/万元下降至2019年的39.664吨/万元，下降幅度较大，为51.1%，科学技术支出对于降低碳排放量提高碳排放效率有明显的影响。

生产总值产出碳排放效率值2009—2019年不断减少，由2009年的0.779吨/万元降至2019年的0.379吨/万元，表明经济产出对于土地利用碳排放效率有正向的影响，经济发展有利于提高土地利用碳排放效率。

绿地率产出碳排放效率值2009—2019年发展趋势不稳定，波动中呈现上升趋势，截至2019年效率值达到72240241.156吨/%，表明绿地率产出影响的碳排放效率在不断下降。

2009—2019年全国总体上人力投入、用水投入、土地投入、能源投入、绿地率产出要素碳排放效率值增速均值大于零，碳排放效率逐渐降低，资金投入、科技投入、生产总值产出要素碳排放效率值平均增速小于零，碳排放效率整体呈现增长态势。平均效率值从小到大依次为：生产总值＜科技＜资金＜能源＜人力＜绿地率＜用水＜土地资源，而土地利用碳排放效率增速排序则与之相反（见表3-3）。

表3-3　　2009—2019年全国单要素碳排放效率增速表

年份	人力投入	用水投入	资金投入	土地投入	能源投入	科技投入	生产总值产出	绿地率
2010	0.103	0.102	-0.111	0.098	0.024	-0.135	-0.059	0.086
2011	0.105	0.094	-0.114	0.096	0.008	0.216	-0.059	0.153
2012	0.066	0.053	-0.113	0.056	0.009	-0.080	-0.025	0.049
2013	0.038	0.032	-0.127	0.031	0.009	-0.087	-0.080	0.063
2014	-0.007	0.013	-0.134	-0.014	0.007	-0.047	-0.079	-0.004
2015	-0.021	-0.014	-0.108	-0.029	0.002	-0.110	-0.094	-0.018
2016	-0.013	0.006	-0.086	-0.013	0.002	-0.117	-0.084	-0.011
2017	0.013	0.017	-0.043	0.016	0.005	-0.085	-0.081	-0.006
2018	0.027	0.041	0.020	0.029	0.007	-0.104	-0.083	0.027
2019	0.028	0.035	0.183	0.025	0.006	-0.098	-0.048	0.026
均值	0.0339	0.0379	-0.0633	0.098	0.0079	-0.0647	-0.0692	0.0365

3.3.2　各省区市土地利用碳排放效率时序分析

3.3.2.1　北京市单要素碳排放效率

由表3-4可以看出，北京市人力投入效率值整体呈现下降趋势，由2009年的5.123吨/人降至2019年的2.846吨/人，劳动力人均碳排放量在不断减少，碳排放效率升高。用水投入效率值在2009—2019年呈现稳中上升的趋势，变化较小，单位土地用水投入导致的碳排放量出现小幅上升，碳排放效率略有下降。资金投入碳排放效率值整体呈现下降趋势，由2009年的1.053吨/万元下降至2019年的0.365吨/万元，下降幅度达到65%，说明资金投入带来的碳排放效率出现明显上升的趋势。土地投入碳排放效率值 2009—2019 年稳中有增，2016 年之后出现较快增长，由 73.055 吨/公顷增加至 79.349 吨/公顷，单位面积土地投入引起的碳排放量增加，土地投入碳排放效率下降。能源投入碳排放效率值由 2009 年的 1.003 吨/吨变为 2019 年的 1.357 吨/吨，上升趋势明显，幅度达到 35.3%，单位能源投入产生的碳排放量增大，碳排放效率不断下降。科技投入碳排放效率值大幅下降，由 2009 年 40.487 吨/万元下降到 2019 年的 8.359 吨/万元，降幅达 79%，科技对碳排放的影响较大，每万元的科技投入产生的碳排放总量显著下降，效率得到明显提升。生产总值产出碳排放效率值呈现下降趋势，2019 年降低至 0.102 吨/万元，单位生产总值引起的碳排放总量减少，说明经济发展对于土地利用碳排放产生了积极的影响，碳排放强度在下降，碳排放效率升高。绿地率产出碳排放效率基本呈现持续下降趋势，由 2009 年的 1111728.956 百吨/% 下降至 603821.162 百吨/%，绿地产出生态效益的同时带来了碳排放量的下降，绿地率碳排放效率显著提高。

表 3-4　2009—2019 年单要素视角下北京市碳排放效率值表

年份	人力投入（吨/人）	用水投入（吨/百万吨）	资金投入（吨/万元）	土地资源投入（吨/公顷）	能源投入（吨/吨）	科技投入（吨/万元）	生产总值产出（吨/万元）	绿地率产出（百吨/%）
2009	5.123	1.890	1.053	78.330	1.003	40.487	0.396	1111728.956
2010	5.011	1.942	0.941	78.718	1.011	28.894	0.345	1055045.531
2011	4.539	1.848	0.822	75.140	1.033	26.524	0.282	933813.578
2012	4.353	1.899	0.746	76.594	1.042	24.105	0.253	926832.204
2013	3.759	1.565	0.608	72.198	1.044	18.214	0.202	821978.115
2014	3.818	1.703	0.586	80.302	1.098	15.677	0.193	904470.847
2015	3.435	1.787	0.510	76.725	1.164	14.155	0.164	702397.612
2016	3.036	1.611	0.438	73.055	1.205	12.963	0.137	638705.688
2017	2.944	1.709	0.410	75.994	1.283	10.145	0.123	632780.843
2018	2.954	1.741	0.388	77.990	1.334	8.585	0.110	630389.352
2019	2.846	1.973	0.365	79.349	1.357	8.359	0.102	603821.162

综上所述，北京市的各要素碳排放效率值中除了用水量、土地和能源投入碳排放效率值在上升，其他要素碳排放效率值均呈现下降趋势，即生产总值、科技、资金、人力、绿地率的碳排放效率在不断上升，北京市作为全国发展的领头羊，高新技术发展、人才优势、产业升级、循环链条等各种条件推动北京进入绿色低碳发展阶段。

3.3.2.2 上海市单要素碳排放效率

2009—2019 年上海市单要素视角下的碳排放效率值变化情况为：人力投入、资金投入碳排放效率值整体呈现下降趋势，在 2011 年为最高，效率值分别达到 10.011 吨/人、2.182 吨/万元，2011—2019 年整体呈现下降趋势，截至 2019 年效率值分别降为 7.858 吨/人、1.314 吨/万元，人均劳动力投入、单位资金投入导致碳排放量不断减少，碳排放效率升高；用水投入、土地资源投入碳排放效率值整体呈现上升趋势，分别由 2009 年的 0.861 吨/百万吨、141.992 吨/公顷，升高至 2019 年的 1.148 吨/百万吨、183.943 吨/公顷，上升幅度分别达到 33% 和 30%，碳排放效率下降；能源投入碳排放效率值在 2011 年降到最低值 0.994 吨/吨，2012—2019 年呈现持续上升状态，2019 年效率值达到 1.090 吨/吨，说明单位能源投入产生的碳排放量增多，碳排放效率不断下降；科技投入碳排放效率值 2009—2019 年整体呈现下降趋势，由 2009 年的 46.151 吨/万元降到 2019 年 27.761 吨/万元，下降幅度为 40%，每万元的科技投入产生的碳排放量下降，碳排放效率不断上升；生产总值产出碳排放效率值 2009—2019 年整体呈现下降趋势，2017 年出现大幅上升，效率值为 0.888 吨/万元，截至 2019 年效率值下降为 0.283 吨/万元，单位生产总值引起的碳排放总量减少，碳排放效率不断升高；绿地率产出碳排放效率值呈现曲折发展状态，效率值最高值在 2013 年为 923079.996 百吨/%，效率值最低值在 2017 年为 785402.538 百吨/%，但是整体仍然呈现上升趋势，说明绿地率产出碳排放效率有所下降（见表 3-5）。

综上所述，2009—2019 年上海市单要素视角下人力投入、资金投入、科技投入、生产总值产出碳排放效率在不断上升。用水投入、土地资源投

表 3-5　2009—2019 年单要素视角下上海市碳排放效率值表

年份	人力投入（吨/人）	用水投入（吨/百万吨）	资金投入（吨/万元）	土地资源投入（吨/公顷）	能源投入（吨/吨）	科技投入（吨/万元）	生产总值产出（吨/万元）	绿地率产出（百吨/%）
2009	9.335	0.861	1.884	141.992	1.002	46.151	0.631	842094.106
2010	9.927	0.931	2.036	153.332	1.000	53.593	0.604	902287.897
2011	10.011	0.945	2.182	154.331	0.994	50.598	0.553	906193.891
2012	9.767	1.022	2.073	155.179	1.011	44.391	0.511	878623.913
2013	8.362	1.007	2.027	164.741	1.028	44.424	0.493	923079.996
2014	7.600	1.067	1.725	153.423	1.038	39.571	0.411	823732.118
2015	7.647	1.088	1.639	157.906	1.048	38.296	0.387	819747.690
2016	7.654	1.081	1.547	170.233	1.058	30.581	0.350	810064.169
2017	7.782	1.100	1.474	179.424	1.068	27.395	0.888	785402.538
2018	7.564	1.083	1.345	173.224	1.069	24.405	0.289	920856.623
2019	7.858	1.148	1.314	183.943	1.090	27.761	0.283	851489.365

入、能源投入、绿地率产出碳排放效率总体在下降。

3.3.2.3　重庆市单要素碳排放效率

2009—2019 年重庆市单要素视角下的碳排放效率值变化情况为：人力投入、用水投入、土地资源投入、能源投入以及绿地率产出碳排放效率值变化趋势一致，2009—2015 年先升后降，效率值在 2011 年达到最高值分别为：3.245 吨/人、0.712 吨/百万吨、13.394 吨/公顷、0.626 吨/吨、1226322.128 百吨/%，2015—2019 年效率值基本呈现上升趋势，2019 年效率值分别达到 2.338 吨/人、0.624 吨/百万吨、9.414 吨/公顷、0.613 吨/吨、866763.198 百吨/%，但是 2009—2019 年整体上人力投入、土地资源投入以及绿地率产出碳排放效率值减少，碳排放效率上升，用水投入、能源投入碳排放效率值升高，碳排放效率下降；资金投入碳排放效率值整体呈现明显下降趋势，2009 年效率值为 0.457 吨/万元，2019 年效率值为 0.217 吨/万元，下降幅度为 53%，说明资金投入带来的碳排放效率显著上升；科技投入和生产总值产出碳排放效率值发展趋势保持一致，整

第3章 单要素视角下中国土地利用碳排放效率测算及时空特征分析 | 59

体呈现下降趋势，2015 年前下降幅度较大，2015 年后下降幅度较小，效率值分别由 2009 年 245.332 吨/万元、0.574 吨/万元，到 2019 年发展为 49.229 吨/万元、0.165 吨/万元，下降幅度分别为 80%、71%，每万元的科技支出和生产总值产生的碳排放总量显著下降，科技投入和生产总值产出碳排放效率得到明显上升（见表 3-6）。

表 3-6　2009—2019 年单要素视角下重庆市碳排放效率值表

年份	人力投入（吨/人）	用水投入（吨/百万吨）	资金投入（吨/万元）	土地投入（吨/公顷）	能源投入（吨/吨）	科技投入（吨/万元）	生产总值产出（吨/万元）	绿地率产出（百吨/%）
2009	2.521	0.537	0.457	10.305	0.581	245.332	0.574	908311.041
2010	2.797	0.601	0.397	11.605	0.599	242.325	0.538	1008746.622
2011	3.245	0.712	0.428	13.394	0.626	205.693	0.507	1226322.128
2012	3.099	0.708	0.333	12.593	0.627	166.805	0.429	1106101.239
2013	2.533	0.577	0.228	10.356	0.606	106.105	0.315	953708.967
2014	2.710	0.662	0.208	11.220	0.616	115.902	0.302	1028567.186
2015	2.211	0.556	0.146	9.166	0.599	79.767	0.227	867375.339
2016	2.267	0.587	0.135	9.371	0.611	72.833	0.209	854461.968
2017	2.362	0.613	0.138	9.730	0.610	66.070	0.195	911303.073
2018	2.342	0.614	0.220	9.521	0.611	56.787	0.180	905822.081
2019	2.338	0.624	0.217	9.414	0.613	49.229	0.165	866763.198

综上所述，2009—2019 年重庆市单要素视角下用水投入、能源投入碳排放效率值升高，碳排放效率下降；人力投入、土地资源投入、绿地率产出、资金投入、科技投入和生产总值产出碳排放效率总体在上升。

3.3.2.4　天津市单要素碳排放效率

2009—2019 年天津市单要素视角下的碳排放效率值变化情况为：人力投入和用水投入碳排放效率值发展趋势保持一致，2009—2011 年呈上升状态，2011 年效率值最高，分别为 10.353 吨/人、4.083 吨/百万吨，2011—2016 年呈现下降趋势，2016 年后整体呈现上升状态，但是单位人力投入碳排放量 2019 年相较于 2009 年总体为下降趋势，碳排放效率上升，用水投入碳排放效率值则呈上升趋势，碳排放效率下降；资金投入碳排放效率值2009—2019年效率值发展呈现"U"形发展态势，2016年效率值发展为最低值0.474吨/万元，2019年效率值为1.474吨/万元，整体碳排放效率下降；土地资源投入碳排放效率值2009—2019年稳中有增，单位面积土地资源投入导致的碳排放量出现小幅上升，碳排放效率略有下降；能源投入碳排放效率值发展整体呈现上升趋势，由2009年的0.885吨/吨发展到2019年的0.968吨/吨，上升幅度为9%，单位能源投入引起的碳排放总量小幅度上升，碳排放效率下降；科技投入碳排放效率值整体呈现下降趋势，由2009年的167.909吨/万元下降到2019年的63.717吨/万元，下降幅度为62%，每万元科技投入带来的碳排放总量下降，碳排放效率上升；生产总值产出碳排放效率值整体呈现下降趋势，2009年效率值为0.749吨/万元，截至2019年碳排放效率值为0.497吨/万元，降幅为34%，生产总值碳排放效率稍有上升；绿地率产出碳排放效率值由平稳过渡到下降状态，2018年到最低值1629386.111百吨/%，绿地率产出碳排放效率总体上升（见表3-7）。

表3-7　2009—2019年单要素视角下天津市碳排放效率值表

年份	人力投入（吨/人）	用水投入（吨/百万吨）	资金投入（吨/万元）	土地资源投入（吨/公顷）	能源投入（吨/吨）	科技投入（吨/万元）	生产总值产出（吨/万元）	绿地率产出（百吨/%）
2009	8.431	2.840	1.189	69.345	0.885	167.909	0.749	2195732.700
2010	9.860	3.822	1.103	86.681	0.925	166.128	0.769	2566076.930
2011	10.353	4.083	1.052	94.238	0.929	131.317	0.689	2548821.736
2012	9.769	3.913	0.884	92.210	0.919	102.632	0.600	2531033.120
2013	9.502	3.789	0.802	94.809	0.924	86.760	0.549	2597491.389
2014	8.765	3.720	0.645	89.991	0.923	70.539	0.482	2402720.063
2015	8.368	3.471	0.574	88.575	0.945	62.111	0.447	2345087.137
2016	7.688	3.240	0.474	80.658	0.938	55.422	0.389	2102329.389
2017	7.677	3.317	0.609	79.982	0.960	59.229	0.370	1675615.261
2018	7.815	3.482	0.861	83.944	0.967	65.676	0.372	1629386.111
2019	7.813	3.504	1.474	87.379	0.968	63.717	0.497	1893080.386

综上所述，2009—2019年天津市单要素视角下用水投入、资金投入、土地资源投入、能源投入碳排放效率总体减弱，人力投入、科技投入、生产总值产出和绿地率产出碳排放效率逐渐增强。

3.3.2.5 河北省单要素碳排放效率

2009—2019年河北省单要素视角下的碳排放效率值变化情况为：人力投入碳排放效率值整体呈现上升趋势，分别由2009年的6.293吨/人增至2019年的7.002吨/人，人力投入碳排放效率下降；用水投入碳排放效率值整体呈现上升趋势，由2009年的1.367吨/百万吨增至2019年的2.068吨/百万吨，上升幅度为51%，用水投入碳排放效率下降；土地资源投入碳排放效率值整体呈现上升趋势，由2009年的22.868吨/公顷增至2019年的26.203吨/公顷，土地资源投入碳排放效率下降；能源投入碳排放效率值整体呈现上升趋势，分布在0.683—0.706吨/吨，单位能源投入碳排放量2019年相较2009年总体为上升趋势，碳排放效率下降；资金投入、科技投入和生产总值产出碳排放效率值整体呈现下降趋势，2009年效率值分别为1.939吨/万元、903.061吨/万元、1.378吨/万元，2019年效率值分别为0.798吨/万元、322.892吨/万元、0.834吨/万元，下降幅度分别为59%、64%、40%，每万元资金投入、科技投入和生产总值产出引起的碳排放量减少，碳排放效率上升；绿地率产出碳排放效率值由2009年的6119974.957吨/%增至2019年的6810770.252吨/%，上升幅度为39%，碳排放效率明显下降（见表3-8）。

表3-8　2009—2019年单要素视角下河北省碳排放效率值表

年份	人力投入（吨/人）	用水投入（吨/百万吨）	资金投入（吨/万元）	土地资源投入（吨/公顷）	能源投入（吨/吨）	科技投入（吨/万元）	生产总值产出（吨/万元）	绿地率产出（百吨/%）
2009	6.293	1.367	1.939	22.868	0.683	903.061	1.378	6119974.957
2010	6.679	1.486	1.711	25.013	0.694	870.606	1.260	6003135.238
2011	7.456	1.698	1.872	28.496	0.704	889.321	1.204	7034107.898
2012	7.297	1.699	1.561	28.460	0.701	666.409	1.122	7098842.916

续表

年份	人力投入(吨/人)	用水投入(吨/百万吨)	资金投入(吨/万元)	土地资源投入(吨/公顷)	能源投入(吨/吨)	科技投入(吨/万元)	生产总值产出(吨/万元)	绿地率产出(百吨/%)
2013	7.070	1.738	1.307	28.037	0.694	594.478	1.042	6879355.164
2014	6.631	1.634	1.066	26.238	0.691	543.018	0.950	6480853.674
2015	6.943	1.771	0.993	27.448	0.692	642.841	0.985	6964115.423
2016	6.885	1.837	0.916	27.184	0.692	397.378	0.919	6923841.505
2017	6.795	1.849	0.856	26.877	0.689	413.759	0.840	6805351.215
2018	6.961	1.967	0.833	26.934	0.698	379.164	0.899	6954943.053
2019	7.002	2.068	0.798	26.203	0.706	322.892	0.834	6810770.252

综上所述，2009—2019年河北省单要素视角下人力投入、用水投入、土地资源投入、能源投入、绿地率产出碳排放效率总体下降。资金投入、科技投入、生产总值产出碳排放效率整体呈现上升趋势。

3.3.2.6 山西省单要素碳排放效率

2009—2019年山西省单要素视角下的碳排放效率值变化情况为：人力投入、用水投入、土地资源投入碳排放效率值整体呈现上升趋势，2019年效率值分别达到23.381吨/人、6.584吨/百万吨、85.439吨/公顷，2009—2019年上升幅度分别为73%、47%、75%，人力、用水、土地资源投入碳排放效率下降；资金投入碳排放效率值2009—2019年整体呈现下降趋势，由2009年4.371吨/万元降至2019年4.135吨/万元，下降幅度为5%，每万元资金投入引起的碳排放量减少，资金投入碳排放效率略有上升；能源投入碳排放效率值分布在0.696—0.729吨/吨，单位能源投入碳排放量2019年相较2009年呈上升状态，碳排放效率下降；科技投入碳排放效率值呈现下降趋势，由2009年的1249.435吨/万元降至2019年的714.143吨/万元，2013年降至最低值444.197吨/万元，碳排放效率上升；生产总值产出碳排放效率值分布在2.181—2.990吨/万元，由2009年的2.990吨/万元降至2019年的2.421吨/万元，碳排放效率上升；绿地率产出碳排放效率值整体呈上升趋势，由2009年的6471339.864百吨/%增至

2019 年的 9814367.880 百吨/%，上升幅度为 52%，绿地率产出碳排放效率下降（见表 3-9）。

表 3-9　2009—2019 年单要素视角下山西省碳排放效率值表

年份	人力投入（吨/人）	用水投入（吨/百万吨）	资金投入（吨/万元）	土地资源投入（吨/公顷）	能源投入（吨/吨）	科技投入（吨/万元）	生产总值产出（吨/万元）	绿地率产出（百吨/%）
2009	13.487	4.490	4.371	48.744	0.709	1249.435	2.990	6471339.864
2010	12.975	4.309	3.678	50.757	0.704	1161.395	2.540	6490906.857
2011	14.208	4.302	3.501	55.292	0.701	950.160	2.297	7592895.821
2012	14.609	4.301	2.920	57.177	0.700	804.106	2.212	7655086.181
2013	14.861	4.431	2.461	58.978	0.696	444.197	2.187	7876241.313
2014	15.351	4.699	2.289	60.315	0.698	521.129	2.216	7642279.661
2015	17.953	5.181	2.320	70.633	0.702	875.378	2.569	8864973.848
2016	17.664	5.034	2.265	69.895	0.699	936.371	2.496	8746206.735
2017	18.904	5.330	5.667	74.055	0.702	681.282	2.205	6339703.369
2018	20.496	5.808	4.583	77.601	0.703	620.994	2.181	8948378.884
2019	23.381	6.584	4.135	85.439	0.729	714.143	2.421	9814367.880

综上所述，2009—2019 年山西省单要素视角下人力投入、用水投入、土地资源投入、能源投入以及绿地率产出碳排放效率总体下降。资金投入、科技投入、生产总值产出碳排放效率上升。

3.3.2.7　辽宁省单要素碳排放效率

2009—2019 年辽宁省单要素视角下的碳排放效率值变化情况为：人力投入和用水投入碳排放效率值整体呈现上升趋势，效率值分别由 2009 年的 9.979 吨/人、1.828 吨/百万吨增至 2019 年的 13.747 吨/人、2.757 吨/百万吨，上升幅度分别为 38%、51%，人力投入和用水投入碳排放效率有明显下降；资金投入碳排放效率值整体呈现上升趋势，由 2009 年的 1.849 吨/万元增至 2019 年的 4.630 吨/万元，碳排放效率下降；土地资源投入碳排放效率值总体呈现上升趋势，由 2009 年的 42.840 吨/公顷增至 2019 年的 52.419 吨/公顷，上升幅度为 22%，说明单位面积土地资源投入引起的碳排放量增加，碳排放效率下降；能源投入碳排放效率值整体呈现上升趋势，由 2009 年的 0.864 吨/吨增至 2019 年的 0.898 吨/吨，单位能源投入碳排放量 2019 年相较 2009 年总体为上升趋势，能源投入碳排放效率下降；科技投入碳排放效率值由 2009 年的 395.269 吨/万元增至 2019 年的 415.295 吨/万元，效率值呈现上升趋势，碳排放效率略有下降；生产总值产出碳排放效率值总体呈现下降趋势，由 2009 年的 1.494 吨/万元降至 2019 年的 1.234 吨/万元，2015 年效率值最低为 0.869 吨/万元，碳排放效率总体上升；绿地率产出碳排放效率值呈上升趋势，由 2009 年的 5542446.366 百吨/%增至 2019 年的 6541338.186 吨/%，碳排放效率总体下降（见表 3-10）。

表 3-10　2009—2019 年单要素视角下辽宁省碳排放效率值表

年份	人力投入（吨/人）	用水投入（吨/百万吨）	资金投入（吨/万元）	土地资源投入（吨/公顷）	能源投入（吨/吨）	科技投入（吨/万元）	生产总值产出（吨/万元）	绿地率产出（百吨/%）
2009	9.979	1.828	1.849	42.840	0.864	395.269	1.494	5542446.366
2010	10.745	2.010	1.552	45.461	0.871	361.413	1.349	5928900.728
2011	11.097	2.105	1.480	47.186	0.863	300.946	1.181	6248221.680
2012	11.196	2.172	1.243	47.732	0.870	268.051	1.092	5321070.233
2013	10.047	2.035	1.008	43.935	0.845	212.695	0.930	4962458.745
2014	10.097	2.100	1.046	44.302	0.865	237.756	0.904	5174529.332
2015	10.338	2.053	1.390	41.752	0.861	361.494	0.869	4982833.662
2016	10.970	2.169	3.772	42.920	0.864	409.722	1.238	6010225.192
2017	11.340	2.322	3.880	44.481	0.862	451.531	1.194	5512515.375
2018	12.384	2.507	4.206	47.797	0.885	373.034	1.191	6086127.470
2019	13.747	2.757	4.630	52.419	0.898	415.295	1.234	6541338.186

综上所述，2009—2019 年辽宁省单要素视角下，除生态总值产出碳排放效率上升外，其余人力投入、用水投入、资金投入、土地资源投入、能源投入、科技投入以及绿地率产出碳排放效率总体下降。

3.3.2.8　吉林省单要素碳排放效率

2009—2019 年吉林省单要素视角下的碳排放效率值变化情况为：人力

投入碳排放效率值整体呈现下降趋势,效率值分别由2009年的4.244吨/人降至2019年的3.598吨/人,下降幅度为15%,人力投入碳排放效率上升;用水投入碳排放效率值呈现下降趋势,到2019年效率值达到0.428吨/百万吨,碳排放效率上升;资金投入碳排放效率值由2009年的0.794吨/万元降至2019年的0.332吨/万元,下降幅度为58%,碳排放效率上升;土地资源投入碳排放效率值呈下降趋势,由2009年的8.993吨/公顷降至2019年效率值的6.382吨/公顷,下降幅度为29%,说明单位面积土地资源投入引起碳排放总量减少,碳排放效率上升;能源投入碳排放效率值总体为下降趋势,分布在0.339—0.522吨/吨,单位能源投入碳排放量2019年相较2009年为下降趋势,能源投入碳排放效率上升;科技投入碳排放效率值由2009年的290.087吨/万元降至2019年的118.106吨/万元,碳排放效率上升;生产总值产出碳排放效率值呈现下降趋势,由2009年的0.756吨/万元降至2019年的0.395吨/万元,碳排放效率总体呈上升状态;绿地率产出碳排放效率值呈下降趋势,截至2019年效率值降至797825.433百吨/%,碳排放效率总体上升(见表3-11)。

表3-11　2009—2019年单要素视角下吉林省碳排放效率值表

年份	人力投入(吨/人)	用水投入(吨/百万吨)	资金投入(吨/万元)	土地资源投入(吨/公顷)	能源投入(吨/吨)	科技投入(吨/万元)	生产总值产出(吨/万元)	绿地率产出(百吨/%)
2009	4.244	0.529	0.794	8.993	0.522	290.087	0.756	1898572.118
2010	3.894	0.558	0.633	9.670	0.518	318.562	0.703	1964805.474
2011	4.606	0.597	0.944	11.057	0.520	331.659	0.665	2341510.106
2012	4.388	0.535	0.687	10.059	0.488	261.930	0.548	2179259.442
2013	3.949	0.456	0.570	8.572	0.451	154.582	0.443	1983983.053
2014	3.958	0.443	0.493	8.092	0.446	154.957	0.409	1711572.839
2015	2.892	0.325	0.315	5.705	0.378	97.762	0.288	1190113.645
2016	2.699	0.298	0.281	5.152	0.352	90.029	0.250	1118817.450
2017	2.631	0.295	0.263	4.895	0.339	75.216	0.236	1067606.411
2018	3.455	0.400	0.332	6.303	0.423	110.464	0.403	1008903.193
2019	3.598	0.428	0.332	6.382	0.419	118.106	0.395	797825.433

综上所述，2009—2019 年吉林省单要素视角下各要素碳排放效率总体均呈现上升趋势。

3.3.2.9 黑龙江省单要素碳排放效率

2009—2019 年黑龙江省单要素视角下碳排放效率值分布情况：人力投入碳排放效率值整体呈现下降趋势，效率值由 2009 年的 3.418 吨/人降至 2019 年的 2.991 吨/人，下降幅度为 12%，人力投入碳排放效率上升；用水投入碳排放效率值呈现下降趋势，2019 年效率值达到 0.189 吨/百万吨，碳排放效率上升；资金投入碳排放效率值逐渐下降，由 2009 年的 1.541 吨/万元降至 2019 年的 0.447 吨/万元，下降幅度为 71%，碳排放效率上升；土地资源投入碳排放效率值呈下降趋势，由 2009 年的 4.459 吨/公顷降至 2019 年效率值的 3.439 吨/公顷，下降幅度为 23%，说明单位面积土地资源投入引起的碳排放总量减少，碳排放效率上升；能源投入碳排放效率值整体呈现下降趋势，由 2009 年的 0.446 吨/吨降至 2019 年的 0.334 吨/吨，能源投入碳排放效率上升；科技投入碳排放效率值由 2009 年的 321.435 吨/万元降至 2019 年的 134.765 吨/万元，碳排放效率上升；生产总值产出碳排放效率值由 2009 年的 0.889 吨/万元降至 2019 年的 0.417 吨/万元，碳排放效率上升；绿地率产出碳排放效率值呈下降趋势，截至 2019 年效率值降至 1456838.880 百吨/%，碳排放效率上升（见表 3-12）。

表 3-12　2009—2019 年单要素视角下黑龙江省碳排放效率值表

年份	人力投入（吨/人）	用水投入（吨/百万吨）	资金投入（吨/万元）	土地资源投入（吨/公顷）	能源投入（吨/吨）	科技投入（吨/万元）	生产总值产出（吨/万元）	绿地率产出（百吨/%）
2009	3.418	0.215	1.541	4.459	0.446	321.435	0.889	1564838.551
2010	3.328	0.207	1.083	4.310	0.409	232.179	0.774	1530725.676
2011	3.288	0.194	0.840	4.222	0.383	194.835	0.652	1505665.750
2012	3.371	0.197	0.713	4.354	0.381	179.625	0.614	1572347.658
2013	2.884	0.169	0.523	3.724	0.354	152.605	0.497	1370249.142
2014	2.940	0.174	0.630	3.793	0.361	154.939	0.502	1421834.566

续表

年份	人力投入（吨/人）	用水投入（吨/百万吨）	资金投入（吨/万元）	土地资源投入（吨/公顷）	能源投入（吨/吨）	科技投入（吨/万元）	生产总值产出（吨/万元）	绿地率产出（百吨/%）
2015	2.364	0.139	0.474	2.895	0.307	110.938	0.407	1107059.964
2016	2.495	0.149	0.496	3.072	0.323	112.635	0.425	1176647.862
2017	2.445	0.143	0.444	2.987	0.312	104.508	0.398	1290121.057
2018	2.509	0.151	0.420	3.044	0.309	126.124	0.388	1278058.304
2019	2.991	0.189	0.447	3.439	0.334	134.765	0.417	1456838.880

综上所述，2009—2019年黑龙江省单要素视角下各要素碳排放效率总体均有所增强。

3.3.2.10 江苏省单要素碳排放效率

2009—2019年江苏省单要素视角下碳排放效率值变化情况为：人力投入碳排效率值整体呈现上升趋势，由2009年的4.118吨/人增至2019年的5.735吨/人，单位劳动力碳排放量增加，碳排放效率下降；用水投入碳排放效率值呈现上升趋势，由2009年的0.379吨/百万吨增至2019年的0.486吨/百万吨，用水投入碳排放效率明显下降；土地资源投入碳排放效率值由2009年的20.428吨/公顷增至2019年的28.073吨/公顷，碳排放效率下降；能源投入碳排放效率值整体呈现上升趋势，截至2019年效率值为0.770吨/吨，上升幅度为9%，碳排放效率下降；资金投入、科技投入、生产总值产出碳排放效率值呈现下降趋势，效率值分别由2009年的1.027/万元、166.324吨/万元、0.565吨/万元降至2019年的0.467吨/万元、49.159吨/万元、0.282吨/万元，下降幅度分别为55%、70%、50%，每万元资金投入、科技投入、生产总值产出引起碳排放总量减少，碳排放效率上升；绿地率产出碳排放效率值总体呈现上升趋势，由2009年的2741293.071百吨/%增至2019年的4393894.353百吨/%，绿地率产出碳排放效率下降（见表3-13）。

综上所述，2009—2019年江苏省单要素视角下人力投入、土地资源投入、用水投入、能源投入、绿地率产出碳排放效率总体下降，资金投入、

表 3-13　2009—2019 年单要素视角下江苏省碳排放效率值表

年份	人力投入（吨/人）	用水投入（吨/百万吨）	资金投入（吨/万元）	土地资源投入（吨/公顷）	能源投入（吨/吨）	科技投入（吨/万元）	生产总值产出（吨/万元）	绿地率产出（百吨/%）
2009	4.118	0.379	1.027	20.428	0.710	166.324	0.565	2741293.071
2010	4.697	0.430	1.025	23.051	0.728	147.615	0.536	3170560.476
2011	5.433	0.497	0.982	26.648	0.731	121.144	0.529	3801788.799
2012	5.528	0.506	0.830	26.888	0.732	102.273	0.490	3868925.828
2013	5.676	0.497	0.751	27.469	0.739	89.279	0.455	4032093.761
2014	5.626	0.480	0.645	27.118	0.744	81.884	0.413	4058232.966
2015	5.724	0.511	0.603	27.728	0.751	74.364	0.388	4255468.019
2016	6.107	0.534	0.588	29.211	0.759	76.230	0.375	4400774.852
2017	5.928	0.507	0.532	28.549	0.761	65.894	0.328	4338940.424
2018	5.828	0.499	0.489	27.775	0.767	54.578	0.297	4326212.472
2019	5.735	0.486	0.467	28.073	0.770	49.159	0.282	4393894.353

科技投入、生产总值产出碳排放效率不断上升。

3.3.2.11　浙江省单要素碳排放效率

2009—2019 年浙江省单要素视角下碳排放效率值变化情况为：人力投入碳排放效率呈现上升状态，由 2009 年的 4.160 吨/人增至 2019 年的 4.404 吨/人，2011 年和 2017 年增长比较明显，效率值分别为 4.661 吨/人、4.541 吨/人，单位人力投入碳排放量增加，碳排放效率下降；用水投入、土地资源投入和能源投入碳排放效率值的变化趋势整体呈现上升趋势，分别由 2009 年的 0.873 吨/百万吨、41.601 吨/公顷、0.827 吨/吨增至 2019 年的 1.214 吨/百万吨、49.924 吨/公顷、0.871 吨/吨，上升幅度分布为 39%、20%、5%，碳排放效率下降；资金投入、科技投入、生产总值产出、绿地率产出碳排放效率值变化趋势一致，呈现下降趋势，截至 2019 年碳排放效率值达到 0.476 吨/万元，33.066 吨/万元，0.274 吨/万元，2993704.872 百吨/%，下降幅度分别为 83%、78%、58%、26%，碳排放效率上升（见表 3-14）。

表 3-14　2009—2019 年单要素视角下浙江省碳排放效率值表

年份	人力投入（吨/人）	用水投入（吨/百万吨）	资金投入（吨/万元）	土地资源投入（吨/公顷）	能源投入（吨/吨）	科技投入（吨/万元）	生产总值产出（吨/万元）	绿地率产出（百吨/%）
2009	4.160	0.873	2.789	41.601	0.827	150.489	0.654	4038810.770
2010	4.450	0.927	1.925	46.248	0.842	133.283	0.591	4373130.065
2011	4.661	0.993	1.495	49.366	0.844	119.004	0.538	3643557.767
2012	4.488	0.953	0.969	49.932	0.843	99.804	0.482	3125547.462
2013	4.495	0.965	0.803	50.372	0.851	86.888	0.447	3145511.410
2014	4.402	0.981	0.694	50.164	0.852	78.608	0.409	3084859.454
2015	4.447	1.038	0.623	50.836	0.858	66.208	0.382	3132910.473
2016	4.366	1.066	0.555	50.452	0.854	61.019	0.347	2830433.263
2017	4.541	1.132	0.544	52.140	0.863	56.795	0.329	3078068.378
2018	4.323	1.125	0.491	49.502	0.850	43.683	0.286	2909574.847
2019	4.404	1.214	0.476	49.924	0.871	33.066	0.274	2993704.872

综上所述，2009—2019 年浙江省单要素视角下人力投入、用水投入、土地资源投入和能源投入碳排放效率呈现下降趋势。资金投入、科技投入、生产总值产出、绿地率产出碳排放效率不断上升。

3.3.2.12　安徽省单要素碳排放效率

2009—2019 年安徽省单要素视角下碳排放效率值变化情况为：人力投入、用水投入、土地资源投入、能源投入以及绿地率产出碳排放效率值发展趋势一致，整体呈现上升趋势，由 2009 年的 1.759 吨/人、0.263 吨/百万吨、6.274 吨/公顷、0.486 吨/吨、1436698.351 百吨/%增至 2019 年的 2.583 吨/人、0.458 吨/百万吨、10.358 吨/公顷、0.567 吨/吨、2220722.627 百吨/%，上升幅度分别为 47%、74%、65%、17%、55%，说明人力投入、用水投入、土地资源投入、能源投入以及绿地率产出碳排放效率下降；资金投入、科技投入、生产总值产出碳排放效率值整体呈现下降趋势，截至 2019 年效率值分别为 0.330 吨/万元，29.996 吨/万元，0.305 吨/万元，2009—2019 年下降幅度分别为 57%、85%、53%，2017 年后降速放缓，每万元的资金投入、科技投入和生产总值产出带来的碳排放量减少，三者的碳排放效率上升（见表 3-15）。

表 3-15 2009—2019 年单要素视角下安徽省碳排放效率值表

年份	人力投入（吨/人）	用水投入（吨/百万吨）	资金投入（吨/万元）	土地资源投入（吨/公顷）	能源投入（吨/吨）	科技投入（吨/万元）	生产总值产出（吨/万元）	绿地率产出（百吨/%）
2009	1.759	0.263	0.760	6.274	0.486	193.030	0.648	1436698.351
2010	1.905	0.288	0.651	6.836	0.504	133.049	0.582	1607120.241
2011	2.066	0.315	0.700	7.525	0.522	110.525	0.523	1773700.124
2012	2.082	0.330	0.582	7.766	0.515	91.244	0.478	1863709.838
2013	2.309	0.367	0.531	8.722	0.541	90.015	0.480	2100409.834
2014	2.333	0.412	0.460	8.761	0.539	77.604	0.447	2052385.712
2015	2.265	0.378	0.410	8.486	0.527	66.477	0.413	2007062.314
2016	2.335	0.389	0.381	9.431	0.547	39.246	0.387	2078457.623
2017	2.453	0.411	0.367	9.986	0.560	41.231	0.362	2147393.017
2018	2.582	0.442	0.356	10.427	0.570	38.410	0.333	2220344.686
2019	2.583	0.458	0.330	10.358	0.567	29.966	0.305	2220722.627

综上所述，2009—2019 年安徽省单要素视角下人力投入、用水投入、土地资源投入、能源投入以及绿地率产出碳排放效率总体下降，资金投入、科技投入、生产总值产出碳排放效率总体上升。

3.3.2.13 福建省单要素碳排放效率

2009—2019 年福建省单要素视角下碳排放效率值变化情况为：人力投入碳排放效率值呈现上升趋势，由 2009 年的 3.171 吨/人增至 2019 年的 4.208 吨/人，单位人力投入碳排放量增加，碳排放效率下降；土地资源投入碳排放效率值由 2009 年的 24.688 吨/公顷增至 2019 年的 46.257 吨/公顷，每单位土地资源投入碳排放量明显增加，碳排放效率明显下降；用水投入和能源投入碳排放效率值整体呈现上升趋势，分别由 2009 年的 0.373 吨/百万吨、0.734 吨/吨增至 2019 年的 0.782 吨/人、0.863 吨/吨，上升幅度为 110%、18%，用水投入碳排放效率大幅下降，能源投入碳排放效率略有下降；资金投入、科技投入、生产总值产出碳排放效率值整体呈现下降趋势，截至2019年分别达到0.355吨/万元、87.732吨/万元、0.276吨/万元，资金投入、科技投入、生产总值产出碳排放效率呈现上升趋势。绿地率产出碳排放效率值由2009年的1528459.302百吨/%增至2019年的2544407.927百吨/%，绿地率碳排放效率明显下降（见表3-16）。

表3-16 2009—2019年单要素视角下福建省碳排放效率值表

年份	人力投入（吨/人）	用水投入（吨/百万吨）	资金投入（吨/万元）	土地资源投入（吨/公顷）	能源投入（吨/吨）	科技投入（吨/万元）	生产总值产出（吨/万元）	绿地率产出（百吨/%）
2009	3.171	0.373	1.081	24.688	0.734	246.614	0.554	1528459.302
2010	3.482	0.421	0.967	29.118	0.783	241.552	0.520	1734345.026
2011	3.629	0.478	0.882	33.902	0.769	220.523	0.498	1983727.888
2012	3.479	0.509	0.718	35.288	0.780	184.391	0.443	1986096.239
2013	3.357	0.482	0.563	33.889	0.781	141.525	0.381	1865051.571
2014	3.868	0.574	0.565	41.323	0.839	151.982	0.411	2226873.164
2015	3.586	0.573	0.466	40.672	0.849	129.605	0.370	2158209.577
2016	3.317	0.575	0.402	38.888	0.859	115.570	0.313	2016949.500
2017	3.490	0.593	0.371	40.842	0.853	98.481	0.289	2128908.439
2018	3.895	0.681	0.367	44.067	0.845	94.329	0.281	2415867.606
2019	4.208	0.782	0.355	46.257	0.863	87.732	0.276	2544407.927

综上所述，2009—2019年福建省单要素视角下人力投入、用水投入、土地资源投入、能源投入以及绿地率产出碳排放效率整体上呈现下降趋势，资金投入、科技投入、生产总值产出碳排放效率上升。

3.3.2.14 江西省单要素碳排放效率

2009—2019年江西省单要素视角下碳排放效率值变化情况为：人力投入、用水投入、土地资源投入、绿地率产出碳排放效率值整体呈现上升趋势，分别由2009年的1.250吨/人、0.142吨/百万吨、4.614吨/公顷、694670.099百吨/%增至2019年的2.809吨/人、0.279吨/百万吨、9.317吨/公顷、1421744.411百吨/%，上升幅度分别为124%、97%、102%、

105%，人力投入、用水投入、土地资源投入、绿地率产出碳排放效率显著下降；能源投入碳排放效率值整体呈现上升趋势，由2009年的0.442吨/吨增至2019年的0.593吨/吨，能源投入碳排放效率明显下降；资金投入、科技投入、生产总值产出碳排放效率值整体呈现持续下降趋势，分别由2009年0.458吨/万元、228.101吨/万元、0.401吨/万元降至2019年的0.247吨/万元、34.976吨/万元、0.258吨/万元，下降幅度分别为46%、85%、36%，每万元资金投入、科技投入、生产总值产出碳排放量减少，碳排放效率上升（见表3-17）。

表3-17　　2009—2019年单要素视角下江西省碳排放效率值表

年份	人力投入（吨/人）	用水投入（吨/百万吨）	资金投入（吨/万元）	土地资源投入（吨/公顷）	能源投入（吨/吨）	科技投入（吨/万元）	生产总值产出（吨/万元）	绿地率产出（百吨/%）
2009	1.250	0.142	0.458	4.614	0.442	228.101	0.401	694670.099
2010	1.687	0.188	0.518	6.041	0.500	220.590	0.429	895105.974
2011	1.919	0.195	0.505	6.775	0.512	213.999	0.394	1036922.134
2012	1.929	0.207	0.426	6.698	0.515	165.823	0.356	1036391.304
2013	2.137	0.209	0.393	7.353	0.535	108.991	0.353	1174061.544
2014	2.177	0.216	0.339	7.384	0.531	87.583	0.326	1217193.353
2015	2.328	0.245	0.314	7.811	0.546	72.762	0.324	1295682.783
2016	2.416	0.254	0.286	8.088	0.563	67.771	0.306	1373942.751
2017	2.496	0.258	0.266	8.320	0.567	48.156	0.286	1314331.397
2018	2.695	0.272	0.259	8.982	0.584	42.042	0.272	1374227.274
2019	2.809	0.279	0.247	9.317	0.593	34.976	0.258	1421744.411

综上所述，2009—2019年江西省单要素视角下人力投入、用水投入、土地资源投入、能源投入、绿地率产出碳排放效率总体下降，资金投入、科技投入、生产总值产出碳排放效率不断上升。

3.3.2.15　山东省单要素碳排放效率

2009—2019年山东省单要素视角下碳排放效率值变化情况为：人力投入碳排放效率值呈现上升趋势，由2009年的5.481吨/人增至2019年的

9.515 吨/人，上升幅度为 74%，单位劳动力碳排放量增加，碳排放效率大幅下降；用水投入碳排放效率值整体呈现上升趋势，由 2009 年的 1.654 吨/百万吨增至 2019 年的 2.818 吨/百万吨，用水投入碳排放效率明显下降；资金投入碳排放效率值逐年下降，由 2009 年 1.683 吨/万元降至 2019 年的 0.913 吨/万元，下降幅度为 46%，每万元资金投入引起的碳排放量减少，碳排放效率上升；土地资源投入碳排放效率值由 2009 年的 23.638 吨/公顷增至 2019 年的 37.068 吨/公顷，每单位土地资源投入碳排放量增加，碳排放效率明显下降；能源投入碳排放效率值呈现上升趋势，截至 2019 年效率值为 0.816 吨/吨，上升幅度为 15%，碳排放效率下降；科技投入和生产总值产出碳排放效率值 2009—2019 年整体呈现下降趋势，截至 2019 年效率值分别为 173.055 吨/万元、0.745 吨/万元，碳排放效率上升；绿地率产出碳排放效率值呈上升趋势，效率值由 2009 年 7280812.717 百吨/% 增至 2019 年的 11258163.641 百吨/%，上升幅度为 55%，碳排放效率下降（见表 3-18）。

表 3-18　　2009—2019 年单要素视角下山东省碳排放效率值表

年份	人力投入（吨/人）	用水投入（吨/百万吨）	资金投入（吨/万元）	土地资源投入（吨/公顷）	能源投入（吨/吨）	科技投入（吨/万元）	生产总值产出（吨/万元）	绿地率产出（百吨/%）
2009	5.481	1.654	1.683	23.638	0.707	509.472	1.084	7280812.717
2010	6.117	1.868	1.561	27.200	0.732	430.690	1.071	8257495.177
2011	6.500	2.035	1.483	28.486	0.738	353.976	0.984	8738392.364
2012	6.910	2.075	1.343	29.911	0.747	325.752	0.948	9047216.259
2013	6.722	2.033	1.094	28.213	0.750	263.221	0.829	8534078.314
2014	7.340	2.232	1.023	30.134	0.765	289.385	0.838	9054686.386
2015	8.232	2.518	1.003	33.430	0.777	298.780	0.860	10330644.703
2016	8.807	2.677	0.963	35.681	0.805	302.055	0.858	10732608.160
2017	9.171	2.915	0.963	37.276	0.819	266.684	0.829	11108226.165
2018	9.179	2.822	0.920	36.342	0.813	221.679	0.774	10977376.841
2019	9.515	2.818	0.913	37.068	0.816	173.055	0.745	11258163.641

综上所述,2009—2019年山东省单要素视角下人力投入、用水投入、土地资源投入、能源投入,以及绿地率产出碳排放效率总体减弱,资金投入、科技投入和生产总值产出碳排放效率整体呈现上升状态。

3.3.2.16 河南省单要素碳排放效率

2009—2019年河南省单要素视角下碳排放效率值变化情况为:人力投入碳排放效率值呈现下降趋势,由2009年的2.170吨/人降至2019年的1.936吨/人,下降幅度为11.00%,单位劳动力碳排放量减少,碳排放效率上升;用水投入碳排放效率值呈现下降趋势,由2009年的0.648吨/百万吨降至2019年的0.533吨/百万吨,降幅17%,碳排放效率上升;土地资源投入碳排放效率值总体下降,由2009年的7.765吨/公顷降至2019年的5.431吨/公顷,每单位土地资源投入碳排放量减少,碳排放效率上升;能源投入碳排放效率值由2009年的0.470吨/吨降至2019年的0.394吨/吨,碳排放效率上升;资金投入碳排放效率值在2011年后逐年降低,截至2019年效率值下降为0.182吨/万元,碳排放效率上升;科技投入和生产总值产出碳排放效率值逐年下降,分别由2009年的363.436吨/万元、0.673吨/万元降至2019年的45.256吨/万元、0.176吨/万元,下降幅度分别为88%、74%,其中2011—2012年下降幅度较大,说明科技投入和生产总值产出碳排放效率逐年上升。绿地率产出碳排放效率值呈现下降趋势,由2009年的3911888.233百吨/%下降至2019年的2449292.968百吨/%,碳排放效率明显上升(见表3-19)。

表3-19　　　　2009—2019年单要素视角下河南省碳排放效率值表

年份	人力投入(吨/人)	用水投入(吨/百万吨)	资金投入(吨/万元)	土地资源投入(吨/公顷)	能源投入(吨/吨)	科技投入(吨/万元)	生产总值产出(吨/万元)	绿地率产出(百吨/%)
2009	2.170	0.648	0.942	7.765	0.470	363.436	0.673	3911888.233
2010	2.819	0.770	0.876	8.681	0.491	325.422	0.642	4405031.946
2011	3.272	0.892	0.949	9.966	0.517	296.523	0.638	5084917.911
2012	2.895	0.725	0.690	8.763	0.497	212.437	0.511	4226887.298

续表

年份	人力投入（吨/人）	用水投入（吨/百万吨）	资金投入（吨/万元）	土地资源投入（吨/公顷）	能源投入（吨/吨）	科技投入（吨/万元）	生产总值产出（吨/万元）	绿地率产出（百吨/%）
2013	2.806	0.683	0.545	8.349	0.487	178.652	0.452	4083480.781
2014	2.827	0.803	0.467	8.304	0.490	176.815	0.416	3990613.122
2015	2.507	0.678	0.357	7.278	0.454	152.818	0.343	3533907.458
2016	2.452	0.668	0.307	7.066	0.450	128.922	0.308	3260379.411
2017	2.316	0.629	0.262	6.696	0.435	84.420	0.260	3064458.652
2018	2.276	0.624	0.234	6.474	0.428	72.980	0.228	2989703.279
2019	1.936	0.533	0.182	5.431	0.394	45.256	0.176	2449292.968

综上所述，2009—2019年河南省单要素视角下各要素碳排放效率总体上升。

3.3.2.17 湖北省单要素碳排放效率

2009—2019年湖北省单要素视角下碳排放效率值变化情况为：人力投入碳排放效率值整体呈现上升趋势，由2009年的2.326吨/人增至2019年的3.097吨/人，上升幅度为33.10%，单位劳动力碳排放量增加，碳排放效率下降；用水投入碳排放效率值也呈现上升趋势，由2009年的0.320吨/百万吨增至2019年的0.397吨/百万吨，碳排放效率下降；土地资源投入碳排放效率值总体呈现上升趋势，截至2019年效率值升至10.860吨/公顷，碳排放效率降低；能源投入、绿地率产出碳排放效率值总体呈现上升趋势，由2009年的0.582吨/吨、2478251.786百吨/%增至2019年的0.630吨/吨、2903017.081百吨/%，上升幅度分别为8%、17%，碳排放效率下降；资金投入、科技投入、生产总值产出碳排放效率值整体呈现下降趋势，效率值分别由2009年的1.026吨/万元、332.651吨/万元、0.639吨/万元降至2019年的0.285吨/万元、32.733吨/万元、0.228吨/万元，下降幅度分别为72%、90%、64%，2015年后效率值下降幅度减小，资金投入、科技投入、生产总值产出碳排放效率大幅上升（见表3-20）。

表 3-20　2009—2019 年单要素视角下湖北省碳排放效率值表

年份	人力投入(吨/人)	用水投入(吨/百万吨)	资金投入(吨/万元)	土地资源投入(吨/公顷)	能源投入(吨/吨)	科技投入(吨/万元)	生产总值产出(吨/万元)	绿地率产出(百吨/%)
2009	2.326	0.320	1.026	9.520	0.582	332.651	0.639	2478251.786
2010	2.982	0.375	0.932	11.271	0.596	334.464	0.620	2960010.507
2011	3.504	0.435	0.917	13.136	0.613	268.545	0.595	3490300.517
2012	3.456	0.416	0.712	12.630	0.607	215.902	0.520	3261914.091
2013	2.810	0.359	0.461	10.209	0.594	123.904	0.377	2657396.503
2014	2.830	0.369	0.386	10.178	0.600	71.727	0.341	2679001.649
2015	2.576	0.329	0.300	9.037	0.579	55.635	0.289	2366161.689
2016	2.610	0.363	0.299	9.171	0.591	46.471	0.265	2387726.575
2017	2.683	0.360	0.284	9.346	0.600	38.704	0.244	2450580.341
2018	2.823	0.370	0.278	9.799	0.610	35.511	0.227	2576828.267
2019	3.097	0.397	0.285	10.860	0.630	32.733	0.228	2903017.081

综上所述，2009—2019 年湖北省单要素视角下人力投入、用水投入、土地资源投入、能源投入以及绿地率产出碳排放效率总体下降。资金投入、科技投入、生产总值产出碳排放效率总体上升。

3.3.2.18　湖南省单要素碳排放效率

2009—2019 年湖南省单要素视角下碳排放效率值变化情况为：人力投入碳排放效率值呈现上升趋势，由 2009 年的 1.697 吨/人增至 2019 年的 2.185 吨/人，单位劳动力碳排放量增加，碳排放效率明显下降；用水投入碳排放效率值由 2009 年的 0.237 吨/百万吨增至 2019 年的 0.271 吨/百万吨，效率值总体上升，上升幅度为 14%，碳排放效率下降；土地资源投入碳排放效率值总体呈现上升趋势，由 2009 年的 7.139 吨/公顷增至 2019 年的 7.891 吨/公顷，其中 2011 年上升比较明显，单位土地投入碳排放量增多，碳排放效率略有下降；能源投入碳排放效率值整体呈现上升趋势，由 2009 年的 0.509 吨/吨增至 2019 年的 0.562 吨/吨，上升幅度为 60%，说明单位能源投入引起的碳排放量增加，碳排放效率明显下降；资金投入、科技投入和生产总值产出碳排放效率值逐年下降，效率值分别由 2009 年的 0.912 吨/万元、225.500 吨/万元、0.523 吨/万元降至 2019 年的 0.200 吨/万元、46.597 吨/万元、0.202 吨/万元，下降幅度分别为 78%、79%、61%，资金投入、科技投入和生产总值产出碳排放效率明显上升；绿地率产出碳排放效率值整体呈现上升趋势，2019 年效率值达到 2002724.185 百吨/%，上升幅度为 5%，碳排放效率略有下降（见表 3-21）。

表 3-21　　2009—2019 年单要素视角下湖南省碳排放效率值表

年份	人力投入（吨/人）	用水投入（吨/百万吨）	资金投入（吨/万元）	土地资源投入（吨/公顷）	能源投入（吨/吨）	科技投入（吨/万元）	生产总值产出（吨/万元）	绿地率产出（百吨/%）
2009	1.697	0.237	0.912	7.139	0.509	225.500	0.523	1908377.878
2010	1.846	0.258	0.759	7.669	0.530	209.866	0.472	2101060.999
2011	2.119	0.301	0.704	8.724	0.544	202.303	0.449	2425328.571
2012	2.064	0.280	0.575	8.405	0.550	172.117	0.391	2369803.060
2013	1.960	0.263	0.444	7.955	0.550	142.617	0.336	2197088.789
2014	1.836	0.249	0.351	7.415	0.533	125.013	0.287	2006285.934
2015	1.853	0.249	0.296	7.387	0.541	111.295	0.258	1940628.912
2016	1.965	0.260	0.268	7.712	0.549	107.813	0.250	2026891.795
2017	2.032	0.267	0.239	7.769	0.545	84.839	0.229	1938993.225
2018	2.150	0.268	0.221	8.075	0.558	61.871	0.221	2061398.433
2019	2.185	0.271	0.200	7.891	0.562	46.597	0.202	2002724.185

综上所述，2009—2019 年湖南省单要素视角下人力投入、用水投入、土地资源投入、能源投入、绿地率产出碳排放效率下降，资金投入、科技投入、生产总值产出碳排放效率总体上升。

3.3.2.19　广东省单要素碳排放效率

2009—2019 年广东省单要素视角下碳排放效率值变化情况为：人力投入碳排放效率值整体呈现上升趋势，2011 年效率值最高，为 3.784 吨/人，但 2019 年单位碳排放效率量相较 2009 年总体为上升趋势，碳排放效率下降；用水投入碳排放效率值由 2009 年的 0.466 吨/百万吨增至 2019 年的

0.693 吨/百万吨，上升幅度为 48.70%，碳排放效率明显下降；土地资源投入碳排放效率值总体呈现上升趋势，由 2009 年的 30.876 吨/公顷增至 2019 年的 38.186 吨/公顷，上升幅度为 23.67%，单位土地投入碳排放量增多，碳排放效率略有下降；能源投入碳排放效率值呈现上升趋势，由 2009 年 0.874 吨/吨增至 2019 年 0.898 吨/吨，上升幅度为 2.81%，2011 年最低达到 0.855 吨/吨，单位能源投入引起碳排放量增加，碳排放效率略有下降；资金投入、科技投入和生产总值产出碳排放效率值呈现下降趋势，由 2009 年的 1.410 吨/万元、111.707 吨/万元、0.477 吨/万元降到 2019 年的 0.524 吨/万元、21.169 吨/万元、0.230 吨/万元，下降幅度分别为 62.83%、81.05%、51.82%，每万元资金投入、科技投入、生产总值产出碳排放量减少，碳排放效率明显上升；绿地率产出碳排放效率值整体呈现上升趋势，由 2009 年的 2068414.271 百吨/% 增至 2019 年的 3131884.842 百吨/%，上升幅度为 51.41%，表明绿地率产出碳排放效率整体呈现下降趋势（见表 3-22）。

表 3-22　　2009—2019 年单要素视角下广东省碳排放效率值表

年份	人力投入（吨/人）	用水投入（吨/百万吨）	资金投入（吨/万元）	土地资源投入（吨/公顷）	能源投入（吨/吨）	科技投入（吨/万元）	生产总值产出（吨/万元）	绿地率产出（百吨/%）
2009	3.309	0.466	1.410	30.876	0.874	111.707	0.477	2068414.271
2010	3.561	0.531	1.337	35.209	0.875	100.493	0.469	2368110.118
2011	3.784	0.570	1.368	37.546	0.855	112.966	0.434	2710110.496
2012	3.671	0.580	1.173	36.766	0.862	91.821	0.397	2831643.085
2013	3.577	0.582	0.983	36.671	0.868	65.058	0.359	2840651.555
2014	3.498	0.582	0.867	36.238	0.870	81.959	0.330	2882536.999
2015	3.432	0.584	0.750	36.293	0.878	39.566	0.302	2889072.266
2016	3.478	0.617	0.706	37.422	0.895	31.376	0.284	2988656.072
2017	3.550	0.645	0.645	38.576	0.890	29.546	0.266	3161370.556
2018	3.634	0.692	0.595	39.631	0.904	24.443	0.253	3161423.775
2019	3.537	0.693	0.524	38.186	0.898	21.169	0.230	3131884.842

综上所述，2009—2019年广东省单要素视角下人力投入、用水投入、土地资源投入、能源投入、绿地率产出碳排放效率整体呈现下降趋势。资金投入、科技投入和生产总值产出碳排放效率总体上升。

3.3.2.20 海南省单要素碳排放效率

2009—2019年海南省单要素视角下碳排放效率值变化情况为：人力投入碳排放效率值整体呈现上升趋势，由2009年的4.015吨/人增至2019年的4.547吨/人，在2013年达到最低值为3.861吨/人，单位劳动力碳排放量增加，碳排放效率下降；用水投入、土地资源投入、绿地率产出碳排放效率值也整体呈现上升趋势，由2009年的0.429吨/百万吨、15.372吨/公顷、75089.107百吨/%，到2019年增至0.655吨/百万吨、27.150吨/公顷、579362.823百吨/%，上升幅度分别为52.70%、76.62%、671%，用水投入、土地资源投入、绿地率产出碳排放效率减弱；能源投入碳排放效率值整体呈现下降趋势，截至2019年效率值达到1.007吨/吨，碳排放效率总体略有上升；资金投入和生产总值产出的碳排放效率值变化趋势保持一致，整体呈现下降趋势，2013年后下降速度减缓，在2019年碳排放效率值分别达到0.504吨/万元、0.502吨/万元，下降幅度分别为71.32%、52.28%，碳排放效率总体增强；科技投入碳排放效率值整体呈现下降趋势，由2009年的280.811吨/万元降至2019年的88.850吨/万元，下降幅度68.47%，每万元科技投入产生碳排放量减少，碳排放效率明显上升（见表3-23）。

表3-23   2009—2019年单要素视角下海南省碳排放效率值表

年份	人力投入（吨/人）	用水投入（吨/百万吨）	资金投入（吨/万元）	土地资源投入（吨/公顷）	能源投入（吨/吨）	科技投入（吨/万元）	生产总值产出（吨/万元）	绿地率产出（百吨/%）
2009	4.015	0.429	1.759	15.372	1.011	280.811	1.052	75089.107
2010	4.251	0.471	1.439	16.980	1.012	250.185	0.925	84183.832
2011	4.616	0.536	1.283	19.144	1.004	215.625	0.860	101415.985
2012	4.609	0.550	1.045	19.981	0.990	184.917	0.799	116758.984

续表

年份	人力投入（吨/人）	用水投入（吨/百万吨）	资金投入（吨/万元）	土地资源投入（吨/公顷）	能源投入（吨/吨）	科技投入（吨/万元）	生产总值产出（吨/万元）	绿地率产出（百吨/%）
2013	3.861	0.522	0.729	17.955	0.938	143.638	0.638	405411.355
2014	4.201	0.576	0.731	20.413	0.981	168.636	0.662	465641.164
2015	4.585	0.631	0.736	23.167	1.006	205.833	0.682	579138.324
2016	4.502	0.647	0.671	23.318	1.016	160.165	0.614	523538.767
2017	4.135	0.616	0.567	22.791	0.990	193.636	0.537	513754.174
2018	4.302	0.679	0.541	24.825	0.994	171.767	0.526	561602.644
2019	4.547	0.655	0.504	27.150	1.007	88.540	0.502	579362.823

综上所述，2009—2019年海南省单要素视角下人力投入、用水投入、土地资源投入以及绿地率产出碳排放效率总体下降。能源投入、资金投入、科技投入、生产总值产出的碳排放效率总体上升。

3.3.2.21　四川省单要素碳排放效率

2009—2019年四川省单要素视角下碳排放效率值变化情况为：人力投入碳排放效率值呈现下降趋势，由2009年的1.421吨/人降至2019年的1.092吨/人，下降幅度为23.19%，单位人力投入碳排放量减少，碳排放效率上升；用水投入碳排放效率值呈现下降趋势，由2009年的0.347吨/百万吨降至2019年的0.252吨/百万吨，下降幅度为27.28%，碳排放效率上升；土地资源投入碳排放效率值呈现下降趋势，在2015年下降明显，效率值为5.264吨/公顷，单位土地投入碳排放量减少，碳排放效率明显上升；能源投入碳排放效率值由2009年的0.454吨/吨降至2019年的0.431吨/吨，碳排放效率略有上升；资金投入、科技投入、生产总值产出碳排放效率值变化趋势一致，整体呈现下降趋势，由2009年的0.572吨/万元、236.071吨/万元、0.476吨/万元降至2019年的0.134吨/万元、28.859吨/万元、0.115吨/万元，下降幅度分别为77%、88%、76%，其中2014—2015年下降明显，每万元资金投入、科技投入和生产总值产出碳排放量减少，碳排放效率明显上升；绿地率产出碳排放效率值整体呈现下降趋势，截至 2019 年达到 1301838.434 百吨/%，碳排放效率上升（见表 3-24）。

表 3-24　2009—2019 年单要素视角下四川省碳排放效率值表

年份	人力投入（吨/人）	用水投入（吨/百万吨）	资金投入（吨/万元）	土地资源投入（吨/公顷）	能源投入（吨/吨）	科技投入（吨/万元）	生产总值产出（吨/万元）	绿地率产出（百吨/%）
2009	1.421	0.347	0.572	6.254	0.454	236.071	0.476	1536610.422
2010	1.416	0.337	0.500	6.233	0.460	194.754	0.392	1536341.668
2011	1.452	0.344	0.457	6.361	0.466	151.892	0.330	1616058.665
2012	1.557	0.352	0.442	6.761	0.480	125.813	0.312	1698480.625
2013	1.612	0.370	0.387	6.980	0.492	111.745	0.293	1806375.128
2014	1.711	0.405	0.356	7.400	0.520	101.124	0.286	2234560.011
2015	1.224	0.262	0.233	5.264	0.457	61.347	0.195	1560954.834
2016	1.153	0.245	0.199	4.944	0.443	55.450	0.169	1475107.216
2017	1.073	0.228	0.163	4.565	0.432	49.067	0.138	1376073.622
2018	0.950	0.215	0.129	3.957	0.398	31.348	0.108	1220180.804
2019	1.092	0.252	0.134	4.440	0.431	28.859	0.115	1301838.434

综上所述，2009—2019 年四川省单要素视角下各要素碳排放效率总体上升。

3.3.2.22　贵州省单要素碳排放效率

2009—2019 年贵州省单要素视角下碳排放效率值变化情况为：人力投入、用水投入、土地资源投入整体呈现上升状态，由 2009 年 3.699 吨/人、0.778 吨/百万吨、12.727 吨/公顷增至 2019 年的 5.432 吨/人、1.112 吨/百万吨、15.562 吨/公顷，上升幅度分别为 46%、42%、22%，人力投入、用水投入、土地资源投入碳排放效率整体下降；能源投入碳排放效率值呈现上升趋势，效率值分布在 0.584—0.697 吨/吨，由 2009 年的 0.584 吨/吨增至 2019 年的 0.697 吨/吨，上升幅度为 19%，单位能源投入碳排放量增多，碳排放效率稍有下降；资金投入、科技投入、生产总值产出碳排放效率值逐年下降，分别由 2009 年的 2.830 吨/万元、477.514 吨/万元、1.767 吨/万元降至 2019 年的 0.489 吨/万元、89.851 吨/万元、0.612 吨/万元，下降幅度分别为83%、81%、65%,每万元资金投入、科技投入、生产总值产出引起碳排放量减少,碳排放效率明显上升;绿地率产出碳排放效率值整体为上升趋势,由2009年的1135686.645百吨/%增至2019年的2050940.152百吨/%,上升幅度为80%,碳排放效率下降(见表3-25)。

表3-25　2009—2019年单要素视角下贵州省碳排放效率值表

年份	人力投入(吨/人)	用水投入(吨/百万吨)	资金投入(吨/万元)	土地资源投入(吨/公顷)	能源投入(吨/吨)	科技投入(吨/万元)	生产总值产出(吨/万元)	绿地率产出(百吨/%)
2009	3.699	0.778	2.830	12.727	0.584	477.514	1.767	1135686.645
2010	3.957	0.812	2.209	12.885	0.600	422.563	1.558	1135468.829
2011	4.540	0.927	1.900	14.391	0.620	371.061	1.433	1340765.827
2012	4.885	0.963	1.521	14.945	0.611	300.044	1.290	1552725.948
2013	5.096	1.167	1.241	15.193	0.624	267.092	1.148	1868008.550
2014	4.760	1.062	0.960	14.026	0.613	195.393	0.944	1768106.332
2015	4.707	1.039	0.792	13.944	0.617	147.747	0.822	1844637.988
2016	4.889	1.055	0.675	14.397	0.616	131.145	0.771	1893410.679
2017	5.186	1.105	0.611	15.262	0.644	111.195	0.717	2032089.094
2018	5.039	1.038	0.514	14.857	0.675	92.378	0.619	1939561.066
2019	5.432	1.112	0.489	15.562	0.697	89.851	0.612	2050940.152

综上所述,2009—2019年贵州省单要素视角下人力投入、用水投入、土地资源投入、能源投入、绿地率产出碳排放效率总体减弱。资金投入、科技投入、生产总值产出碳排放效率总体上升。

3.3.2.23　云南省单要素碳排放效率

2009—2019年云南省单要素视角下碳排放效率值变化情况为：人力投入、用水投入和能源投入碳排放效率值发展趋势保持一致,呈现上升趋势,在2016年效率值最低,分别为1.562吨/人、0.341吨/百万吨、0.469吨/吨,但总体2019年单位碳排放量相较2009年呈现上升趋势,碳排放效率下降;土地资源投入碳排放效率值呈现下降趋势,由2009年的7.581吨/公顷降至2019年的7.304吨/公顷,单位土地资源投入碳排放量减少，碳排放效率上升；资金投入、科技投入、生产总值产出碳排放效率值整体呈现下降趋势，2016年后下降幅度变小，效率值分别由2009年的1.240吨/万元、291.986吨/万元、0.843吨/万元降至2019年的0.279吨/万元、105.850吨/万元、0.269吨/万元，下降幅度分别为76%、64%、68%，资金投入、科技投入、生产总值产出碳排放效率上升；绿地率产出碳排放效率值呈现下降趋势，由2009年的1630829.418百吨/%降至2019年的1561281.667百吨/%，碳排放效率略有上升（见表3-26）。

表3-26　2009—2019年单要素视角下云南省碳排放效率值表

年份	人力投入（吨/人）	用水投入（吨/百万吨）	资金投入（吨/万元）	土地资源投入（吨/公顷）	能源投入（吨/吨）	科技投入（吨/万元）	生产总值产出（吨/万元）	绿地率（百吨/%）
2009	2.065	0.429	1.240	7.581	0.512	291.986	0.843	1630829.418
2010	2.219	0.498	1.136	8.605	0.542	289.293	0.801	1675552.167
2011	2.196	0.499	0.969	8.383	0.529	220.687	0.656	1561360.955
2012	2.298	0.482	0.839	8.511	0.535	199.451	0.587	1589283.395
2013	2.232	0.480	0.659	8.065	0.526	148.604	0.493	1710553.735
2014	1.850	0.402	0.463	6.699	0.492	122.590	0.377	1392042.622
2015	1.619	0.347	0.340	5.792	0.472	94.091	0.305	1234884.397
2016	1.562	0.341	0.285	5.658	0.469	95.144	0.272	1173270.159
2017	1.771	0.368	0.280	6.346	0.507	93.859	0.271	1253483.964
2018	2.111	0.448	0.296	7.221	0.558	108.456	0.285	1489644.680
2019	2.221	0.471	0.279	7.304	0.566	105.850	0.269	1561281.667

综上所述，2009—2019年云南省单要素视角下人力投入、用水投入、能源投入碳排放效率总体下降。资金投入、土地资源投入、科技投入、生产总值产出以及绿地率产出碳排放效率总体上升。

3.3.2.24　陕西省单要素碳排放效率

2009—2019年陕西省单要素视角下碳排放效率值变化情况为：人力投入碳排放效率值呈现上升趋势，由2009年的4.641吨/人增至2019年的8.599吨/人，上升幅度为85%，单位人力投入碳排放量增加，碳排放效率明显下降;用水投入碳排放效率值呈现上升趋势,由 2009 年的 1.256 吨/百万吨增至 2019 年的 2.319 吨/百万吨,上升幅度为 85%,碳排放效率下降;土地资源投入碳排放效率值呈现上升趋势,在 2014 年上升明显,效率值为 33.003 吨/公顷,2009—2019 年单位土地投入碳排放量呈现增加态势,碳排放效率大幅度下降;能源投入碳排放效率值由 2009 年的 0.717 吨/吨降至 2019 年的 0.709 吨/吨,碳排放效率略有上升;资金投入、科技投入和生产总值产出碳排放效率值整体呈现下降趋势,效率值分别由 2009 年 1.438 吨/万元、440.909 吨/万元、1.149 吨/万元降至 2019 年的 0.616 吨/万元、248.696 吨/万元、0.688 吨/万元,下降幅度分别为 57%、44%、40%,资金投入、科技投入和生产总值产出碳排放效率上升;绿地率产出碳排放效率值整体呈现上升趋势,在 2014 年效率值最高为 4331189.189 百吨/%,2019 年碳排放效率值较 2009 年明显增加,绿地率碳排放效率明显下降(见表 3-27)。

表 3-27　　2009—2019 年单要素视角下陕西省碳排放效率值表

年份	人力投入(吨/人)	用水投入(吨/百万吨)	资金投入(吨/万元)	土地资源投入(吨/公顷)	能源投入(吨/吨)	科技投入(吨/万元)	生产总值产出(吨/万元)	绿地率产出(百吨/%)
2009	4.641	1.256	1.438	18.205	0.717	440.909	1.149	2702511.905
2010	5.382	1.544	1.344	21.913	0.728	442.048	1.134	3282855.597
2011	6.058	1.712	1.239	24.636	0.728	430.076	1.025	3564712.314
2012	9.376	1.901	1.181	28.636	0.732	416.440	1.029	4041783.200
2013	9.845	2.007	1.044	30.915	0.729	408.259	0.976	4195132.993
2014	10.003	2.147	0.942	33.003	0.732	366.886	0.946	4331189.189
2015	9.231	2.078	0.849	32.119	0.722	280.155	0.897	3086011.544
2016	9.091	2.111	0.771	31.672	0.709	261.433	0.851	3117590.678
2017	9.172	2.136	0.712	33.401	0.714	212.039	0.783	3115395.672
2018	8.578	2.083	0.623	31.448	0.712	187.294	0.682	3082220.038
2019	8.599	2.319	0.616	33.080	0.709	248.696	0.688	4034521.794

综上所述,2009—2019 年陕西省单要素视角下人力投入、用水投入、

土地资源投入以及绿地率产出碳排放效率总体下降。资金投入、能源投入、科技投入、生产总值产出碳排放效率总体上升。

3.3.2.25 甘肃省单要素碳排放效率

2009—2019年甘肃省单要素视角下碳排放效率值变化情况为：人力投入碳排放效率值呈现上升趋势，由2009年的3.095吨/人增至2019年的4.696吨/人，上升幅度为52%，单位人力投入碳排放量增加，碳排放效率下降；用水投入碳排放效率值呈现上升趋势，由2009年的0.420吨/百万吨增至2019年的0.636吨/百万吨，上升幅度51%，碳排放效率下降；土地资源投入碳排放效率值呈现上升趋势，由2009年的10.253吨/公顷增至2019年的12.457吨/公顷，单位土地投入碳排放量增加，碳排放效率下降；能源投入碳排放效率值整体呈现下降趋势，由2009年的0.685吨/吨降至2019年的0.669吨/吨，碳排放效率上升；资金投入、科技投入、生产总值产出碳排放效率值在整体呈现下降趋势，由2009年的1.857吨/万元、452.417吨/万元、1.409吨/万元降至2019年0.511吨/万元、212.970吨/万元、0.718吨/万元，下降幅度为73%、53%、49%，每万元资金投入、科技投入、生产总值产出引起的碳排放量减少，碳排放效率上升；绿地率产出碳排放效率值在2009—2019年整体呈现下降趋势，到2019年效率值为1896727.952百吨/%，绿地率产出碳排放效率呈现上升趋势（见表3-28）。

表3-28 2009—2019年单要素视角下甘肃省碳排放效率值表

年份	人力投入（吨/人）	用水投入（吨/百万吨）	资金投入（吨/万元）	土地资源投入（吨/公顷）	能源投入（吨/吨）	科技投入（吨/万元）	生产总值产出（吨/万元）	绿地率产出（百吨/%）
2009	3.095	0.420	1.857	10.253	0.685	452.417	1.409	1919001.477
2010	3.685	0.465	1.897	11.362	0.675	473.066	1.306	2146534.777
2011	4.482	0.561	1.478	13.427	0.698	467.492	1.283	2472099.833
2012	4.573	0.547	1.386	13.449	0.681	383.583	1.152	2300074.793
2013	4.782	0.562	1.138	13.908	0.694	327.184	1.075	2229366.492

续表

年份	人力投入（吨/人）	用水投入（吨/百万吨）	资金投入（吨/万元）	土地资源投入（吨/公顷）	能源投入（吨/吨）	科技投入（吨/万元）	生产总值产出（吨/万元）	绿地率产出（百吨/%）
2014	4.758	0.565	0.911	13.754	0.681	303.102	0.984	2211596.623
2015	4.584	0.557	0.715	13.216	0.676	206.700	0.941	2203565.531
2016	4.393	0.542	0.617	12.618	0.671	224.411	0.852	1962101.904
2017	4.468	0.565	0.572	12.759	0.678	231.118	0.814	1925737.064
2018	4.659	0.613	0.549	12.887	0.671	241.992	0.769	2009314.031
2019	4.696	0.636	0.511	12.457	0.669	212.970	0.718	1896727.952

综上所述，2009—2019年甘肃省单要素视角下人力投入、用水投入、土地资源投入碳排放效率呈现下降状态；资金投入、能源投入、科技投入、生产总值产出、绿地率产出碳排放效率总体上升。

3.3.2.26 青海省单要素碳排放效率

2009—2019年青海省单要素视角下碳排放效率值变化情况为：人力投入碳排放效率值呈现上升趋势，由2009年的2.679吨/人增至2019年的4.089吨/人，上升幅度为53%，单位人力投入碳排放量增加，碳排放效率下降；用水投入碳排放效率值呈现上升趋势，由2009年的0.321吨/百万吨增至2019年的0.595吨/百万吨，上升幅度为85%，碳排放效率明显下降；资金投入碳排放效率值整体呈现下降趋势，由2009年的1.015吨/万元降至2019年的0.282吨/万元，下降幅度为72%，每万元资金投入引起的碳排放量减少，碳排放效率上升；土地资源投入碳排放效率值呈现上升趋势，由2009年的9.991吨/公顷增至2019年的12.688吨/公顷，单位土地资源投入碳排放量增加，碳排放效率下降；能源投入碳排放效率值由2009年的0.474吨/吨升至2019年的0.608吨/吨，上升幅度为28%，碳排放效率明显下降；科技投入碳排放效率值整体呈现下降趋势，由2009年的169.935吨/万元降到2019年的130.223吨/万元，科技投入碳排放效率上升；生产总值产出碳排放效率值呈现下降趋势，由2009年0.864吨/万元降至2019年的0.455吨/万元，碳排放效率上升；绿地率产出碳排放效率值整体呈现上升趋势，由 2009 年的 280100.269 百吨/% 增至 2019 年的 397180.024 百吨/%，上升幅度为 42%，碳排放效率明显下降（见表 3-29）。

表 3-29 2009—2019 年单要素视角下青海省碳排放效率值表

年份	人力投入（吨/人）	用水投入（吨/百万吨）	资金投入（吨/万元）	土地资源投入（吨/公顷）	能源投入（吨/吨）	科技投入（吨/万元）	生产总值产出（吨/万元）	绿地率产出（百吨/%）
2009	2.679	0.321	1.015	9.991	0.474	169.935	0.864	280100.269
2010	2.700	0.305	0.777	9.978	0.489	203.559	0.726	276840.311
2011	3.467	0.387	0.747	12.566	0.540	285.096	0.782	334987.786
2012	4.397	0.526	0.712	15.610	0.575	190.373	0.894	414204.600
2013	5.016	0.589	0.656	17.623	0.598	187.857	0.920	508424.691
2014	4.480	0.581	0.489	15.936	0.591	136.819	0.769	444233.849
2015	3.848	0.496	0.379	13.684	0.585	110.236	0.615	426499.253
2016	4.857	0.666	0.446	17.250	0.613	144.520	0.698	508151.074
2017	4.507	0.642	0.373	16.089	0.619	123.441	0.598	460590.075
2018	4.229	0.606	0.318	14.025	0.609	108.807	0.507	422040.060
2019	4.089	0.595	0.282	12.688	0.608	130.223	0.455	397180.024

综上所述，2009—2019 年青海省单要素视角下人力投入、用水投入、土地资源投入、能源投入、绿地率产出碳排放效率总体下降，资金投入、科技投入、生产总值产出碳排放效率上升。

3.3.2.27 宁夏回族自治区单要素碳排放效率

2009—2019 年宁夏单要素视角下碳排放效率值变化情况为：人力投入、用水投入、土地资源投入以及绿地率产出碳排放效率值的变化情况大概一致，整体呈现上升趋势，2016 年后上升速度有小幅度提升，效率值由 2009 年的 11.278 吨/人、0.532 吨/百万吨、25.183 吨/公顷、823373.362 吨/% 增至 2019 年的 32.212 吨/人、1.701 吨/百万吨、71.391 吨/公顷、2046652.922 百吨/%，上升幅度分别为 186%、220%、183%、149%，人力投入、用水投入、土地资源投入以及绿地率产出碳排放效率值增加，碳排放效率大幅下降；资金投入碳排放效率值整体呈现下降趋势，2016 年效率值最低为 1.956 吨/万元，2019 年每万元固定资产投入碳排放量相较 2009 年减少，资金投入碳排放效率上升；能源投入碳排放效率值发展呈现上升趋势，由 2009 年的 0.692 吨/吨增至 2019 年的 0.731 吨/吨，上升幅度为 6%，能源投入碳排放效率略有下降；科技投入碳排放效率值整体呈现下降趋势，由 2009 年的 842.086 吨/万元降至 2019 年的 353.548 吨/万元，下降幅度为 58%，碳排放效率上升；生产总值产出碳排放效率值整体呈现上升趋势，截至 2019 年达到 2.948 吨/万元，碳排放效率总体下降（见表 3-30）。

表 3-30　2009—2019 年单要素视角下宁夏碳排放效率值表

年份	人力投入（吨/人）	用水投入（吨/百万吨）	资金投入（吨/万元）	土地资源投入（吨/公顷）	能源投入（吨/吨）	科技投入（吨/万元）	生产总值产出（吨/万元）	绿地率产出（百吨/%）
2009	11.278	0.532	3.509	25.183	0.692	842.086	2.738	823373.362
2010	12.906	0.632	3.258	29.787	0.694	739.575	2.809	865737.927
2011	17.250	0.842	3.619	40.168	0.697	760.569	3.098	1197135.597
2012	19.004	0.972	3.135	44.459	0.723	680.274	3.068	1307486.180
2013	20.296	1.008	2.671	48.353	0.728	655.015	3.008	1346559.363
2014	20.759	1.060	2.261	49.725	0.724	612.452	2.887	1347393.769
2015	21.632	1.099	2.111	51.251	0.733	430.123	2.877	1399929.815
2016	21.506	1.192	1.956	51.221	0.741	403.852	2.651	1293742.719
2017	26.654	1.468	2.437	62.891	0.739	358.870	2.865	1580885.373
2018	29.443	1.634	2.706	66.618	0.727	298.583	2.894	1953421.062
2019	32.212	1.701	2.951	71.391	0.731	353.548	2.948	2046652.922

综上所述，2009—2019 年宁夏单要素视角下人力投入、用水投入、土地资源投入、能源投入、生产总值产出以及绿地率产出碳排放效率整体呈现下降趋势，资金投入、科技投入碳排放效率则有所上升。

3.3.2.28　新疆维吾尔自治区单要素碳排放效率

2009—2019 年新疆维吾尔自治区单要素视角下碳排放效率值变化情况为：人力投入、用水投入、土地资源投入以及绿地率产出碳排放效率值变化趋势一致，整体呈现上升趋势，效率值由 2009 年的 6.814 吨/人、0.117 吨/百万吨、11.038 吨/公顷、1282938.971 百吨/% 增至 2019 年的 13.372 吨/人、0.338 吨/百万吨、21.870 吨/公顷、3309774.556 百吨/%，上升幅度分别为 96%、188%、98%、158%，人力投入、用水投入、土地资源投入以及绿地率产出碳排放效率明显下降；资金投入碳排放效率值整体呈现下降趋势，由 2009 年的 2.165 吨/万元降至 2019 年的 1.066 吨/万元，下降幅度为 51%，每万元资金投入引起的碳排放量减少，碳排放效率明显上升；能源投入碳排放效率值分布在 0.561—0.661 吨/吨，整体呈现上升趋势，在 2014 年达到最高值为 0.661 吨/吨，碳排放效率总体下降；科技投入碳排放效率值整体呈现上升趋势，由 2009 年的 365.646 吨/万元增至 2019 年的 437.951 吨/万元，科技投入碳排放效率下降；生产总值碳排放效率值整体呈现下降趋势，由 2009 年的 1.393 吨/万元降至 2019 年的 1.314 吨/万元，下降幅度为 6%，碳排放效率上升（见表 3-31）。

表 3-31　2009—2019 年单要素视角下新疆维吾尔自治区碳排放效率值表

年份	人力投入（吨/人）	用水投入（吨/百万吨）	资金投入（吨/万元）	土地资源投入（吨/公顷）	能源投入（吨/吨）	科技投入（吨/万元）	生产总值产出（吨/万元）	绿地率产出（百吨/%）
2009	6.814	0.117	2.165	11.038	0.561	365.646	1.393	1282938.971
2010	6.227	0.137	1.931	12.226	0.585	338.582	1.275	1519106.172
2011	7.561	0.170	1.839	14.583	0.618	324.527	1.313	1786927.550
2012	8.786	0.177	1.631	16.666	0.623	309.265	1.377	1963236.568
2013	10.199	0.213	1.545	19.551	0.650	306.789	1.457	2445104.892
2014	11.335	0.242	1.392	20.790	0.661	341.348	1.486	2699995.023
2015	11.540	0.257	1.305	21.370	0.648	347.117	1.553	2834111.438
2016	11.222	0.265	1.457	19.297	0.619	323.343	1.510	2693329.524
2017	12.109	0.301	1.309	21.262	0.639	374.298	1.436	2913398.603
2018	12.666	0.328	1.151	21.155	0.636	395.289	1.304	2982317.318
2019	13.372	0.338	1.066	21.870	0.634	437.951	1.314	3309774.556

综上所述，2009—2019 年新疆维吾尔自治区单要素视角下人力投入、

用水投入、土地资源投入、能源投入、科技投入以及绿地率产出碳排放效率总体下降，资金投入、生产总值产出碳排放效率上升。

3.3.2.29 广西壮族自治区单要素碳排放效率

2009—2019年广西壮族自治区单要素视角下碳排放效率值变化情况为：人力投入碳排放效率值呈现上升趋势，由2009年的1.144吨/人增至2019年的3.056吨/人，上升幅度为167%，单位人力投入碳排放量增加，碳排放效率显著下降；用水投入碳排放效率值呈现上升趋势，由2009年的0.128吨/百万吨增至2019年的0.312吨/百万吨，上升幅度为143%，碳排放效率明显下降；土地资源投入碳排放效率值呈现上升趋势，由2009年的4.631吨/公顷增至2019年的10.662吨/公顷，单位土地资源投入碳排放量增加，碳排放效率下降；能源投入碳排放效率值由2009年的0.494吨/吨增至2019年的0.675吨/吨，上升幅度为37%，碳排放效率明显下降；资金投入、科技投入以及生产总值产出碳排放效率值整体呈现下降趋势，分别由2009年的0.635吨/万元、181.288吨/万元、0.461吨/万元降至2019年的0.300吨/万元、108.064吨/万吨、0.368吨/万元，下降幅度分别为53%、40%、20%，碳排放效率明显上升；绿地率产出碳排放效率值整体呈现上升趋势，由2009年的496345.492百吨/%增至2019年的1663038.620百吨/%，碳排放效率下降（见表3-32）。

表3-32　2009—2019年单要素视角下广西壮族自治区碳排放效率值表

年份	人力投入（吨/人）	用水投入（吨/百万吨）	资金投入（吨/万元）	土地资源投入（吨/公顷）	能源投入（吨/吨）	科技投入（吨/万元）	生产总值产出（吨/万元）	绿地率产出（百吨/%）
2009	1.144	0.128	0.635	4.631	0.494	181.288	0.461	496345.492
2010	1.714	0.178	0.767	6.502	0.570	210.913	0.534	713807.756
2011	2.118	0.243	0.725	8.821	0.646	220.120	0.604	971622.160
2012	2.557	0.261	0.724	9.820	0.680	165.305	0.626	1141401.958
2013	2.452	0.248	0.589	9.391	0.659	125.476	0.548	1118179.427
2014	2.432	0.248	0.504	9.627	0.674	113.426	0.500	1114367.799

续表

年份	人力投入（吨/人）	用水投入（吨/百万吨）	资金投入（吨/万元）	土地资源投入（吨/公顷）	能源投入（吨/吨）	科技投入（吨/万元）	生产总值产出（吨/万元）	绿地率产出（百吨/%）
2015	2.421	0.236	0.391	8.603	0.671	126.590	0.425	966566.817
2016	2.537	0.254	0.371	9.094	0.674	144.989	0.407	1040236.856
2017	2.777	0.283	0.348	9.858	0.696	118.692	0.401	1131150.421
2018	2.899	0.291	0.319	10.213	0.683	115.280	0.378	1197985.672
2019	3.056	0.312	0.300	10.662	0.675	108.064	0.368	1663038.620

综上所述，2009—2019 年广西壮族自治区单要素视角下人力投入、用水投入、土地资源投入、能源投入以及绿地率产出碳排放效率下降，资金投入、科技投入、生产总值产出碳排放效率总体上升。

3.3.2.30 内蒙古自治区单要素碳排放效率

2009—2019 年内蒙古自治区单要素视角下碳排放效率值变化情况为：人力投入碳排放效率值呈现上升趋势，由 2009 年的 14.063 吨/人增至 2019 年的 24.090 吨/人，上升幅度为 71%，单位人力投入碳排放量增加，碳排放效率下降；用水投入碳排放效率值呈现上升趋势，由 2009 年的 0.993 吨/百万吨增至 2019 年的 1.943 吨/百万吨，上升幅度为 96%，碳排放效率显著下降；资金投入碳排放效率值整体呈下降趋势，由 2009 年的 3.517 吨/万元降至 2019 年的 2.591 吨/万元，下降幅度为 26%，每万元资金投入引起的碳排放量减少，碳排放效率明显上升；土地资源投入碳排放效率值呈现上升趋势，由 2009 年的 19.218 吨/公顷增至 2019 年的 27.362 吨/公顷，上升幅度为 42%，单位土地投入碳排放量增加，碳排放效率下降；能源投入碳排放效率值整体呈下降趋势，由 2009 年的 0.598 吨/吨降至 2019 年的 0.581 吨/吨，下降幅度为 3%，碳排放效率上升；科技投入碳排放效率值整体呈上升趋势，由 2009 年的 889.150 吨/万元增至 2019 年的 1075.556 吨/万元，科技投入碳排放效率下降；生产总值碳排放效率值整体呈现下降趋势，由 2009 年的 2.262 吨/万元降至 2019 年的 1.780 吨/万元，碳排放效率上升；绿地率产出碳排放效率值整体呈现上升趋势，由

2009 年的 5355644.439 百吨/% 增至 2019 年的 5674555.238 百吨/%，上升幅度为 6%，碳排放效率下降（见表 3-33）。

表 3-33　2009—2019 年单要素视角下内蒙古自治区碳排放效率值表

年份	人力投入（吨/人）	用水投入（吨/百万吨）	资金投入（吨/万元）	土地资源投入（吨/公顷）	能源投入（吨/吨）	科技投入（吨/万元）	生产总值产出（吨/万元）	绿地率产出（百吨/%）
2009	14.063	0.993	3.517	19.218	0.598	889.150	2.262	5355644.439
2010	12.700	1.114	3.297	20.047	0.596	830.659	2.167	4802104.269
2011	16.682	1.437	3.604	25.527	0.615	820.807	2.448	6093409.766
2012	17.475	1.491	3.000	26.109	0.612	872.800	2.302	5877565.271
2013	16.669	1.435	2.389	24.277	0.599	721.778	2.005	5570010.137
2014	17.276	1.465	2.157	24.248	0.598	714.790	1.932	4894824.377
2015	16.832	1.401	1.788	22.619	0.582	636.636	1.756	4373202.241
2016	17.114	1.419	1.500	21.364	0.576	700.844	1.646	4281761.600
2017	18.115	1.515	1.701	22.305	0.576	708.555	1.601	4501328.277
2018	21.037	1.720	2.122	25.349	0.577	1053.059	1.700	5175882.374
2019	24.090	1.943	2.591	27.362	0.581	1075.556	1.780	5674555.238

综上所述，2009—2019 年内蒙古自治区单要素视角下人力投入、用水投入、土地资源投入、科技投入、绿地率产出碳排放效率下降，资金投入、能源投入、生产总值产出碳排放效率上升。

3.3.3　各省区市单要素碳排放效率平均增速

各省区市 2009—2019 年单视角下各要素碳排放效率值平均增速如各表所示，人力投入碳排放效率值平均增速上海、北京、天津、吉林、黑龙江、四川 6 个省市为负值，平均增速较大的有宁夏、广西、江西、新疆、山东等省区；用水投入碳排放效率值平均增速有吉林、黑龙江、河南、四川 4 个省为负值，平均增速较快的有宁夏、新疆、广西等省区；资金投入碳排放效率值平均增速山西、辽宁、天津 3 个省市为正值，其他省区市为负值。土地资源投入碳排放效率值平均增速黑龙江、吉林、河南、四川

4个省为负值,平均增速较快的省区有广西、新疆、江西等;能源投入碳排放效率值平均增速黑龙江、吉林、河南3个省为负值,其他省区市平均增速保持在0—0.03;科技投入碳排放效率值平均增速中青海为0,内蒙古、辽宁、新疆3个省区为正值,其他省区市为负值。生产总值产出碳排放效率值平均增速为正值的有上海、宁夏2个地区,新疆平均增速为0,其余省区市为负值;绿地率产出碳排放效率值平均增速中北京、天津、吉林、浙江、河南、四川6个省市为负值,平均增速较大的有广西、内蒙古等地区(见表3-34)。

表3-34 各省区市2009—2019年单视角下各要素碳排放效率值平均增速表

省份	人力投入	用水投入	资金投入	土地资源投入	能源投入	科技投入	生产总值产出	绿地率产出
北京	-0.06	0.01	-0.10	0.00	0.03	-0.14	-0.13	-0.06
上海	-0.02	0.03	-0.03	0.03	0.01	-0.04	0.03	0.00
重庆	0.00	0.02	-0.05	0.00	0.01	-0.14	-0.11	0.00
天津	-0.01	0.03	0.06	0.03	0.01	-0.09	-0.03	-0.01
河北	0.01	0.04	-0.08	0.02	0.00	-0.08	-0.05	0.01
山西	0.06	0.06	0.06	0.03	0.01	-0.09	-0.02	-0.06
辽宁	0.03	0.04	0.17	0.02	0.00	0.02	-0.01	0.02
吉林	-0.01	-0.01	-0.06	-0.02	-0.02	-0.06	-0.04	-0.07
黑龙江	-0.01	-0.01	-0.10	-0.02	-0.03	-0.07	-0.07	0.00
江苏	0.04	0.03	-0.07	0.03	0.01	-0.11	-0.06	0.05
浙江	0.01	0.03	-0.16	0.02	0.01	-0.14	-0.08	-0.03
安徽	0.04	0.06	-0.05	0.04	0.02	-0.16	-0.07	0.05
福建	0.03	0.08	-0.10	0.07	0.02	-0.09	-0.07	0.06
江西	0.09	0.07	-0.06	0.08	0.03	-0.16	-0.04	0.06
山东	0.06	0.06	-0.06	0.05	0.01	-0.10	-0.06	0.05
河南	0.00	-0.01	-0.15	-0.03	-0.02	-0.18	-0.12	-0.04
湖北	0.04	0.03	-0.11	0.02	0.01	-0.20	-0.09	0.02
湖南	0.03	0.02	-0.14	0.01	0.01	-0.14	-0.09	0.01
广东	0.01	0.04	-0.09	0.02	0.00	-0.13	-0.07	0.04

续表

省份	人力投入	用水投入	资金投入	土地资源投入	能源投入	科技投入	生产总值产出	绿地率产出
海南	0.02	0.05	-0.11	0.06	0.00	-0.08	-0.07	0.34
四川	-0.02	-0.02	-0.13	-0.03	0.00	-0.18	-0.13	-0.01
贵州	0.04	0.04	-0.16	0.02	0.02	-0.15	-0.10	0.06
云南	0.01	0.02	-0.13	0.00	0.01	-0.09	-0.10	0.00
陕西	0.08	0.07	-0.08	0.06	0.00	-0.05	-0.05	0.05
甘肃	0.05	0.04	-0.12	0.02	0.00	-0.06	-0.06	0.00
青海	0.05	0.08	-0.11	0.04	0.03	0.00	-0.05	0.00
宁夏	0.11	0.13	-0.01	0.11	0.01	-0.08	0.01	0.10
新疆	0.07	0.11	-0.07	0.07	0.00	0.02	0.00	0.00
广西	0.11	0.10	-0.07	0.10	0.03	-0.04	-0.02	0.14
内蒙古	0.06	0.07	-0.02	0.04	0.00	0.03	-0.02	0.01

整体来看，单视角下资金投入、科技投入、生产总值产出引起的碳排放量效率增强趋势显著，人力投入和用水投入引起碳排放效率明显下降，能源投入引起碳排放效率变化幅度不大，土地资源投入和绿地率产出引起碳排放效率变化呈现略微下降趋势。

3.4 单要素视角下中国土地利用碳排放效率空间分析

各要素碳排放效率在空间上也存在显著的差异，随着新政策和机制的变化，对各要素发展带来了不同程度的影响，各要素的空间也会随之做出移动和变化，呈现出不同的变化态势，掌握各要素效率的空间变化，能够更加深层次地了解碳排放效率的变化特征。

本章在探索2009—2019年各要素碳排放效率空间变化情况中，选取了2009年、2015年、2019年的数据来进行变化分析，主要参考最初2009年份空间变化，又选取年份2015年观察过程中的过渡情况，最后查看2019年的现状，能够较为客观地掌握各要素碳排放效率的空间动态。

3.4.1 人力投入土地利用碳排放效率空间分析

碳排放效率与碳排放效率值成反比，因此，如图3-1所示：山西、宁夏、内蒙古等省区碳排放效率低，上海、天津、新疆、河北等省区市碳排放效率较低，北京、山东、陕西等省市碳排放效率较高，江西、安徽、四川、广西等省区碳排放效率高。2009年人力投入碳排放效率值在10吨/人以上有3个省区市，占比为10%；效率值在4吨/人以下有15个省区市，占比50%；效率值在4—10吨/人的省区市有12个，占比40%。整体来看人力投入碳排放效率高的地区占比多于效率低的地区占比，中国人力投入碳排放效率从分布空间来看，南方地区效率较高，北方地区效率较低，整体呈现自南向北递减的趋势。

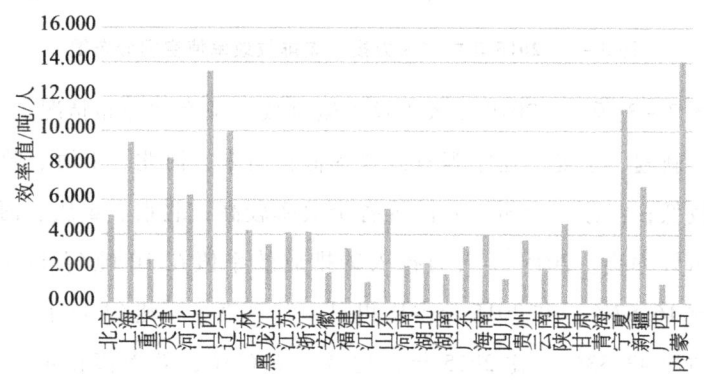

图3-1　2009年中国人力投入碳排放效率值分布情况图

如图3-2所示，2015年人力投入碳排放效率空间分布情况为：山西、辽宁、宁夏、新疆、内蒙古等省区效率低；上海、天津、河北、山东等省市效率较低；江苏、海南、贵州等地区效率值较高；四川、云南、湖南等地区效率高。2015年人力投入碳排放效率值在10吨/人以上的有5个，占比为16.67%，比2009年占比增加6.67%；效率值在4吨/人以下的有15个，占比50.00%，和2009年占比相同；效率值在4—10吨/人的省区市有10个，占比33.33%，比2009年占比减少6.67%。整体来看，人力投入碳排放效率高的省区市占比较大，效率低的空间分布稍有增加。效率高的省区市除黑龙江大多分布在西南地区，北方地区多为效率低的省区市。从中国人力投入碳排放效率从空间分布来看，不同层次效率的省区市分布较分散，仍然大体呈现自南向北减弱趋势。

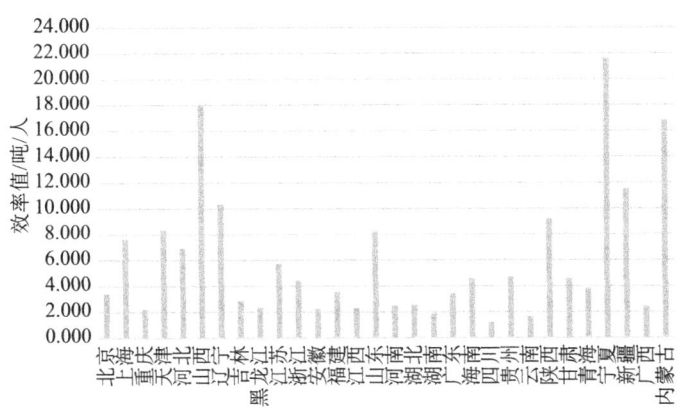

图 3-2　2015 年中国人力投入碳排放效率值空间分布图

如图 3-3 所示，2019 年人力投入碳排放效率空间分布情况为：山西、内蒙古、新疆、宁夏、辽宁等省区效率低；山东、河北、上海、陕西等省市效率较低；江苏、贵州、海南等省份效率较高；北京、重庆、河南、四川等省市效率高。2019 年人力投入碳排放效率值在 10 吨/人以上的有 5 个，占比 16.67%，和 2015 年占比相同；效率值在 4 吨/人以下的有 13 个省份，占比 43.33%，比 2015 年占比减少 6.67%；效率值在 4—10 吨/人的省份有 12 个，占比 40.00%，比 2015 年增加 6.67%。整体来看，中国人力投入碳排放效率高的省份占比最大，效率低的省份保持不变，但是存在一些效率较高的省份效率下降现象。从中国人力投入碳排放效率空间分布来看，南方地区的效率增强，各层次效率分布较分散，呈现自南向北递减趋势。

综上所述，2009—2019 年人力投入碳排放效率空间分布效率值在 10 吨/人以上的占比增加，效率值在 4 吨/人以下的占比减少，效率值在 4—10 吨/人的占比先减后增，部分效率高的省份向效率低转化，但效率高的省份占比一直最大，在空间分布上呈现自南向北递减趋势。

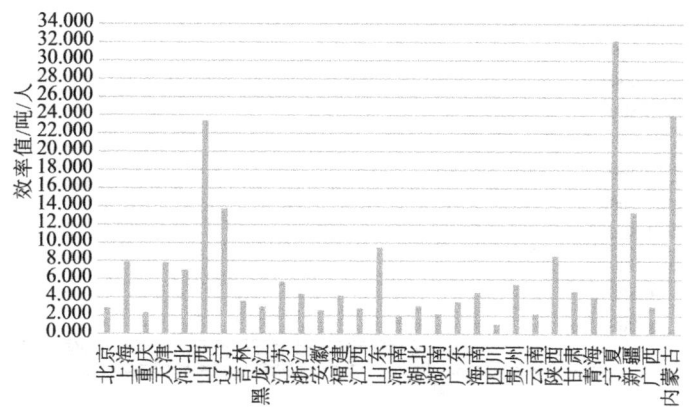

图 3-3 2019 年中国人力投入碳排放效率值空间分布图

3.4.2 用水投入土地利用碳排放效率空间分析

如图 3-4 所示，2009 年用水投入碳排放效率空间分布情况为：山西、天津效率最低；北京、山东、河北、辽宁、陕西等省市效率较低；黑龙江、江西、湖南、广西等地区效率较高。2009 年用水投入碳排放效率值在 3 吨/百万吨以上地区有 1 个，占比 3.33%；效率值在 1 吨/百万吨以下的省区市有 23 个，占比 76.67%；效率值在 1—3 吨/百万吨的省区市有 6 个，占比 20.00%。整体来看，用水投入碳排放效率高的地区占比较高，中等效率次之，效率相对较低的占比最小。中国用水投入碳排放效率在空间分布上比较集中，整体效率较高。

如图 3-5 所示，2015 年用水投入碳排放效率空间分布情况为：天津、山西等省区市效率低；辽宁、山东、陕西等省区市效率较低；北京、河北、上海、浙江等省市效率较高；黑龙江、湖南、江西、广西、新疆等省区市效率高。2015 年，用水投入碳排放效率值在 3 吨/百万吨以上的省区市有 2 个，占比 6.67%，比 2009 年占比增加 3.34%；效率值在 1 吨/百万吨以下的省区市有 18 个，占比 60.00%，比 2009 年占比减少 16.67%；效率值在 1—3 吨/百万吨的省区市有 10 个，占比 33.33%，比 2009 年占比增加 13.33%。整体来看，用水投入碳排放效率低的空间分布扩大，效率高

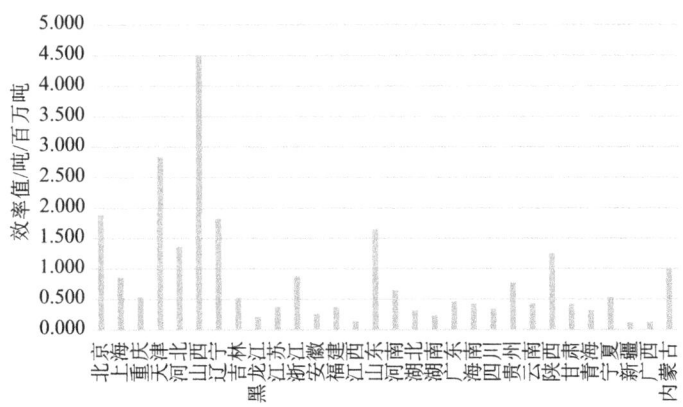

图 3-4 2009 年中国用水投入碳排放效率值分布图

的空间分布缩小，但随效率层次的增强，所属省区市数目占比也在增加，效率高的省区市占比最大。

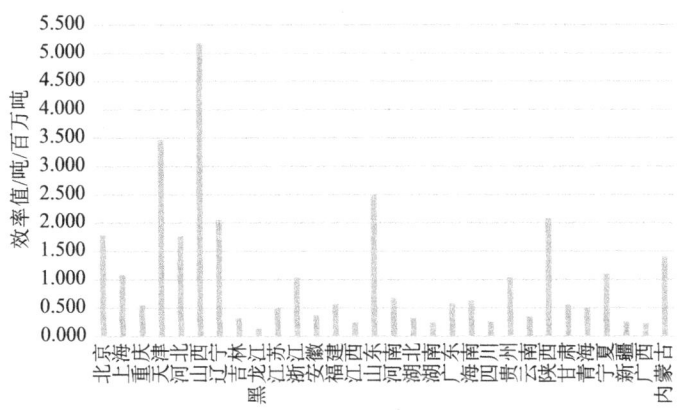

图 3-5 2015 年中国用水投入碳排放效率值分布图

如图 3-6 所示，2019 年用水投入碳排放效率空间分布情况为：天津、山西效率最低；辽宁、山东、陕西等地区效率较低；北京、上海、贵州、浙江等省区市效率较高；黑龙江、吉林、四川、湖南、湖北、广西等省区市效率高。效率低的地区为高能耗、高水耗产业比较集中的地区。2019 年用水投入碳排放效率值在 3 吨/百万吨以上的省区市有 2 个，占比 6.67%，和 2015 年占比相同；效率值在 1 吨/百万吨以下的省区市有 18 个，占比

60.00%，比2015年占比相同；效率值在1—3吨/百万吨的省区市有10个，占比33.33%，比2015年占比相同。整体来看，用水投入碳排放效率各层次效率的空间分布保持稳定，依旧随效率层次的增加所属省区市数目占比随之增加，效率高的省区市占比最大。

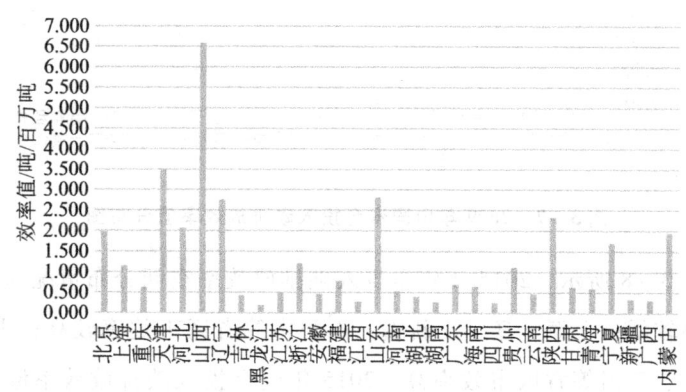

图3-6　2019年中国用水投入碳排放效率值分布图

综上所述，2009—2019年用水投入碳排放效率空间分布中高效率分布最广，2019年占比达到60.00%，但是相比2009年还是略有减少，2019年中低效率空间分布占比相较2009年都有所增加，2015—2019年各层次效率空间分布占比维持稳定。

3.4.3　资金投入土地利用碳排放效率空间分析

如图3-7所示，2009年资金投入碳排放效率空间分布情况为：山西、宁夏、内蒙古效率低；浙江、贵州、新疆效率较低；上海、河北、辽宁、广东等省区市效率较高；重庆、江西、四川、广西等地区效率高。2009年资金投入碳排放效率值在3吨/万元以上的省区市有3个，占比10.00%；效率值在1吨/万元以下的省区市有8个，占比26.67%；效率值在1—3吨/万元的省区市有19个，占比63.33%。整体来看，资金投入碳排放效率低和效率高的占比较少，中间层次效率占比较大，中国资金投入各层次碳排放效率在空间上分布比较分散，呈现从南向北递减趋势。

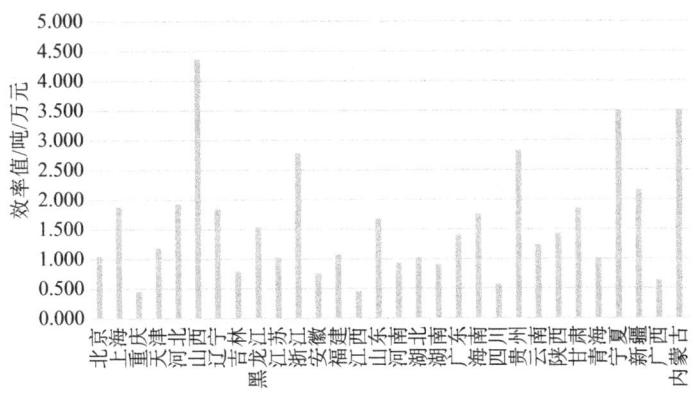

图3-7 2009年中国资金投入碳排放效率值分布图

如图3-8所示,2015年资金投入碳排放效率空间分布情况为:山西、宁夏效率较低;上海、辽宁、新疆、内蒙古等省区市效率较高;重庆、湖北、湖南、四川等省区市效率高。2015年资金投入碳排放效率值在3吨/万元以上的省区市为0个,占比比2009年减少10.00%;效率值在1吨/万元以下的省区市有23个,占比76.67%,占比比2009年增加50.00%;效率值在1—3吨/万元的省区市有7个,占比23.33%,占比比2009年减少40.00%。整体来看,资金投入碳排放效率高的省区市占比最大,随着效率的增强所属省区市数目占比增大,大多地区资金投入碳排放效率增高,效率高的空间占比增大,中国资金投入碳排放效率在空间分布上呈现出高效率地区聚集趋势。

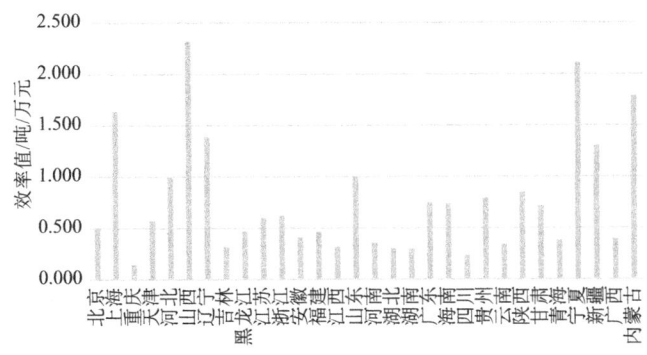

图3-8 2015年中国资金投入碳排放效率值分布图

如图 3-9 所示，2019 年资金投入碳排放效率空间分布情况为：山西、辽宁效率低；宁夏、内蒙古效率较低；上海、天津、新疆等省区市效率较高；重庆、北京、四川、河南、湖南等省区市效率高。2019 年，资金投入碳排放效率值在 3 吨/万元以上的省区市有 2 个，占比 6.67%，比 2015 年占比有所增加；效率值在 1 吨/万元以下的省区市有 23 个，占比 76.67%，占比和 2015 年相同；效率值在 1—3 吨/万元的省区市有 5 个，占比 16.67%，占比比 2015 年减少 6.67%。整体来看，资金投入碳排放效率效率高的省区市占比最大，但是存在部分省区市向效率低的层次转化，资金投入碳排放效率在空间分布上各层级碳排放效率分布较集中。

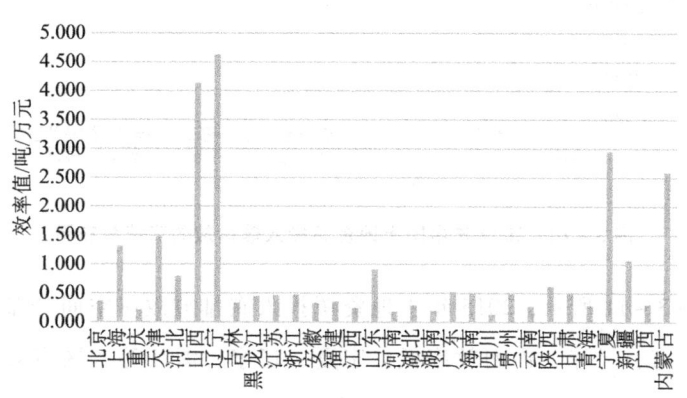

图 3-9　2019 年中国资金投入碳排放效率值分布图

从 2009—2019 年的资金投入碳排放效率空间分布来看，效率值在 3 吨/万元以上的省区市略有减少，效率值在 1—3 吨/万元的省区市占比显著下降，向高效率转变，高效率地区占比随之上升至 76.67%，中国资金投入碳排放效率除山西、辽宁、宁夏、内蒙古资源型地区较低外，其余均呈现出较好的态势。

3.4.4　土地资源投入土地利用碳排放效率空间分析

如图 3-10 所示，2009 年土地资源投入碳排放效率空间分布情况为：北京、上海、天津效率低；山西、辽宁、浙江效率较低；河北、广东、宁夏等省区市效率较高；重庆、江西、四川、广西、黑龙江等省区市效率高。2009年土地资源碳排放效率值在60吨/公顷以上省区市有3个，占比10.00%；效率值在20吨/公顷以下的省区市有18个，占比60.00%；效率值在20—60吨/公顷省区市有9个，占比30.00%。整体来看土地资源投入碳排放效率中，效率高的地区占比较大。

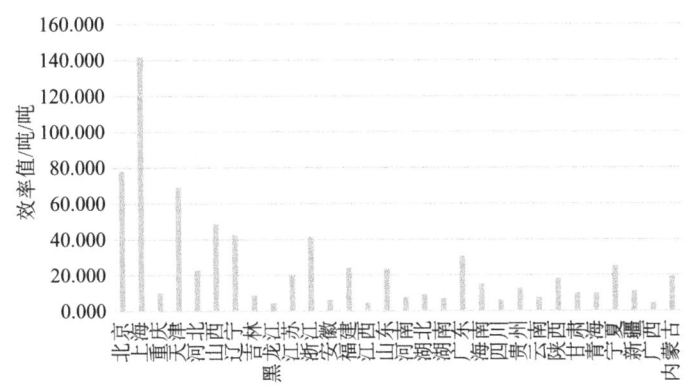

图3-10　2009年中国土地资源投入碳排放效率值分布图

如图3-11所示，2015年土地资源投入碳排放效率空间分布情况为：北京、上海、天津、山西效率低；宁夏、辽宁、浙江等省区市效率较低；陕西、山东、广东、江苏等省区市效率较高；黑龙江、重庆、云南、四川、吉林等省区市效率高。2015年，土地资源投入碳排放效率值在60吨/公顷以上的省区市有4个，占比13.33%，比2009年增加3.33%；效率值在20吨/公顷以下的省区市有14个，占比46.67%，比2009年减少13.33%；效率值在20—60吨/公顷的省区市有12个，占比40.00%，比2009年增加10.00%。整体来看，中国土地资源投入碳排放效率低的省区市占比较小，但相较于2009年都略有增加，效率高的省区市占比虽高却呈下降趋势。

如图3-12所示，2019年土地资源投入碳排放效率空间分布情况为：北京、上海、天津、山西、宁夏效率低；辽宁、浙江、福建等省区市效率较低；陕西、山东、广东、江苏等省区市效率较高；四川、河南、云南、

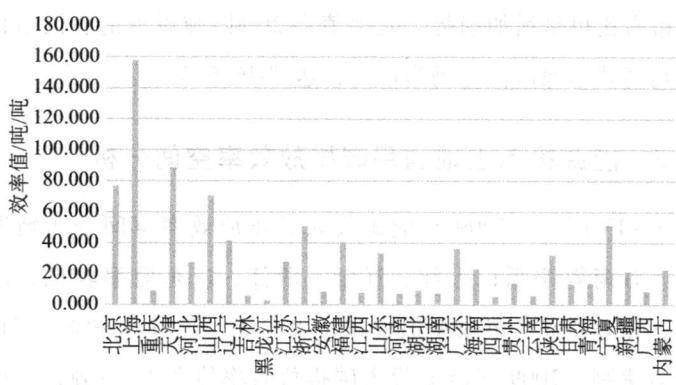

图 3-11 2015 年中国土地资源投入碳排放效率值分布图

黑龙江等省区市效率高。2019 年土地资源投入碳排放效率值在 60 吨/公顷以上的省区市有 5 个，占比 16.66%，比 2015 年增加 3.33%；效率值在 20 吨/公顷以下的省区市有 14 个，占比 46.67%，占比和 2015 年相同；效率值在 20—60 吨/公顷的省区市有 11 个，占比 36.67%，比 2015 年减少 3.33%。整体来看，2019 年较 2015 年土地资源投入碳排放效率低的地区比重略有增加，主要是部分中等效率地区效率下降所致，效率高的省区市占比保持不变。

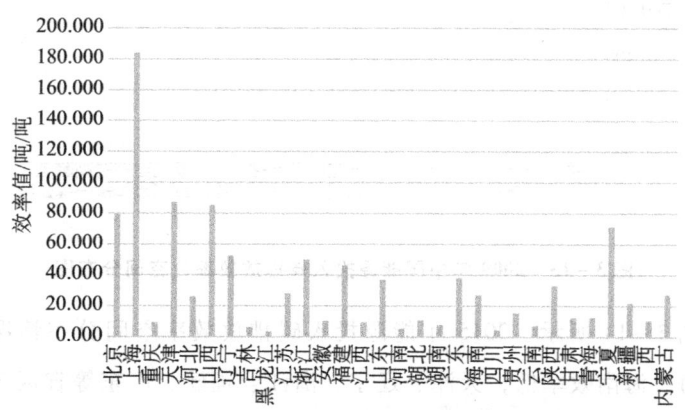

图 3-12 2019 年中国土地资源投入碳排放效率值分布图

综上所述，2009—2019 年土地资源投入碳排放效率空间分布变化不稳定，效率值在 60 吨/吨以上的省区市占比不断增加，效率值在 20—60 吨/

吨的省区市占比也呈增加趋势,效率值在 20 吨/吨以下的省区市比重逐渐减少,但是高效率地区占比仍为最高,达到 46.67%。

3.4.5 能源投入土地利用碳排放效率空间分析

如图 3-13 所示,2009 年能源投入碳排放效率空间分布情况为:北京、上海、海南效率低;天津、辽宁、浙江、广东效率较低;河北、山西、江苏、甘肃等省区市效率值较高;黑龙江、四川、青海、广西、江西等省区市效率高。2009 年能源投入碳排放效率值在 1 吨/吨以上的省区市有 3 个,占比 10.00%;效率值在 0.6 吨/吨以下的省区市有 15 个占比 50.00%;效率值在 0.6—1 吨/吨的省区市有 12 个,占比 40.00%。整体来看,能源投入碳排放效率高的省区市占比较高,达到 50%,随着效率的增强,所属省区市数目占比逐渐增大,中国能源投入碳排放效率空间各层次效率分布较集中,呈现自西向东递减趋势。

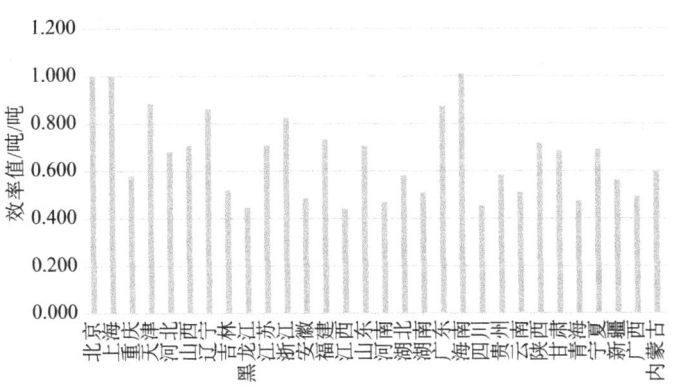

图 3-13　2009 年中国能源投入碳排放效率值空间分布图

如图 3-14 所示,2015 年能源投入碳排放效率空间分布情况为:北京、上海、海南效率低;天津、辽宁、浙江、福建、广东等省区市效率较低;河北、山西、陕西、甘肃等省区市效率值较高;黑龙江、四川、吉林、云南、河南等省区市效率高。2015 年能源投入碳排放效率值在 1 吨/吨以上的省区市有 3 个,占比 10.00%,和 2009 年占比相同;效率值在

0.6 吨/吨以下的省区市有 12 个，占比 40.00%，比 2009 年占比减少 10.00%；效率值在 0.6—1 吨/吨的省区市有 15 个，占比 50.00%，比 2009 年增加 10.00%。能源投入碳排放效率随着效率的增强，地区占比逐渐增大，部分效率高的地区出现效率下降现象，中国能源投入碳排放效率整体仍然呈现自西向东递减趋势。

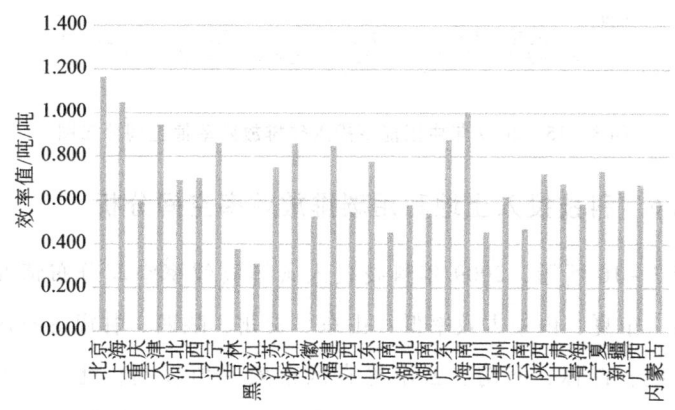

图 3-14　2015 年中国能源投入碳排放效率值空间分布图

如图 3-15 所示，2019 年能源投入碳排放效率空间分布情况为：北京、上海、海南效率低；天津、辽宁、浙江、福建等省区市效率较低；河北、湖北、贵州、甘肃等省区市效率值较高；吉林、黑龙江、四川、河南等省区市效率高。2019 年能源投入碳排放效率值在 1 吨/吨以上的省区市有 3 个，占比 10.00%，和 2015 年占比相同；效率值在 0.6 吨/吨以下的省区市有 9 个，占比 30.00%，比 2015 年占比减少 10.00%；效率值在 0.6—1 吨/吨的省区市有 18 个，占比 60.00%，比 2015 年增加 10.00%。整体来看能源投入碳排放效率相较于 2015 年有所降低，高效率和低效率地区占比均较少，效率呈现自西向东递减趋势。

综上所述，2009—2019 年能源投入碳排放效率值在 1 吨/吨以上的省区市占比维持稳定，效率值在 0.6—1 吨/吨的省区市占比不断增加，效率值在 0.6 吨/吨以下的省区市占比不断减少，能源投入碳排放效率不断降低，空间分布上呈现自西向东递减趋势。

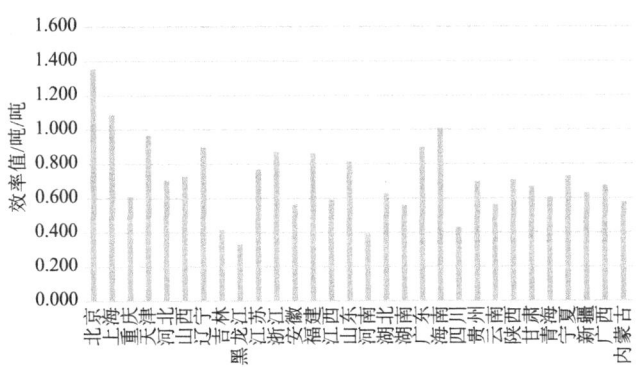

图 3-15 2019 年中国能源投入碳排放效率值空间分布图

3.4.6 科技投入土地利用碳排放效率空间分析

如图 3-16 所示，2009 年科技投入碳排放效率空间分布情况为：河北、山西、宁夏、内蒙古效率低；山东、贵州、陕西、甘肃等省区市效率较低；重庆、吉林、海南、云南等省区市效率值较高；北京、上海、浙江、广东等省区市效率高。2009 年科技投入碳排放效率值在 600 吨/万元以上的省区市有 4 个，占比 13.33%；效率值在 200 吨/万元以下的省区市有 9 个，占比 30.00%；效率值在 200—600 吨/万元的省区市有 17 个，占比 56.67%。整体来看，科技投入碳排放效率中等的占比较大，在空间分布上，发达地区和生态环境较好地区效率较高，中国科技投入的碳排放效率呈现自南向北递减趋势。

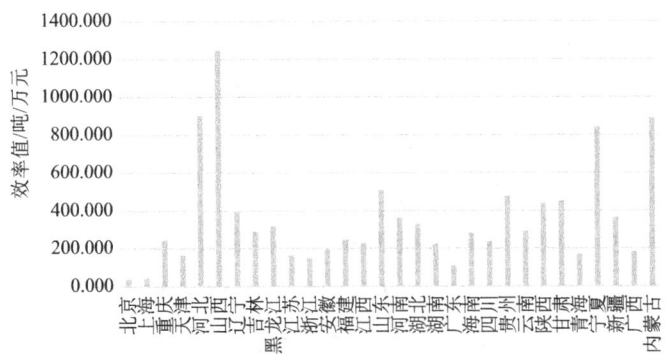

图 3-16 2009 年中国科技投入碳排放效率值分布图

如图 3-17 所示，2015 年科技投入碳排放效率空间分布情况为：河北、山西、内蒙古效率低；宁夏效率较低；辽宁、山东、新疆、陕西等省区市效率值较高；北京、上海、浙江、广东等省区市效率高。2015 年科技投入碳排放效率值在 600 吨/万元以上的省区市有 3 个，占比 10.00%；比 2009 年减少 3.33%；效率值在 200 吨/万元以下的省区市有 20 个，占比 66.67%，比 2009 年增加 36.67%；效率值在 200—600 吨/万元的省区市有 7 个，占比 23.33%，比 2009 年减少 33.34%。整体来看，科技投入碳排放效率高的地区占比大，相较于 2009 年整体效率上升，科技投入碳排放效率在空间分布上仍然呈现自南向北递减趋势。

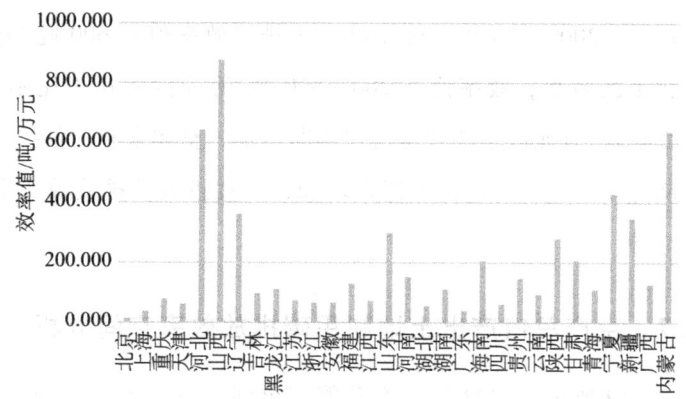

图 3-17　2015 年中国科技投入碳排放效率值分布图

如图 3-18 所示，2019 年科技投入碳排放效率空间分布情况为：山西、内蒙古效率低；辽宁、新疆效率较低；河北、陕西、宁夏等省区市效率值较高；北京、上海、浙江、安徽、江西等省区市效率高。2019 年科技投入碳排放效率值在 600 吨/万元以上的省区市有 2 个，占比 6.67%；比 2015 年减少 3.33%；效率值在 200 吨/万元以下的省区市有 22 个，占比 73.33%，比 2015 年增加 6.66%；效率值在 200—600 吨/万元的省区市有 6 个，占比 20.00%，比 2015 年减少 3.33%。整体来看，科技投入碳排放效率高的地区占比最大，达到 73.33%，大多数地区碳排放效率不断提升，在空间分布上自南向北效率递减。

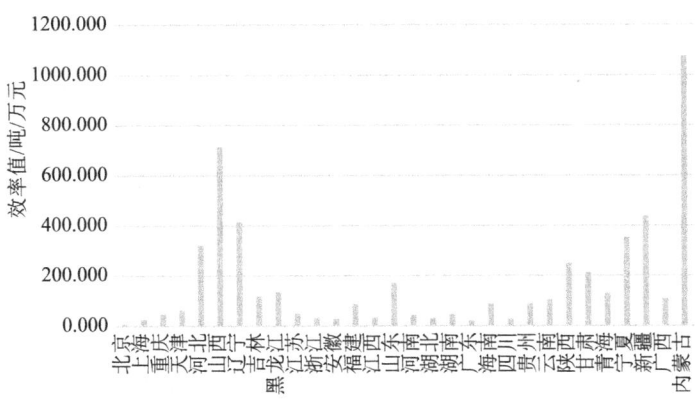

图 3-18 2019 年中国科技投入碳排放效率值空间分布图

综上所述，2009—2019 年科技投入碳排放效率值在 600 吨/万元以上的省份占比不断减少，效率值在 200—600 吨/万元的省份占比不断减少，效率值在 200 吨/万元以下的省份占比不断增加，整体来看，科技投入碳排放效率空间分布上效率高的比重逐渐增加，科技投入碳排放效率呈现南向北递减的趋势。

3.4.7 生产总值产出土地利用碳排放效率空间分析

如图 3-19 所示，2009 年生产总值产出碳排放效率空间分布情况为：山西、宁夏、内蒙古、贵州效率低；河北、山东、陕西、新疆等省区市效率较低；天津、浙江、安徽、河南等省区市效率值较高；北京、江西、广西、四川等省区市效率高。2009 年生产总值产出碳排放效率值在 1.5 吨/万元以上的省区市有 5 个，占比 16.67%；效率值在 0.5 吨/万元以下的省区市有 5 个，占比 16.67%；效率值在 0.5—1.5 吨/万元的省区市有 20 个，占比 66.66%。整体来看，生产总值产出碳排放效率中等的空间分布较大，空间分布整体呈现南向北递减趋势。

如图 3-20 所示，2015 年生产总值产出碳排放效率空间分布情况为：山西、宁夏、内蒙古、新疆效率低；河北效率较低；山东、贵州、陕西、甘肃等省区市效率值较高；北京、上海、重庆、四川等省区市效率高。

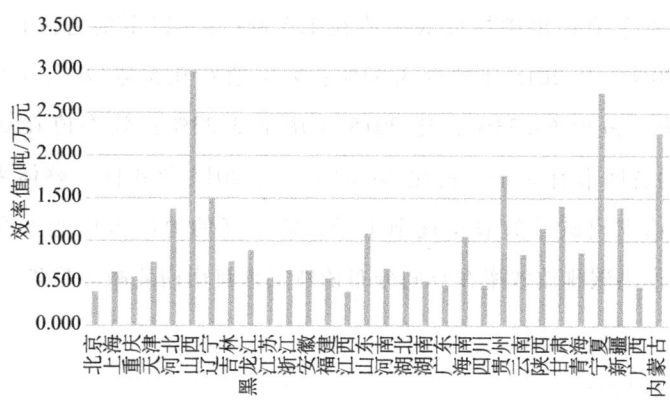

图 3-19　2009 年中国生产总值产出碳排放效率值空间分布图

2015 年生产总值产出碳排放效率值在 1.5 吨/万元以上的省区市有 4 个，占比 13.33%；比 2009 年减少 3.34%；效率值在 0.5 吨/万元以下的省区市有 18 个，占比 60.00%，比 2009 年增加 43.33%；效率值在 0.5—1.5 吨/万元的省区市有 8 个，占比 26.67%，比 2009 年减少 39.99%。整体来看，中国生产总值产出碳排放效率空间分布效率高的地区数量占比加大，空间分布上大体呈现自南向北效率减弱趋势。

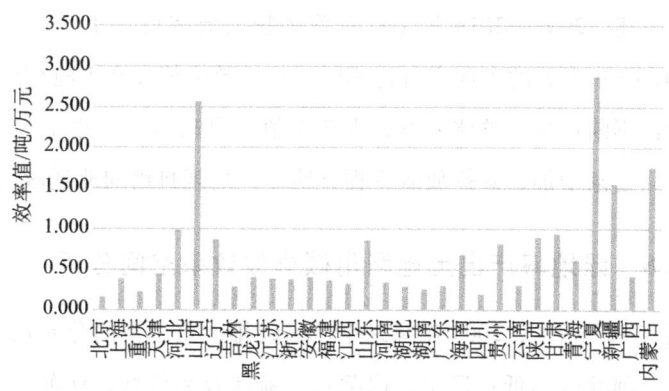

图 3-20　2015 年中国生产总值产出碳排放效率值空间分布图

如图 3-21 所示，2019 年生产总值产出碳排放效率空间分布情况为：山西、宁夏、内蒙古效率低；辽宁、新疆效率较低；河北、山东、陕西、宁夏等省区市效率值较高；北京、上海、浙江、四川等省区市效率高。

2019年生产总值产出碳排放效率值在1.5吨/万元以上的省区市有3个，占比10.00%；比2015年减少3.33%；效率值在0.5吨/万元以下的省区市有19个，占比63.33%，比2015年增加3.33%；效率值在0.5—1.5吨/万元的省区市有8个，占比26.67%，与2015年相同。整体来看，中国生产总值产出碳排放效率逐渐上升，效率高的地区占比达到63.33%，生产总值产出碳排放效率在空间分布依然呈现自南向北减弱趋势。

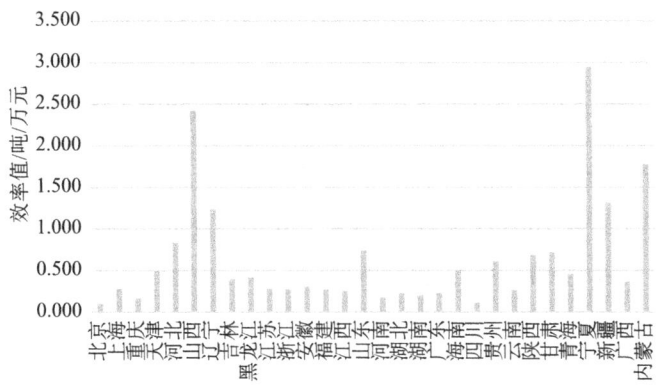

图3-21　2019年中国生产总值产出碳排放效率值空间分布图

综上所述，2009—2019年生产总值碳排放效率值在1.5吨/万元以上和0.5—1.5吨/万元的省区市占比不断减少，效率值在0.5吨/万元以下的省区市占比不断增加，整体来看，生产总值产出碳排放效率空间分布上效率高的空间逐渐增加，碳排放效率提升明显，呈现自南向北递减的趋势。

3.4.8　绿地率产出土地利用碳排放效率空间分析

如图3-22所示，2009年绿地率产出碳排放效率空间分布情况为：山西、山东、河北效率低；辽宁、内蒙古、浙江效率较低；江苏、河南、湖北、陕西等省区市效率值较高；北京、上海、海南、青海、广西等省区市效率高。2009年绿地率产出碳排放效率值在6000000百吨/%以上的省区市有4个，占比13.33%；效率值在2000000百吨/%以下的省区市有18个，占比60.00%；效率值在2000000—6000000百吨/%的省区市有8个，占比26.67%。整体来看，绿地率产出碳排放效率高的省区市占比最大，西南地区和直辖市效率较高，北方地区省区市多数效率低，中国绿地率产出碳排放效率空间上各层级效率分布较集中，绿地率生产碳排放效率整体基本呈现由西向东递减趋势。

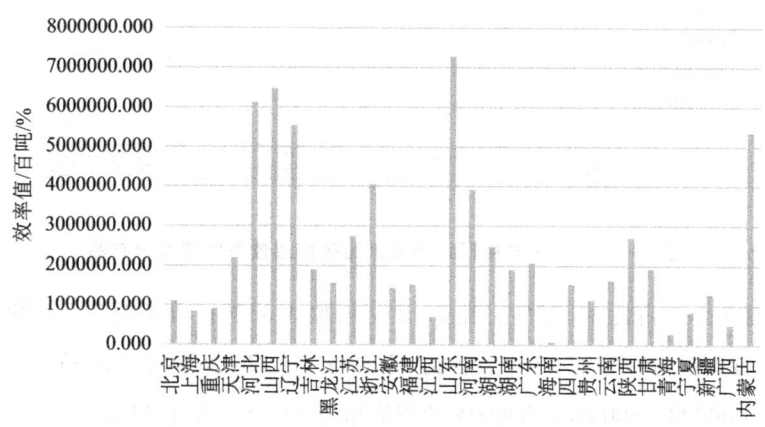

图 3-22　2009 年中国绿地率产出碳排放效率值空间分布图

如图 3-23 所示，2015 年绿地率产出碳排放效率空间分布情况为：山西、山东、河北效率低；辽宁、内蒙古、江苏效率较低；河南、浙江、陕西等省区市效率值较高；北京、上海、海南、青海、广西等省区市效率高。2015 年绿地率产出碳排放效率值在 6000000 百吨/% 以上的省区市有 3 个，占比 10.00%；比 2009 年减少 3.33%；效率值在 2000000 百吨/% 以下的省区市有 14 个，占比 46.67%，比 2009 年减少 13.33%；效率值在 2000000—6000000 百吨/% 的省区市有 13 个，占比 43.33%，比 2009 年增加 16.66%。整体来看，中国绿地率产出碳排放效率高的省区市占比最大，中等碳排放效率地区分布空间扩大，空间分布大体呈现自西向东减弱趋势。

如图 3-24 所示，2019 年绿地率产出碳排放效率空间分布情况为：山西、辽宁、河北、山东效率低；内蒙古、江苏等省区市效率较低；广东、浙江、新疆等省区市效率值较高；北京、上海、海南、青海、吉林等省区市效率高。2019 年绿地率产出碳排放效率值在 6000000 百吨/% 以上的省

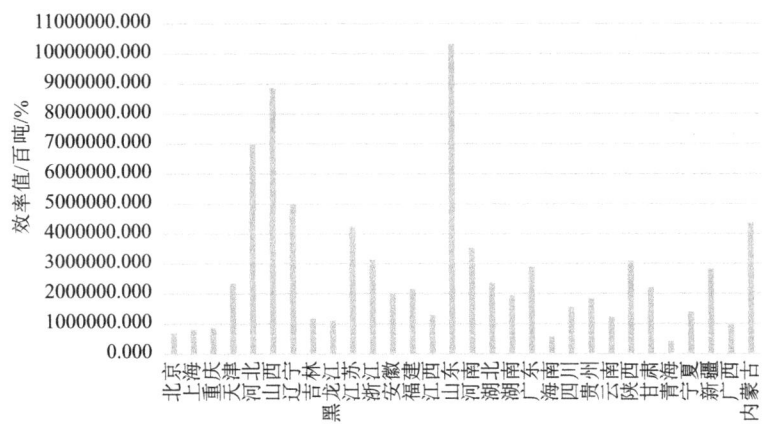

图 3-23　2015 年中国绿地率产出碳排放效率值空间分布图

区市有 4 个，占比 13.33%，比 2015 年增加 3.33%；效率值在 2000000 百吨/% 以下的省区市有 13 个，占比 43.33%，比 2015 年减少 3.33%；效率值在 2000000—6000000 百吨/% 的省区市有 13 个，占比 43.33%，和 2015 年相同。整体来看，绿地率产出碳排放效率高的省区市占比仍然较大，但是少数地区碳排放效率下降，大约为自西向东递减趋势。

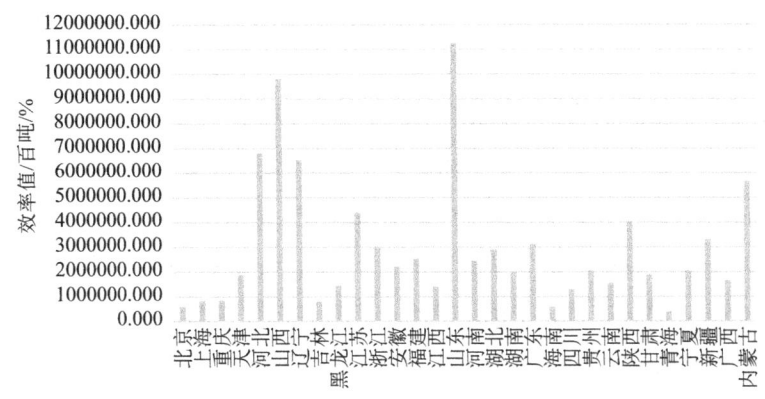

图 3-24　2019 年中国绿地率产出碳排放效率值空间分布图

综上所述，2009—2019 年绿地率产出碳排放效率率值在 6000000 百吨/% 以上的省区市占比不变，效率值在 2000000—6000000 百吨/% 的省区市占比不断增加，效率值在 2000000 百吨/% 以下的省区市占比不断减少，少数地区绿地率产出碳排放效率有所下降，大体呈现自西向东递减趋势。

通过对各要素土地利用碳排放效率空间分布情况分析，可以看出不同地区各要素空间分布变化存在差异，在碳排放效率等级分布上大部分要素都随着时间的推进，空间分布更加聚集。通过对比 2009 年、2015 年、2019 年各要素在各层级的数据，可以看出低效率地区分布较少，高效率地区占比较多，高层次效率地区占比呈现扩大趋势。综上所述，中国单要素土地利用碳排放效率情况进一步好转，但是各层级效率的地区数目不稳定，碳排放效率提升速度较慢，也有部分地区单要素碳排放效率向低效率转化，低效率的空间占比不稳定甚至有少数存在扩大的问题，土地利用碳排放效率还有待进一步提升。

3.5 本章小结

本章选取人力投入、用水投入、资金投入、土地资源投入、能源投入、科技投入、生产总值产出、绿地率产出 8 个投入产出指标，将土地利用净碳排放量作为非期望产出，在单要素视角下计算中国的土地利用碳排放效率值，从时间和空间两个角度客观分析中国及各省区市的土地利用碳排放效率变化情况。具体研究结果如下。

（1）从全国（西藏、港澳台除外）土地利用单要素碳排放效率来看，人力、用水、土地资源和能源投入，以及绿地率产出碳排放效率值呈现稳中有升趋势，碳排放效率不断降低；资金、科技投入和生产总值产出碳排放效率值呈现下降趋势，碳排放效率不断增强。

（2）从 30 个省区市单要素视角下土地利用碳排放效率时间序列来看，2009—2019 年各单要素土地利用碳排放效率存在明显的时间变化趋势差异。

人力投入碳排放效率情况为：北京市、上海市、重庆市、天津市、吉林省、黑龙江省、河南省、四川省整体呈现增强态势，剩余省区市则有所降低；用水投入碳排放效率情况为：吉林省、黑龙江省、河南省、四川省呈现上升趋势，剩余省区市整体呈现下降趋势；资金投入碳排放效率情况为：除天津市、辽宁省为下降状态外，其余省区市则效率增强；土地资源投入碳排放效率情况为：重庆市、吉林省、黑龙江省、四川省、云南省总体呈现上升趋势，其余北京市、上海市等省区市出现下降趋势；能源投入碳排放效率情况为：吉林省、黑龙江省、河南省、海南省、四川省、陕西省、甘肃省、内蒙古自治区效率有所增强，其余浙江省、安徽省、江西省等省区市呈现下降趋势；科技投入碳排放效率情况为：除辽宁省、新疆维吾尔自治区、内蒙古自治区效率下降外，其余省区市总体呈上升态势；生产总值产出碳排放效率情况为：除宁夏外其他省区市都整体呈现上升趋势；绿地率产出碳排放效率情况为：北京市、重庆市、天津市、吉林省、黑龙江省、浙江省、河南省、四川省、云南省、甘肃省呈现上升趋势，其余重庆市、安徽省等省区市效率均有所降低。

（3）从30个省区市单要素视角下的土地利用碳排放效率空间分布来看，各要素空间变化趋势存在差异。人力投入碳排放效率高的省份占比最大，在空间分布上呈现自南向北递减趋势；用水投入碳排放效率空间分布中高效率地区分布最广，但是相比2009年少数地区用水投入碳排放效率有所降低；从2009—2019年的资金投入碳排放效率空间分布来看，整体效率有所提升，高效率地区占比上升至76.67%，中国资金投入碳排放效率除山西、宁夏、内蒙古资源型地区较低外，其余均呈现出较好的趋势；土地资源投入碳排放效率空间分布变化不稳定，高效率地区占比最高达到46.67%，但是相较于2009年仍有所减少；能源投入碳排放效率值在0.6—1吨/吨和0.6吨/吨以下的省区市占比不断减少，能源投入碳排放效率不断降低，空间分布上呈现自西向东递减趋势；2009—2019年科技投入碳排放效率空间分布上效率高的比重逐渐增加，发展态势良好，科技投入碳排放效率由南向北递减；生产总值碳排放效率空间分布上效率高的空间逐渐增加，碳排放效率提升明显，呈现自南向北递减的趋势；2009—2019年绿地率产出碳排放效率率值在2000000—6000000百吨/%和2000000百吨/%以下的省区市占比最大，少数地区绿地率产出碳排放效率有所下降，大体呈现自西向东递减趋势。总体来看，各个单要素土地利用碳排放效率高的地区较多，高层次效率地区占比呈现扩大趋势，中国单要素土地利用碳排放效率情况进一步好转，但是碳排放效率提高速度较慢，也存在部分要素高效率区域向低效率转化，土地利用碳排放效率还有待进一步提升。

第4章 全要素视角下中国土地利用碳排放效率测算及时空特征分析

4.1 全要素视角下土地利用碳排放效率测算方法

单要素土地利用碳排放效率仅仅反映了土地利用碳排放与要素投入之间的关系,未能将研究中包含的经济、资源和环境三者要素纳入统一的研究框架。全要素碳排放效率又叫作碳排放综合效率,即在单要素碳排放效率的研究基础上,一个国家或地区经济发展、技术进步、土地利用等多方面对生态环境作用的综合反映。首先,参考国内外已有成果和研究方法[131],结合本章研究目的和模型的可操作性,选取改进DEA模型来计算全要素视角下中国土地利用碳排放效率。DEA是基于多投入、多产出指标体系的分析方法[132],原理是利用帕累托最优,期望达到最优效率,按规模报酬是否可变分为CCR和BCC两种基本模型,本章考虑到土地利用效率投入产出指标不断变化,选取SBM模型进行碳排放静态效率测算。其次,通过Malmquist指数,全局参比测算碳排放技术进步效率和技术效率,运用两类模型分别用于样本有效性的静态和动态效率值分析[133,131]。

传统的DEA模型以CCR和BCC模型为代表,CCR模型是在固定规模报酬不变(CRS)下生产,而BCC模型是考虑到规模报酬变动(VRS),二者都是基于径向角度对决策单元的效率进行评价,要求在投入尽可能少的情况下产出尽量增多。DEA模型在估计效率时可采用投入导向、产出导向、非导向三种测量方法,其中投入导向模型是指从投入的角度,在期望

第 4 章　全要素视角下中国土地利用碳排放效率测算及时空特征分析

产出不减少下通过减少投入测算无效率的状况；而产出导向模型则是指从产出的角度，在保持投入不变的情况下衡量产出的增加程度；非导向模型是同时考虑投入和产出两方面对无效率的状况进行测量。显然，任何产业在生产过程中资本、劳动力、能源的投入除了有益产出之外，同时还伴随着废水、废气等非期望产出。传统 DEA 方法并未考虑投入、产出松弛变量问题，也会出现非期望产出随着期望产出同步增加的问题，进一步制约了效率测度的精准性。Tone 于 2001 年提出了超效率 DEA 模型（Slacks - Based Measure，SBM）[135]，其优点不但解决了径向模型在效率评价的过程中对于松弛变量的忽视问题，而且考虑了生产过程中非期望产出以及有效效率的比较问题。因其计算结果更加符合实际情况，被学者们广泛应用于生态、能源等多方面效率的测算。因此，基于前人的研究和改进，本章采取基于非导向的规模报酬不变的非期望产出超效率 SBM 模型来测算中国各省区市的土地利用碳排放静态效率。具体计算方法如下。

4.1.1　静态效率测度方法

为分析我国 2009—2019 年具体的土地利用碳排放效率值，基于已构建的土地利用碳排放效率指标体系，通过非期望产出的超效率 SBM 模型对全国 30 个省区市的土地利用碳排放的静态效率进行测度和分析研究。基于 DEA 构建的 SBM 模型克服了传统 DEA 在决策单元（DMU）存在过度投入或不足产出，以及误差较大的评估决策单元效率值的缺点，另外将非期望产出纳入模型，不计投资规模，期望得出最少的非期望产出和更多的期望产出，更加客观评估含有非期望产出的土地利用碳排放效率。本章 DEA - 非期望产出的超效率 SBM 模型将人力、用水、资金、土地资源、能源、科技作为投入指标，生产总值、绿地率作为期望产出，净碳排放量作为非期望产出，构建了土地利用碳排放效率超效率 SBM 模型[135-138]，具体为：

设定 n 个决策单元，包含投入、期望产出、非期望产出三要素，分别表示为 $x \in R^M$，$Y^g \in R^{S_1}$，$Y^b \in R^{S_2}$，定义矩阵：$X = [x_1, \cdots, x_n] \in R^{M*n}$，$Y^g = [y_1, \cdots, y_n] \in R^{S_1*n}$，$Y^b = [y_1, \cdots, y_n] \in R^{S_2*n}$。

假设 $x>0$，$Y^g>0$，$Y^b>0$，将生产可能集 P 定义为：$P=\{(x,Y^g,Y^b)x \geqslant x\lambda, Y^g \leqslant Y^g\lambda, Y^b \geqslant Y^b\lambda, \lambda \geqslant 0\}$，其中 $\lambda \in R^n$，则含有非期望产出的 SBM 模型评估 $DMU(x,Y^g,Y^b)$ 的效率值 ρ^* 为：

$$= \min \frac{1+\frac{1}{m}\sum_{i=1}^{m}\frac{s_i^-}{x_{i0}}}{1-\frac{1}{s_1+s_2}\left(\sum_{r=1}^{s_1}\frac{s_r^g}{y_{r0}^g}+\sum_{r=1}^{s_2}\frac{s_r^b}{y_{r0}^b}\right)} \rho^* \quad (4-1)$$

S. t. $x_0 \geqslant x\lambda - s^-$

$y_0^g \leqslant y^g\lambda + s^-$

$$1-\frac{1}{\frac{1}{s_1+s_2}}\left(\sum_{r=1}^{s_1}\frac{s_r^g}{y_{r0}^g}+\sum_{r=1}^{s_2}\frac{s_r^b}{y_{r0}^b}\right) > 0 \quad (4-2)$$

$s^- \geqslant 0, s^g \geqslant 0, \lambda \geqslant 0, \forall_i, r$

公式中，超效率 SBM 模型的效率值 $\rho \geqslant 1$，表明 DMU 有效率，$\rho<1$，表明 DMU 无效率，可以进一步改进。上述公式增加约束条件 $\sum_{j=1}^{n}\lambda_i=1$，满足规模报酬可变。其中，$s^- \in R^M$、$s^b \in R^{S_2}$ 表示投入和非期望产出冗余，$s^g \in R_1^S$ 表示期望产出不足，m、s_1、s_2 表示投入、期望产出、非期望产出变量个数。

4.1.2 DEA-Malmquist 指数模型

在土地利用碳排放静态效率的基础上，进一步分析我国各省区市土地利用碳排放的动态效率变化，采用目前应用比较广泛且权威的 Malmquist 模型，来测算和分析全国 30 个省区市的土地利用碳排放的动态效率，通过分析全国及各省区市的综合效率、规模效率和技术效率相邻年份的变化情况，来探究该研究区间内中国土地利用碳排放效率的变化特征。Malmquist 指数模型能够测算时间序列的动态效率，同时将指数分解成技术效率变化指数（EC）和技术进步指数（TC），而技术效率又可以分解为规模效率指数和纯技术效率指数，其数值大小为二者的乘积。具体来讲，纯技术（PEC）效率是管理和技术等因素影响的生产效率，从技术经济的角度，反映是否在现有科技水平上得到了最大化产出。规模效率（SEC）是由于规模因素影响的生产效率，说明生产规模大小与投入产出的匹配程度。Malmquist 全要素指数是评价和衡量决策单元资源配置等多方面能力的综合效率，指数间的数量关系为 MI = EC × TC，EC = PEC × SEC，指数若大于 1，说明该地区的土地利用碳排放效率呈现增长的趋势，若小于 1，呈现下降的趋势，有较大的提升空间。

借鉴陈艳和等学者关于 Malmquist 指数的分解[139-140]，本章使用含有非期望产出的超效率模型测度的生产效率函数作为距离函数，计算 Malmquist 指数，利用 MaxDEA 软件对土地利用碳排放效率求解，模型构建伴有非期望产出的非导向、规模报酬不变的超效率 Malmquist 指数作出 FGNZ 分解，分解为纯技术效率（PEC）、规模效率（SEC）和技术进步指数（TC），根据分解的 PEC、SEC 指数可以进一步得出技术效率变化指数（EC）。

Malmquist 土地利用碳排放效率模型需要以 t 和 $t+1$ 两个时期的技术 $T(t)$ 和 $T(t+1)$ 为参照[140]。假设存在 n 个决策单元，每个决策单元在 t 期用 x 种投入获得了 y 产出。假设 (x^t, y^t) 为 t 时期的投入产出，(x^{t+1}, y^{t+1}) 为 $t+1$ 时期的投入产出，$D_c^t(x^t, y^t)$、$D_c^{t+1}(x^{t+1}, y^{t+1})$ 为 t 时期和 $t+1$ 时期的产出距离函数，Malmquist 指数表示：

$$\text{MI} = M^{t+1}(x^{t+1}, y^{t+1}, x^t, y^t) = \left[\frac{D^t(x^{t+1}, y^{t+1})}{D^t(x^t, y^t)} \times \frac{D^{t+1}(x^{t+1}, y^{t+1})}{D^{t+1}(x^t, y^t)}\right]^{0.5}$$

(4-3)

其中，MI > 1，表明全生产指数即总效率对上年提升，碳排放效率提高，反之碳排放效率下降，当 MI = 1，表示总效率不变，碳排放效率不变。另外，利用 FGNZ 分解可以分解为技术进步指数、纯技术效率指数变动以及规模效率指数：

$$M^{t+1}(x^{t+1}, y^{t+1}, x^t, y^t) = \frac{D^{t+1}(x^{t+1}, y^{t+1})}{D^t(x^t, y^t)} \left[\frac{D^t(x^t, y^t)}{D^t(x^t, y^t)} \times \frac{D^{t+1}(x^{t+1}, y^{t+1})}{D^{t+1}(x^{t+1}, y^{t+1})}\right]^{0.5}$$

$$\times \frac{D^{t+1}(x^{t+1}, y^{t+1})/D^{t+1}(x^{t+1}, y^{t+1})}{D^t(x^t, y^t)/D^t(x^{t+1}, y^{t+1})} = PEC \times TC \times SEC = TC \times EC \quad (4-4)$$

PEC>1,表示在目前的纯技术水平上,其投入资源的使用使效率增长;SEC>1,表示在目前的规模水平上,其投入资源的使用使效率进步;EC>1,表明技术效率向生产前沿推进,意味着技术效率改善,反之退步;TC>1,表明技术进步更加接近生产前沿,意味着技术进步,反之退步。

4.2 全要素视角下中国土地利用碳排放静态效率结果分析

土地利用碳排放静态效率是指研究对象在某一确定年份的土地活动排放效率值。通过分析全国30个省区市每年静态效率值的时序变化,以及2009年、2015年、2019年全国土地利用碳排放效率的空间分布,来分析比较不同区域土地利用碳排放静态效率差异。本章借鉴相关学者对碳排放静态效率的分析[141-143],运用 MAXDEA 软件,选择非导向、规模报酬不变的非期望产出超效率模型,对2009—2019年全国省区市的土地利用碳排放静态效率进行测算。在国家层面上,本章用每年各省区市的土地利用碳排放静态效率平均值来反映全国土地利用碳排放静态效率的大小。根据学者对碳排放静态效率值等级划分[58][143],将土地利用碳排放静态效率分为三个等级,其中土地利用碳排放效率值大于1的有效省区市为高效率区,碳排放静态效率值位于在(0.5,1)区间的为中效率区,低效率区为碳排放静态效率值为小于0.5的地区,计算结果如表4-1所示。

表4-1 2009—2019年中国各省区市土地利用碳排放静态效率值表

	2009年	2010年	2011年	2012年	2013年	2014年	2015年	2016年	2017年	2018年	2019年
北京	1.206	1.225	1.249	1.251	1.399	1.322	1.480	1.520	1.711	1.659	1.682
上海	1.138	1.143	1.161	1.182	1.289	1.344	1.297	1.274	1.258	1.245	1.288
重庆	1.023	1.026	1.032	1.052	1.086	1.111	1.138	1.133	1.118	1.101	1.112
天津	1.144	1.180	1.146	1.119	1.112	1.120	1.076	1.061	1.132	1.194	1.072
河北	1.059	1.078	1.116	1.079	1.074	1.069	1.086	1.013	1.059	1.031	1.001
山西	0.636	1.028	1.011	0.712	0.459	0.528	0.536	1.004	1.062	1.008	0.633
辽宁	0.187	0.235	0.339	0.403	0.634	0.791	1.083	1.186	1.135	1.143	1.179

续表

	2009年	2010年	2011年	2012年	2013年	2014年	2015年	2016年	2017年	2018年	2019年
吉林	0.328	0.349	1.004	1.024	0.701	1.013	1.034	1.037	1.018	0.518	0.606
黑龙江	0.160	0.117	0.145	0.163	0.440	0.460	0.522	0.450	0.393	0.423	0.487
江苏	1.010	1.020	0.619	1.002	1.006	1.010	1.028	1.041	1.020	1.015	1.019
浙江	1.097	1.063	1.023	0.753	1.003	0.821	1.012	1.005	1.000	0.633	0.538
安徽	0.165	0.158	0.161	0.171	0.335	0.360	0.369	0.263	0.297	0.316	0.273
福建	1.107	1.132	1.101	1.125	1.143	1.088	1.136	1.159	1.147	1.135	1.178
江西	1.063	1.010	1.033	1.027	0.730	0.686	0.603	0.530	0.474	0.463	0.436
山东	1.049	1.018	1.010	1.019	1.019	1.035	1.026	1.057	1.039	0.432	0.381
河南	1.027	1.030	1.019	1.016	1.010	1.036	1.048	1.030	1.000	0.454	0.433
湖北	1.009	1.010	0.311	0.377	0.573	0.475	0.489	0.425	0.398	0.389	0.331
湖南	0.579	0.663	0.569	1.008	1.017	1.042	1.046	1.032	1.005	0.475	0.442
广东	1.057	1.042	1.062	1.093	1.073	1.108	1.021	0.433	0.686	0.393	0.315
海南	1.437	1.428	1.414	1.417	1.247	1.234	1.242	1.228	1.277	1.214	1.083
四川	1.036	1.068	1.084	1.066	1.045	1.021	1.059	1.076	1.107	1.130	1.089
贵州	0.203	0.209	0.219	0.222	0.489	0.475	0.477	0.438	0.404	0.386	0.413
云南	0.146	0.170	0.202	0.269	0.498	0.684	0.732	0.764	0.638	1.024	1.043
陕西	0.332	0.465	0.811	1.044	1.065	1.040	1.001	1.005	0.630	0.598	1.026
甘肃	0.129	0.164	0.183	0.231	0.439	0.433	0.367	0.387	0.373	0.402	0.436
青海	0.381	0.458	0.555	0.422	1.002	1.028	1.098	1.026	1.053	1.091	1.216
宁夏	0.346	0.327	0.338	0.363	1.123	1.132	1.157	1.162	1.173	1.146	1.159
新疆	0.183	0.144	0.159	0.180	0.393	0.385	0.377	0.371	0.372	0.408	0.488
广西	0.708	0.425	0.304	0.224	0.481	0.496	0.649	0.702	0.547	0.537	0.474
内蒙古	1.003	0.195	0.211	0.336	0.521	0.638	0.508	1.050	1.056	1.148	1.152

4.2.1 中国土地利用碳排放静态效率时序分析

如图4-1所示，2009—2019年中国土地利用碳排放静态效率值的时序变化，呈现先下降—上升—再下降的波动变化趋势。其中，2009—2011年我国土地利用碳排放静态效率值从0.732下降至0.720，达到土地利用碳排放的最小值，降幅为1.6%。在2011—2016年，碳排放静态效率值保持稳定提高，从最小值0.720增加到2018年的0.895，增幅达到24.4%。

2016—2019年中国土地利用碳排放静态效率值逐年下降,截至2019年为0.799。总体来看,11年间,我国土地利用碳排放静态效率值分布于0.720—0.895,相较于2009年,2019年的土地利用碳排放静态效率值略有增加。全国土地利用碳排放静态效率值均在1之下,这说明全国各省区市经济发展水平与绿色低碳水平处于失衡状态,仍存在很大的改善空间,该研究阶段中国整体的土地利用碳排放静态效率处于中等水平。

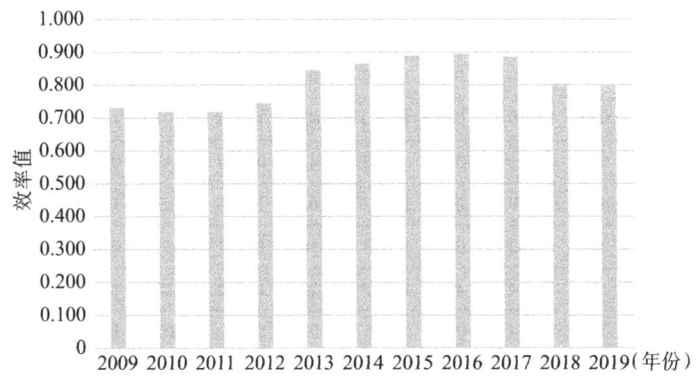

图4-1 2009—2019年中国土地利用碳排放静态效率变化趋势

4.2.2 中国土地利用碳排放静态效率空间分析

我国各省区市的土地利用碳排放静态效率等级占比情况表和空间分布图如表4-2和图4-2所示。

表4-2　　　　　中国土地利用碳排放静态效率等级占比情况表

年份	低效率	中效率	高效率
2009	36.67%	10.00%	53.33%
2015	16.67%	20.00%	63.33%
2019	40.00%	10.00%	50.00%

由表4-2可知,2009年、2015年、2019年全国超过一半的省区市为高效率排放区,土地利用碳排放静态效率值大于1,该研究期内高效率等级占比一直保持在50%以上,最高达到63.33%,先增后减,说明我国多

个省区市的效率值处于有效状态。土地利用碳排放静态效率值分布在（0.5，1）区间的地区占比较少，占比分布在 10.00%—20.00%。土地利用碳排放静态效率处于低效率等级的占比分布在 16.67%—40.00%。在该研究区间内，高效率的空间分布占比最大，中效率空间分布除了 2015 年外，在 2009 年、2019 年空间分布都小于低效率区。2009—2015 年土地利用碳排放静态效率低层级向中效率和高效率层级转化，2015—2019 年高效率和中效率又有 23.33% 向低效率转化。整体来看，全国 30 个省区市处于高效率的占一半以上，说明大部分地区土地利用碳排放效率处于有效状态，但中低效率地区的土地利用碳排放效率有待进一步提升。

如图 4-2 所示，效率值主要分布于（0.129，1.437）区间，碳排放静态效率值差距明显。其中，最大的土地利用碳排放静态效率值出现在海南省，海南省依赖绿色清洁能源的资源优势以及低碳旅游业为主的产业结构，土地利用碳排放效率较高；最小值出现在甘肃省，土地利用碳排放效率值为 0.129。土地利用碳排放静态效率属于低效率排放区的省区市有 11 个，占全国的 36.66%，主要分布在新疆、青海、黑龙江、吉林、辽宁、安徽、云南等地区。土地利用碳排放静态效率是中效率的省区市有 3 个，占比仅有 10.00%，包括山西、湖南、广西 3 个省份，碳排放静态效率值分别为 0.636、0.579、0.708。土地利用碳排放静态效率高的省区市有 16

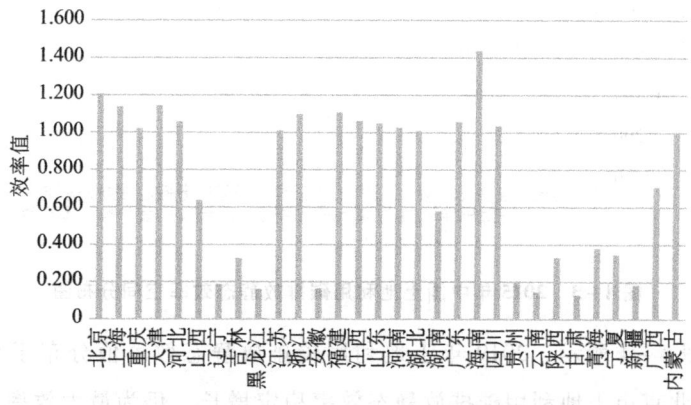

图 4-2　2009 年中国土地利用碳排放静态效率空间分布图

个，占比53.33%，主要分布在山东、浙江、北京、福建、海南等地区。整体来看，土地利用碳排放静态效率在空间分布上具有一定的集聚性，大体呈现自东向西递减的趋势。

如图4-3所示，2015年全国各省区市的土地利用碳排放静态效率值普遍提高，效率值分布于（0.367，1.480），最大值和最小值相较于2009年均有所增加，稳中有升。我国30个省区市的土地利用碳排放静态效率值属于高效率等级的有19个，占比63.33%，较2009年增加了10.00%，高效率的省区市有北京、山东、安徽、上海、江苏、福建、广西、青海、四川等省区市。2015年，我国土地利用碳排放静态效率最大值位于北京市，相比2009年增加了22.7%，效率值大于1。我国30个省区市土地利用碳排放静态效率值属于中效率等级的有6个，占比20.00%，占比较2009年增加了10.00%，中效率的有黑龙江、内蒙古、山西、云南、广西等地区。其余安徽、湖北、贵州、甘肃、新疆五个地区的土地利用碳排放静态效率值属于低效率等级，占比16.67%，比2009年减少了20.00%。整体来看，低效率地区向中效率和高效率等级转化，高效率和中效率分布空间扩大。

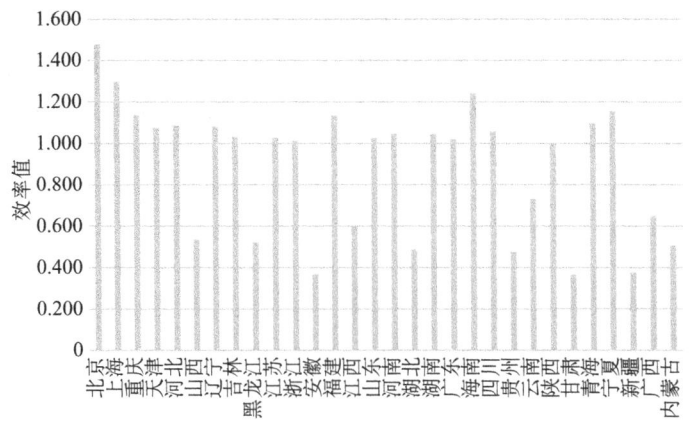

图4-3 2015年中国土地利用碳排放静态效率空间分布图

如图4-4所示，2019年土地利用碳排放静态效率值分布于0.273—1.682，北京市土地利用碳排放静态效率稳定增长，仍为最大效率值地区；最小值处于安徽省，相较于2015年，其土地利用碳排放静态效率下降，一直属于低效率排放等级。我国30个省区市的土地利用碳排放静态效率值属于高效率等级的有15个，占比50.00%，较2015年减少了13.33%，包括北京、河北、辽宁、内蒙古、青海、四川、云南等西北部地区，还有少数发达地区如福建、江苏、上海等。我国土地利用碳排放静态效率值属于中效率的有3个，分别为山西、吉林、浙江省，占比10.00%，较2015年减少了10.00%。其余12个省区市土地利用碳排放静态效率值属于低效率等级，占比40.00%，比2015年增加23.33%，包括安徽、湖北、贵州、新疆、甘肃、黑龙江等省区。

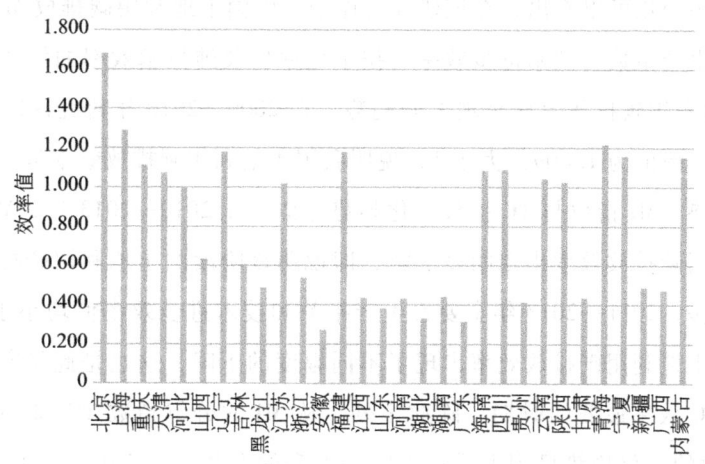

图4-4 2019年中国土地利用碳排放静态效率空间分布图

综上所述，中国土地利用碳排放静态效率高效率空间占比一直最高，中效率和低效率空间占比较小，在碳排放静态效率有效性的保持情况上，2009年、2015年、2019年中国土地利用碳排放静态效率值大于1的省区市有北京、上海、重庆、天津、河北、江苏、福建、海南、四川9个省区市，占全国的30.00%，多属于经济发展较好或产业结构较为合理的地区，土地利用碳排放效率较高。中国土地利用碳排放静态效率值一直小于1的地区有山西、黑龙江、安徽、贵州、甘肃、新疆和广西，大多是资源型地区和经济欠发达地区，产业结构有待优化。中国土地利用碳排放静态效率总体良好，但是各等级效率的空间分布占比不稳定，低效率的空间分布还呈现增加趋势，各省区市的碳排放静态效率值差异明显，碳排放效率发展不协调问题突出。

4.3 全要素视角下中国土地利用碳排放动态效率结果分析

4.3.1 中国土地利用碳排放动态效率时序分析

如表 4-3 所示，结合 2009—2019 年中国土地利用碳排放动态效率值及其时序变化可以看出，在该研究时序中，中国土地利用碳排放 Malmquist 全要素生产指数、技术进步效率、技术效率以及纯技术效率的均值都大于 1，土地利用碳排放效率呈现上升趋势。在 2009—2010 年研究区间内，MI 的平均效率值为 1.009，大于 1，说明我国土地利用碳排放效率呈现稳步增加的趋势。MI 指数与 TC 指数变化趋势相似，在 2010—2013 年，MI 和 TC 土地利用碳排放效率出现明显下降，即说明该阶段的土地利用碳排放效率增长缓慢，2011—2013 年全要素生产指数和技术进步效率值均小于 1，说明我国土地利用碳排放效率出现了不同幅度的下降，这也是此研究时序中 MI 和 TC 效率最低的时期。除此之外，从 MI 的分解指数 TC 和 EC 来看，EC 指数的变化趋势呈现上升—下降—上升的态势，在 2012—2013 年到达最大值，比 2011—2012 年增长了 6.3%。TC 效率值均值是 1.010，EC 的效率均值为 1.008，TC 的效率值普遍比 EC 效率值高，可见我国生产技术的不断进步，构成了土地利用碳排放效率改善的动力，对我国土地利用碳排放效率的提高有促进作用。技术效率 EC 又可以分解成纯技术效率 PEC 和规模效率 SEC，技术效率指数的上升主要来源于纯技术效率的增长。规模效率 SEC 整体呈现先增加后下降的趋势，在 2009—2013 年效率值均保持在 1 以上，2013 年出现下降，规模效率递减且效率值小于 1，11 年来规模效率的平均效率值是 0.996，呈下降趋势，而纯技术效率均值大于 1，对技术效率的提升有促进作用。由此可知，想要提高我国土地利用碳排放效率，加大科学技术投入至关重要，同时关注综合技术的管理水平，促进土地利用碳排放技术效率的提高，合理配置土地利用方式，提高土地利用碳排放效率的综合指数。

表 4 – 3　　2009—2019 年中国土地利用碳排放效率全要素生产率指数表

年份	全要素生产指数（MI）	技术进步效率（TC）	技术效率（EC）	纯技术效率（PEC）	规模效率（SEC）
2009—2010	0.994	1.002	0.989	0.989	1.004
2010—2011	1.023	1.028	0.993	0.985	1.009
2011—2012	0.994	0.996	1.000	0.998	1.003
2012—2013	0.965	0.967	1.063	1.044	1.041
2013—2014	1.018	1.015	1.006	1.008	1.000
2014—2015	1.005	0.991	1.011	1.029	0.984
2015—2016	1.024	1.017	1.026	1.034	0.995
2016—2017	1.030	1.034	1.002	1.034	0.973
2017—2018	1.016	1.035	0.987	1.053	0.958
2018—2019	1.024	1.012	0.999	1.032	0.992
均值	1.009	1.010	1.008	1.021	0.996

4.3.2　各省区市土地利用碳排放动态效率时序分析

4.3.2.1　北京市全要素土地利用碳排放动态效率

由表 4 – 4 可见，在 2009—2019 年，北京市城市碳排放效率生产力指数均值为 1.04，大于 1，说明北京市城市碳排放效率在这十年间整体呈上升的趋势。2010—2011 年、2011—2012 年、2014—2015 年、2015—2016 年、2017—2018 年、2018—2019 年，北京市城市碳排放效率生产力指数均大于 1，其中 2018—2019 年的生产力指数相较于上一年度增长了 25%。而 2009—2010 年、2012—2013 年、2013—2014 年、2016—2017 年这些年份中城市碳排放效率生产力指数均小于 1，但是整体来看北京市土地利用碳排放效率仍然呈上升趋势。根据全要素生产力指数分解情况来看，技术效率的均值为 1.084 大于 1，而技术进步效率的均值为 0.965 小于 1，故

2009—2019 年北京市碳排放效率的提升主要是技术效率在其中起到了促进作用。

表 4-4　2009—2019 年北京市全要素土地利用碳排放动态效率表

年份	MI	TC	EC	PEC	SEC
2009—2010	0.959	0.874	1.097	1.133	0.968
2010—2011	1.102	0.996	1.107	1.142	0.970
2011—2012	1.026	1.024	1.002	1.016	0.987
2012—2013	0.989	0.883	1.121	1.176	0.953
2013—2014	0.965	1.027	0.940	0.995	0.945
2014—2015	1.065	0.926	1.150	1.245	0.923
2015—2016	1.125	1.047	1.075	1.271	0.845
2016—2017	0.914	0.762	1.198	1.367	0.877
2017—2018	1.013	1.052	0.963	1.910	0.504
2018—2019	1.250	1.056	1.184	1.920	0.617
均值	1.041	0.965	1.084	1.317	0.859

4.3.2.2　上海市全要素土地利用碳排放动态效率

根据表 4-5 数据可以看出，在 2009—2019 年，上海市的城市碳排放效率 MI 指数除 2017—2018 年这一阶段外整体呈现出逐年稳定提高的趋势，这也表明在 2009—2019 年这一研究序列中，上海市的经济发展水平与碳排放之间呈良性关系，其中 2018—2019 年碳排放效率生产力指数最高，为 1.137，提高了 13.7%。从分解生产力指数可以看出，在十年间技术进步效率均值为 1.008，而技术效率均值为 1.059，均大于 1，这表明在 2009—2019 年技术进步水平及技术效率整体表现为上升的趋势，二者对上海市城市土地利用碳排放全要素生产力指数的提升均起到了促进作用。

表 4-5　2009—2019 年上海市全要素土地利用碳排放动态效率表

年份	MI	TC	EC	PEC	SEC
2009—2010	1.080	1.099	0.982	0.980	1.002
2010—2011	1.044	1.072	0.974	0.981	0.993

续表

年份	MI	TC	EC	PEC	SEC
2011—2012	1.000	0.971	1.030	1.015	1.015
2012—2013	1.008	0.608	1.658	2.039	0.813
2013—2014	1.052	0.986	1.067	1.089	0.979
2014—2015	1.024	1.120	0.914	0.842	1.085
2015—2016	1.004	0.994	1.010	1.022	0.989
2016—2017	1.084	1.041	1.041	1.072	0.971
2017—2018	0.942	1.130	0.834	0.786	1.061
2018—2019	1.137	1.056	1.077	1.119	0.963
均值	1.037	1.008	1.059	1.095	0.987

4.3.2.3 重庆市全要素土地利用碳排放动态效率

如表4-6所示，2009—2019年重庆市的城市碳排放效率呈现出波动上升的趋势，其中2009—2010年、2011—2012年、2013—2014年、2015—2017年、2018—2019年全要素生产率指数大于1，而2010—2011年、2012—2013年、2014—2015年、2017—2018年MI指数则小于1。从技术进步指数及技术效率指数可以看出，技术进步效率的均值小于1，技术效率均值大于1，可以得出技术效率对十年间的碳排放效率的提高起到了积极作用，表明纯技术效率及规模效率的提高促进了这一时期碳排放效率的提升，即管理水平、技术水平和生产规模的提升对于碳排放效率的提升起到了积极作用。

表4-6　　2009—2019年重庆市全要素土地利用碳排放动态效率表

年份	MI	TC	EC	PEC	SEC
2009—2010	1.065	1.054	1.011	1.001	1.009
2010—2011	0.972	0.955	1.017	0.996	1.022
2011—2012	1.022	0.965	1.060	1.083	0.979
2012—2013	0.955	0.889	1.074	1.031	1.042
2013—2014	1.129	1.058	1.067	1.069	0.998
2014—2015	0.975	0.910	1.072	1.068	1.003

续表

年份	MI	TC	EC	PEC	SEC
2015—2016	1.028	1.045	0.984	0.986	0.999
2016—2017	1.010	1.047	0.964	0.954	1.010
2017—2018	0.997	1.043	0.956	0.950	1.007
2018—2019	1.051	1.010	1.040	1.041	0.999
均值	1.020	0.998	1.025	1.018	1.007

4.3.2.4 天津市全要素土地利用碳排放动态效率

如表4-7所示,在2009—2019年天津市碳排放效率生产力指数均值为1.011,整体呈现上升趋势。具体来看,十年间经历了先降低后上升的变化,其中在2010—2014年碳排放效率呈现出逐年降低的趋势,而在2014—2018年整体呈现上升趋势,其中2017—2018年的MI指数最大,为1.220。进一步分析2009—2019年天津市技术进步及技术效率的变化情况,可以看出这一时期内技术进步表现为上升趋势,平均每年上升3.5%,而技术效率则表现为逐年下降趋势,每年平均下降1.5%,故这一时期碳排放效率的提升主要是受到技术进步效率的影响。

表4-7　2009—2019年天津市全要素土地利用碳排放动态效率表

年份	MI	TC	EC	PEC	SEC
2009—2010	1.051	0.929	1.131	1.289	0.877
2010—2011	0.961	1.083	0.887	0.909	0.976
2011—2012	0.941	1.013	0.930	0.767	1.212
2012—2013	0.951	0.969	0.981	0.978	1.003
2013—2014	0.996	0.980	1.016	0.971	1.047
2014—2015	1.012	1.130	0.896	0.878	1.020
2015—2016	1.050	1.101	0.954	0.938	1.016
2016—2017	1.064	0.892	1.193	1.184	1.007
2017—2018	1.220	1.092	1.117	1.117	1.000
2018—2019	0.863	1.160	0.744	0.895	0.831
均值	1.011	1.035	0.985	0.993	0.999

4.3.2.5 河北省全要素土地利用碳排放动态效率

如表4-8所示，河北省土地利用碳排放效率在2009—2019年整体呈现稳中有增的发展趋势，平均每年有1%的涨幅，其中2010—2011年MI生产力指数最高，达到1.193，上升了19.3%，而2015—2016年土地利用碳排放效率生产力指数最低，仅为0.843，下降了15.7%。同一时期的技术进步效率在2009—2019年呈现出波动上升的趋势，平均每年有3%的提升，而技术效率则在这一时期内平均每年有1.2%的小幅下降，故在这一时期内对土地利用碳排放效率提升起到关键作用的因素是技术进步效率。

表4-8 2009—2019年河北省全要素土地利用碳排放动态效率表

年份	MI	TC	EC	PEC	SEC
2009—2010	1.049	0.987	1.062	1.063	0.999
2010—2011	1.193	1.067	1.117	1.134	0.985
2011—2012	0.850	0.967	0.879	0.908	0.968
2012—2013	1.013	0.982	1.031	1.005	1.026
2013—2014	1.007	1.011	0.995	0.974	1.022
2014—2015	1.102	0.995	1.107	1.113	0.994
2015—2016	0.843	1.180	0.714	0.708	1.009
2016—2017	1.111	0.916	1.212	1.259	0.963
2017—2018	0.917	1.051	0.873	0.852	1.025
2018—2019	1.016	1.140	0.891	0.972	0.917
均值	1.010	1.030	0.988	0.999	0.991

4.3.2.6 山西省全要素土地利用碳排放动态效率

如表4-9所示，2009—2019年山西省土地利用碳排放效率整体呈现出上升的趋势，年均上升1.5%，经历了倒"N"形的"下降—上升—下降"的动态变化趋势，其中2012—2013年的下降幅度最大，较2011—2012年下降了22.3%，而2016—2017年碳排放效率提升最高，提高了15.2%。2009—2019年的技术进步及技术效率均值均大于1，故此二者对山西省土地利用碳排放效率的提升均起到了一定的促进作用，具体分析可以发现技术进步在这一时期内经历了"下降—上升—下降—上升"的

"W"形变化趋势,而同时期的技术效率则是经历了"下降—上升—下降"且与全要素生产率指数完全一致的变化趋势,对提高碳排放效率发挥了更为显著的作用。

表4-9　2009—2019年山西省全要素土地利用碳排放动态效率表

年份	MI	TC	EC	PEC	SEC
2009—2010	1.079	0.982	1.099	1.044	1.053
2010—2011	0.992	1.039	0.954	0.910	1.049
2011—2012	0.930	0.968	0.961	0.961	1.000
2012—2013	0.777	0.917	0.847	0.795	1.066
2013—2014	1.069	1.014	1.055	1.062	0.993
2014—2015	1.149	1.095	1.049	1.054	0.995
2015—2016	1.047	0.967	1.083	1.087	0.996
2016—2017	1.152	0.997	1.155	1.173	0.985
2017—2018	0.962	1.100	0.875	0.859	1.018
2018—2019	0.990	1.016	0.974	0.958	1.017
均值	1.015	1.010	1.005	0.990	1.017

4.3.2.7　辽宁省全要素土地利用碳排放动态效率

根据表4-10可以看出,2009—2019年辽宁省土地利用碳排放效率生产力指数均值为1.058,每年有5%的提升,其中2014—2015年处于最大值1.347,2017—2018年处于最小值0.934。同时期技术进步经历了先升后降的变化过程,综合来看有年均0.2%的降幅,而技术效率在这一时期经历了波动上升的变化过程,年均有8.4%的涨幅。纯技术效率及规模效率均值都大于1,即土地利用碳排放效率的提升得益于纯技术效率及规模效率的提升,说明在2009—2019年辽宁省管理、技术及规模要素的提升促进了土地利用碳排放效率的提升。

表4-10　2009—2019年辽宁省全要素土地利用碳排放动态效率表

年份	MI	TC	EC	PEC	SEC
2009—2010	1.043	1.015	1.028	1.048	0.981

续表

年份	MI	TC	EC	PEC	SEC
2010—2011	1.083	1.036	1.046	1.013	1.032
2011—2012	1.023	1.042	0.982	1.041	0.943
2012—2013	0.998	1.032	0.967	1.002	0.965
2013—2014	1.081	1.013	1.066	0.992	1.075
2014—2015	1.347	1.019	1.323	1.250	1.059
2015—2016	0.846	0.593	1.426	1.476	0.966
2016—2017	1.127	1.355	0.832	0.813	1.024
2017—2018	0.934	0.920	1.016	1.002	1.013
2018—2019	1.103	0.954	1.156	1.158	0.999
均值	1.058	0.998	1.084	1.079	1.006

4.3.2.8 吉林省全要素土地利用碳排放动态效率

如表 4-11 所示，2009—2019 年吉林省土地利用碳排放效率总体呈现波动上升的趋势，其中 2010—2011 年碳排放效率全要素生产率指数最高为 1.149，而 2017—2018 年碳排放效率生产力指数最低为 0.812。同时期技术进步与技术效率均呈现波动上升的发展趋势，其中技术进步的均值为 1.011，而技术效率的均值为 1.002，故二者对这一时期辽宁省的土地利用碳排放效率的提高均有贡献。从技术效率的影响因素可以看出，这一时期内纯技术效率有年均 5.1% 的增长，而规模效率在这一时期则是呈现出逐年下降的发展趋势，因此，技术进步及技术管理水平的提高是导致吉林省土地利用碳排放效率提高的主要因素。

表 4-11　　2009—2019 年吉林省全要素土地利用碳排放动态效率表

年份	MI	TC	EC	PEC	SEC
2009—2010	1.096	1.120	0.978	0.963	1.016
2010—2011	1.149	1.045	1.100	1.087	1.011
2011—2012	1.040	0.978	1.064	1.101	0.967
2012—2013	0.888	0.968	0.917	0.900	1.019
2013—2014	1.064	1.010	1.053	1.053	1.000

续表

年份	MI	TC	EC	PEC	SEC
2014—2015	0.970	0.921	1.053	1.044	1.009
2015—2016	1.074	1.066	1.008	1.028	0.980
2016—2017	0.940	0.988	0.951	0.946	1.005
2017—2018	0.812	1.034	0.785	0.792	0.992
2018—2019	1.087	0.976	1.114	1.599	0.697
均值	1.012	1.011	1.002	1.051	0.970

4.3.2.9 黑龙江省全要素土地利用碳排放动态效率

如表4-12所示，黑龙江省土地利用碳排放效率在2009—2019年波动变化特征显著，碳排放效率提高与降低交替出现，11年间的全要素生产率指数均值为1，2019年的碳排放效率与2009年基本持平。技术进步在2009—2019年经历了"上升—下降—上升—下降"的"M"形变化趋势，整体上每年有1%的降幅，而技术效率在同时期呈现出波动上升的趋势，每年有1.3%的涨幅，说明技术效率的不断提高构成了碳排放效率提升的动力，在一定程度上抵消了技术进步下降对碳排放效率的消极影响。

表4-12　　2009—2019年黑龙江省全要素土地利用碳排放动态效率表

年份	MI	TC	EC	PEC	SEC
2009—2010	0.851	1.015	0.838	0.836	1.002
2010—2011	1.019	1.001	1.017	1.009	1.008
2011—2012	0.990	1.006	0.984	1.003	0.981
2012—2013	1.050	0.900	1.166	1.142	1.021
2013—2014	1.045	0.969	1.079	1.069	1.009
2014—2015	0.980	0.961	1.020	1.016	1.004
2015—2016	0.982	1.015	0.967	0.971	0.996
2016—2017	0.995	1.037	0.960	0.965	0.995
2017—2018	1.091	1.010	1.081	1.077	1.004
2018—2019	0.998	0.984	1.014	1.013	1.001
均值	1.000	0.990	1.013	1.010	1.002

4.3.2.10 江苏省全要素土地利用碳排放动态效率

如表 4-13 所示,江苏省 2009—2019 年土地利用碳排放效率经历了先下降后提升的变化趋势。具体来看,2010—2012 年呈现出下降趋势,其中 2010—2011 年下降较为明显,较上一年度下降了 4.3%,2012—2019 年则呈现出逐年提升的趋势,其中 2016—2017 年全要素生产率指数最高,达到 1.065。总体上江苏省的土地利用碳排放效率呈现出上升的趋势,年均提升 1.7%。根据 MI 分解情况来看,技术进步在这一时期内年均增长率为 1.3%,而技术效率也有年均 0.5% 的增长,因此可以得出结论,在 2009—2019 年江苏省的土地利用碳排放效率主要受到同时期技术进步及技术效率提升的影响。

表 4-13　2009—2019 年江苏省全要素土地利用碳排放动态效率表

年份	MI	TC	EC	PEC	SEC
2009—2010	1.036	1.005	1.031	1.058	0.974
2010—2011	0.957	1.021	0.937	0.944	0.993
2011—2012	0.981	0.972	1.009	1.040	0.970
2012—2013	1.003	0.991	1.013	1.032	0.981
2013—2014	1.019	1.006	1.013	1.021	0.991
2014—2015	1.008	0.955	1.056	1.058	0.998
2015—2016	1.053	1.012	1.041	1.062	0.980
2016—2017	1.065	1.135	0.938	1.013	0.926
2017—2018	1.025	1.041	0.984	1.016	0.968
2018—2019	1.019	0.990	1.029	0.991	1.039
均值	1.017	1.013	1.005	1.023	0.982

4.3.2.11 浙江省全要素土地利用碳排放动态效率

如表 4-14 所示,2009—2019 年浙江省的土地利用碳排放效率呈现出"下降—提升—下降"的倒"N"形变化趋势,年均降幅 2.8%,其中 2009—2010 年的土地利用碳排放效率全要素生产率指数最低,为 0.853,而 2015—2016 年全要素生产率指数最高,为 1.041。进一步分析同期的技术进步及技术效率的变化趋势可知,技术进步呈现波动上升的趋势,年均提升 1.9%,而技术效率则在 2009—2019 年呈现出小幅度的下降趋势,年均降幅 4.5%，因此在 2009—2019 年浙江省土地利用碳排放效率的逐年下降主要是管理、技术及规模因素所致。

表 4-14　2009—2019 年浙江省全要素土地利用碳排放动态效率表

年份	MI	TC	EC	PEC	SEC
2009—2010	0.853	1.010	0.844	0.834	1.012
2010—2011	0.984	1.113	0.883	0.879	1.005
2011—2012	0.904	0.985	0.919	0.985	0.933
2012—2013	0.963	0.940	1.025	1.022	1.002
2013—2014	1.001	1.046	0.958	0.962	0.996
2014—2015	0.986	0.919	1.073	1.130	0.950
2015—2016	1.041	1.065	0.978	1.027	0.952
2016—2017	1.033	1.048	0.986	1.008	0.978
2017—2018	1.017	1.085	0.938	0.994	0.943
2018—2019	0.934	0.983	0.950	0.926	1.025
均值	0.972	1.019	0.955	0.977	0.980

4.3.2.12　安徽省全要素土地利用碳排放动态效率

如表 4-15 所示，2009—2019 年安徽省土地利用全要素生产力率指数年均降幅达到 1.5%，土地利用碳排放效率下降，经历了"上升—下降—上升—下降"的"M"形变动趋势，其中 2010—2011 年、2016—2018 年的土地利用碳排放效率呈现上升趋势，而 2011—2016 年、2018—2019 年则呈现出下降的发展趋势。技术进步在同时期内呈现出波动上升的趋势，有年均 0.4% 的提升，而技术效率在十年间呈现出波动下降的趋势。对技术效率的分解情况进一步分析可得，纯技术效率在十年间有年均 1.4% 的降幅，而规模效率则有年均 0.3% 的降幅，故 2009—2019 年安徽省的土地利用碳排放效率的下降主要是受到技术、管理、规模因素的影响。

表 4-15　2009—2019 年安徽省全要素土地利用碳排放动态效率表

年份	MI	TC	EC	PEC	SEC
2009—2010	0.926	0.945	0.980	0.971	1.009
2010—2011	1.064	1.077	0.988	0.998	0.990

续表

年份	MI	TC	EC	PEC	SEC
2011—2012	0.950	0.966	0.984	0.980	1.004
2012—2013	0.959	0.965	0.994	1.010	0.984
2013—2014	0.960	0.970	0.990	0.994	0.996
2014—2015	0.982	0.971	1.011	0.983	1.029
2015—2016	0.909	1.073	0.847	0.861	0.983
2016—2017	1.067	0.983	1.086	1.143	0.950
2017—2018	1.053	1.056	0.998	0.962	1.037
2018—2019	0.983	1.039	0.946	0.959	0.987
均值	0.985	1.004	0.982	0.986	0.997

4.3.2.13 福建省全要素土地利用碳排放动态效率

如表4-16所示，2009—2019年福建省的土地利用碳排放效率全要素生产率指数均值为1.006，大于1，故在研究时段内碳排放效率整体呈现出上升的趋势，其中MI最低的年份出现在2016—2017年，仅为0.954，较上一年降低了4.5%，而MI指数最高的年份出现在2015—2016年，为1.106，较上一年有10.6%的涨幅。进一步对生产力指数分解情况进行分析可以看出，同时期技术进步呈现出逐年下降的趋势，而技术效率则呈现出逐年上升的趋势，具体来看同一时期的纯技术效率与规模效率均呈现出逐年上升趋势，故此技术、管理水平及规模因素的提升促进了福建省土地利用碳排放效率的提升。

表4-16　2009—2019年福建省全要素土地利用碳排放动态效率表

年份	MI	TC	EC	PEC	SEC
2009—2010	1.031	0.945	1.092	1.070	1.020
2010—2011	0.983	1.079	0.911	0.935	0.974
2011—2012	0.991	0.917	1.080	1.099	0.983
2012—2013	0.975	0.947	1.030	0.995	1.035
2013—2014	0.989	1.118	0.885	0.893	0.991
2014—2015	0.970	0.879	1.104	1.094	1.009

续表

年份	MI	TC	EC	PEC	SEC
2015—2016	1.106	1.009	1.097	1.093	1.003
2016—2017	0.954	0.982	0.972	0.963	1.009
2017—2018	1.022	1.043	0.979	1.028	0.953
2018—2019	1.035	0.914	1.133	1.086	1.043
均值	1.006	0.983	1.028	1.025	1.002

4.3.2.14 江西省全要素土地利用碳排放动态效率

如表4-17所示，根据测算得出2009—2019年江西省土地利用碳排放效率生产力指数均值为0.960，在此期间碳排放效率总体上有所下降。其中2012—2013年的全要素生产率指数降幅最大，较上一年度有16%的降幅，而2010—2011年生产力指数的增幅最大，较上一年度有13.4%的涨幅。技术进步效率在2009—2019年呈现出逐年增长趋势，而技术效率则是有年均5.3%的降幅，可以看到同一时期纯技术效率与技术效率的发展趋势大致相同，而规模效率则呈现小幅上涨趋势。因此，江西省土地利用碳排放效率的下降主要是由管理及技术因素导致的。

表4-17　2009—2019年江西省全要素土地利用碳排放动态效率表

年份	MI	TC	EC	PEC	SEC
2009—2010	0.895	1.036	0.864	0.836	1.033
2010—2011	1.134	1.028	1.103	1.077	1.025
2011—2012	0.898	0.938	0.957	0.993	0.964
2012—2013	0.840	0.977	0.860	0.824	1.043
2013—2014	0.945	0.951	0.994	0.991	1.003
2014—2015	0.913	1.011	0.903	0.907	0.996
2015—2016	0.993	1.039	0.956	0.965	0.990
2016—2017	0.930	0.979	0.950	0.978	0.972
2017—2018	1.021	1.132	0.902	0.914	0.987
2018—2019	1.032	1.053	0.980	0.952	1.030
均值	0.960	1.014	0.947	0.944	1.004

4.3.2.15 山东省全要素土地利用碳排放动态效率

如表 4-18 所示,2009—2019 年,山东省土地利用碳排放效率呈现出波动下降的趋势,年均降幅为 0.4%,其中 2013—2014 年全要素生产率指数最大,为 1.063,2018—2019 年全要素生产率指数最小,为 0.920。同时期技术进步呈现出小幅度的上升趋势,而技术效率则有年均 2% 的下降,进一步对技术效率的分解情况进行分析,可以看出纯技术效率与规模效率均呈现出波动下降的趋势,其中纯技术效率有年均 2.3% 的降幅,而规模效率有年均 0.6% 的降幅,故在 2009—2019 年技术效率的下降主要是同时期纯技术效率及规模效率的下降引起的,受到管理、技术水平及规模因素的制约。

表 4-18　　2009—2019 年山东省全要素土地利用碳排放动态效率表

年份	MI	TC	EC	PEC	SEC
2009—2010	0.955	1.052	0.907	0.940	0.966
2010—2011	1.008	1.031	0.978	0.951	1.028
2011—2012	0.991	0.965	1.027	1.007	1.020
2012—2013	1.004	1.005	0.999	1.033	0.967
2013—2014	1.063	1.012	1.051	0.968	1.085
2014—2015	1.035	1.044	0.991	1.102	0.900
2015—2016	1.024	0.946	1.082	0.992	1.090
2016—2017	1.004	1.061	0.946	0.982	0.963
2017—2018	0.959	1.089	0.880	0.935	0.941
2018—2019	0.920	0.978	0.941	0.962	0.978
均值	0.996	1.018	0.980	0.987	0.994

4.3.2.16 河南省全要素土地利用碳排放动态效率

如表 4-19 所示,2009—2019 年河南省土地利用碳排放效率略有下降,有年均 0.9% 的降幅,其中 2018—2019 年的土地利用碳排放效率 MI 指数与 2009—2010 年基本持平,2013—2014 年全要素生产率指数最高为 1.052,而 2016—2017 年全要素生产率指数最低,仅为 0.904。对全要素生产率指数进行分解可以看出,这一时期内技术进步指数均值为 1.010,大于 1,而同一时期技术效率均值为 0.982,小于 1,即这一阶段内技术效率呈现逐年下降趋势，故可以得出2009—2019年河南省土地利用碳排放技术效率、规模效率偏低导致了土地利用碳排放效率的下降。

表4–19　2009—2019年河南省全要素土地利用碳排放动态效率表

年份	MI	TC	EC	PEC	SEC
2009—2010	0.995	0.988	1.007	0.991	1.016
2010—2011	1.026	1.061	0.967	0.964	1.003
2011—2012	0.964	0.973	0.990	1.012	0.978
2012—2013	0.971	0.987	0.984	1.004	0.980
2013—2014	1.052	0.973	1.081	1.086	0.995
2014—2015	1.041	1.003	1.038	1.089	0.953
2015—2016	0.981	1.015	0.966	0.960	1.007
2016—2017	0.904	1.011	0.895	0.934	0.958
2017—2018	1.034	1.056	0.979	1.024	0.956
2018—2019	0.943	1.037	0.910	1.013	0.898
均值	0.991	1.010	0.982	1.008	0.975

4.3.2.17　湖北省全要素土地利用碳排放动态效率

如表4–20所示，湖北省2009—2019年的土地利用碳排放效率呈现出先下降后上升的趋势，整体土地利用碳排放效率下降。其中2010—2015年碳排放效率生产力指数均小于1，而在2015—2019年碳排放效率生产力指数均大于1，其中2017—2018年达到最大值，为1.052，而2013—2014年全要素生产率指数最低，为0.829。同时期技术进步均值年均变化幅度较小，而技术效率则有年均2.4%的降幅，进一步来看，纯技术效率和规模效率在这一时期均有不同程度的下降。故这一时期河北省土地利用碳排放效率下降在一定程度上是受到技术、管理水平及规模因素的影响。

表4–20　2009—2019年湖北省全要素土地利用碳排放动态效率表

年份	MI	TC	EC	PEC	SEC
2009—2010	1.002	0.997	1.005	1.004	1.000
2010—2011	0.929	1.025	0.907	0.931	0.975

续表

年份	MI	TC	EC	PEC	SEC
2011—2012	0.986	0.989	0.997	1.012	0.985
2012—2013	0.949	0.947	1.002	0.995	1.007
2013—2014	0.829	0.888	0.933	0.908	1.027
2014—2015	0.971	0.956	1.016	1.052	0.966
2015—2016	1.049	1.096	0.958	0.969	0.988
2016—2017	1.024	1.015	1.009	0.967	1.044
2017—2018	1.052	1.093	0.963	1.010	0.953
2018—2019	1.017	1.052	0.967	0.981	0.985
均值	0.981	1.006	0.976	0.983	0.993

4.3.2.18 湖南省全要素土地利用碳排放动态效率

如表 4-21 所示，2009—2019 年湖南省土地利用碳排放效率呈现出下降的趋势，总体来看有年均 1.7% 的降幅，其中 2017—2018 年全要素生产率指数降幅最大，较上一年度有 2.7% 的降幅，而 2015—2016 年则是增幅最大的年份，较上一年有 3% 的涨幅。进一步分析可以看出，技术进步在这一时期内呈现出逐年增长的趋势，而技术效率则有年均 1.9% 的降幅，对技术效率的影响因素进行分析可得，这一时期内纯技术效率及规模效率均呈现出逐年下降趋势，可以得出结论，技术、管理及规模因素是阻碍碳排放效率提升的主要因素。

表 4-21　2009—2019 年湖南省全要素土地利用碳排放动态效率表

年份	MI	TC	EC	PEC	SEC
2009—2010	1.009	1.006	1.003	0.993	1.010
2010—2011	1.010	1.018	0.992	0.994	0.998
2011—2012	1.008	0.971	1.038	1.047	0.991
2012—2013	0.995	0.940	1.059	1.057	1.002
2013—2014	1.025	0.963	1.064	1.056	1.008
2014—2015	1.006	1.007	0.999	0.997	1.002
2015—2016	1.030	1.055	0.976	0.976	1.000

续表

年份	MI	TC	EC	PEC	SEC
2016—2017	0.937	1.031	0.909	0.910	0.998
2017—2018	0.873	1.029	0.849	0.871	0.975
2018—2019	0.940	1.025	0.917	1.008	0.910
均值	0.983	1.004	0.981	0.991	0.989

4.3.2.19　广东省全要素土地利用碳排放动态效率

由表4-22可以看出，广东省2009—2019年土地利用碳排放效率整体稳中有降，其中2013—2014年全要素生产率指数最高，为1.175，而2014—2015年土地利用碳排放效率全要素生产率指数最低，仅为0.788，较上一年度有21.2%的降幅。对全要素生产率指数进行分解可得，技术进步有年均2.4%的增幅，而技术效率则有年均2.7%的降幅，故技术效率的下降是阻碍碳排放效率生产力指数提高的重要因素。对技术效率影响因素进行分析可得，纯技术效率与规模效率在此期间均呈现波动下降的变化趋势，其中纯技术效率有年均0.7%的降幅，而规模效率有年均2.1%的降幅，由此可知技术、管理水平及规模因素的下降是影响广东省土地利用碳排放效率提升的关键因素。

表4-22　　　　2009—2019年广东省全要素土地利用碳排放动态效率表

年份	MI	TC	EC	PEC	SEC
2009—2010	0.970	1.018	0.953	0.970	0.982
2010—2011	1.170	1.100	1.063	0.994	1.070
2011—2012	0.930	0.830	1.120	1.034	1.083
2012—2013	0.950	1.024	0.928	0.960	0.966
2013—2014	1.175	1.045	1.125	1.008	1.116
2014—2015	0.788	1.044	0.755	0.975	0.775
2015—2016	0.964	1.076	0.897	1.004	0.893
2016—2017	1.024	0.980	1.045	0.983	1.063
2017—2018	0.956	1.073	0.891	1.001	0.890
2018—2019	0.998	1.047	0.954	1.006	0.948
均值	0.993	1.024	0.973	0.993	0.979

4.3.2.20 海南省全要素土地利用碳排放动态效率

由表4-23可知，海南省2009—2019年的土地利用碳排放效率经历了"下降—提高—下降"的变化趋势，总体来说有年均5.6%的降幅。同时期的技术进步总体上呈现出波动上升的发展趋势。而技术效率则呈现出逐年下降的发展趋势，有年均13.5%的降幅，由具体分析技术效率的影响因素可以看出，纯技术效率在这一时期与技术效率的变化趋势相同，有年均14%的降幅，而规模效率则呈现出波动上升的发展趋势，可以得出2009—2019年海南省的土地利用碳排放效率的降低主要是技术及管理水平下降引起的。

表4-23 2009—2019年海南省全要素土地利用碳排放动态效率表

年份	MI	TC	EC	PEC	SEC
2009—2010	0.736	0.860	0.856	0.943	0.908
2010—2011	0.962	1.067	0.901	0.892	1.011
2011—2012	0.930	0.934	0.996	0.918	1.085
2012—2013	0.780	2.435	0.320	0.238	1.345
2013—2014	1.040	1.262	0.824	0.893	0.922
2014—2015	1.081	1.148	0.942	0.931	1.012
2015—2016	0.956	0.914	1.046	1.067	0.980
2016—2017	1.227	1.235	0.994	0.983	1.011
2017—2018	0.947	1.065	0.890	0.929	0.958
2018—2019	0.781	0.886	0.882	0.809	1.090
均值	0.944	1.181	0.865	0.860	1.032

4.3.2.21 四川省全要素土地利用碳排放动态效率

如表4-24所示，四川省2009—2019年土地利用碳排放效率呈现出"提升—下降—提升—下降"的"M"形发展趋势，整体上有小幅度的上升，土地利用碳排放效率略有提高。其中2016—2017年的土地利用碳排放Malmquist指数最高，较上一年度有16.4%的涨幅，而2018—2019年最低，较上一年有9.1%的降幅。进一步对全要素生产率指数进行分解可得，技术进步在这一时期呈现出波动下降的趋势，而技术效率在此期间呈现波动上升的趋势，有年均2.1%的涨幅，因此可以认为技术效率、规模效率构成了碳排放效率提升的主要动力，在一定程度上抵消了技术进步下降对碳排放效率的消极影响。

表 4-24　　2009—2019 年四川省全要素土地利用碳排放动态效率表

年份	MI	TC	EC	PEC	SEC
2009—2010	1.060	0.958	1.107	1.090	1.015
2010—2011	1.029	0.976	1.055	1.046	1.009
2011—2012	0.947	1.005	0.943	0.955	0.988
2012—2013	0.977	1.045	0.935	0.958	0.976
2013—2014	0.968	1.044	0.927	0.901	1.029
2014—2015	0.986	0.874	1.129	1.147	0.984
2015—2016	1.027	0.972	1.056	1.072	0.986
2016—2017	1.164	1.051	1.107	1.138	0.973
2017—2018	0.994	0.914	1.088	1.112	0.978
2018—2019	0.909	1.049	0.867	0.828	1.047
均值	1.006	0.989	1.021	1.025	0.998

4.3.2.22　贵州省全要素土地利用碳排放动态效率

如表 4-25 所示，2009—2019 年贵州省土地利用碳排放效率呈现波动下降趋势，年均降幅 1.6%，在 2012—2013 年的碳排放效率生产力指数最高，为 1.042，而 2014—2015 年的碳排放效率生产力指数最低，仅为 0.952。进一步分析碳排放效率生产力指数的影响因素可以发现，技术进步在十年间呈现出波动上升的发展趋势，而技术效率与生产力指数的变化趋势基本一致，有年均 1.7% 的降幅。技术效率中纯技术效率及规模效率在研究时间内均呈现出波动下降的趋势，故技术、管理水平及规模因素的下降是贵州省土地利用碳排放效率下降的关键影响因素。

表 4-25　　2009—2019 年贵州省全要素土地利用碳排放动态效率表

年份	MI	TC	EC	PEC	SEC
2009—2010	0.969	1.002	0.968	0.968	1.000
2010—2011	0.956	1.016	0.942	0.951	0.990

续表

年份	MI	TC	EC	PEC	SEC
2011—2012	0.962	0.962	1.000	0.996	1.004
2012—2013	1.042	0.886	1.176	1.185	0.992
2013—2014	0.973	1.043	0.933	0.939	0.994
2014—2015	0.952	0.990	0.961	0.932	1.031
2015—2016	0.959	0.987	0.972	0.983	0.989
2016—2017	0.987	1.089	0.906	1.014	0.894
2017—2018	1.018	1.089	0.935	1.000	0.935
2018—2019	1.019	0.979	1.041	0.946	1.100
均值	0.984	1.004	0.983	0.992	0.993

4.3.2.23 云南省全要素土地利用碳排放动态效率

如表 4-26 所示，2009—2019 年云南省土地利用碳排放效率呈现逐年上升的趋势，其中 2017—2018 年的碳排放效率生产力指数较高，为 1.077，而 2014—2015 年碳排放效率的生产力指数最低，为 0.981。同一时期技术进步呈现下降趋势，而技术效率指数整体呈逐年上升趋势，有年均 4.9% 的涨幅，具体分析技术效率的影响因素可以发现，同一时期纯技术效率及规模效率与技术效率的变化趋势基本一致，分别有年均 4.5% 及年均 0.4% 的涨幅，因此可以认为纯技术效率及规模效率的提升是在这一时期内促进土地利用碳排放效率提升的主要原因。

表 4-26　2009—2019 年云南省全要素土地利用碳排放动态效率表

年份	MI	TC	EC	PEC	SEC
2009—2010	1.006	0.998	1.008	0.998	1.010
2010—2011	1.043	1.001	1.042	1.039	1.003
2011—2012	1.020	0.954	1.069	1.078	0.991
2012—2013	0.987	0.952	1.037	1.015	1.022
2013—2014	1.049	1.007	1.041	1.037	1.004
2014—2015	0.981	0.977	1.004	0.996	1.008
2015—2016	1.065	1.031	1.033	1.026	1.007

续表

年份	MI	TC	EC	PEC	SEC
2016—2017	1.009	1.037	0.973	0.975	0.999
2017—2018	1.077	0.901	1.196	1.200	0.997
2018—2019	1.054	0.967	1.090	1.087	1.002
均值	1.029	0.983	1.049	1.045	1.004

4.3.2.24 陕西省全要素土地利用碳排放动态效率

如表4-27所示，2009—2019年陕西省的土地利用碳排放效率经历了先上升后下降再逐年上升的波动式上升过程，其中2009—2013年呈现上升的发展趋势，而2013—2015年则是呈现出一定程度的下降，继而在2015—2019年则又是逐年增长的趋势，土地利用碳排放效率总体得到提升。技术进步在同一时期则是呈现出稳步上升的发展趋势，而技术效率也呈现出波动式上升的发展趋势。进一步分析技术效率的影响因素可以发现，纯技术效率指标有年均2.1%的增幅，而规模效率也有年均0.8%的增幅，故可以得出结论技术进步、技术、管理水平的提升及规模效应的提高在这一时期内共同促进了土地利用碳排放效率的提升。

表4-27　　2009—2019年陕西省全要素土地利用碳排放动态效率表

年份	MI	TC	EC	PEC	SEC
2009—2010	1.025	0.968	1.059	1.056	1.003
2010—2011	1.101	1.020	1.079	1.067	1.011
2011—2012	1.021	0.882	1.158	1.112	1.041
2012—2013	1.063	0.997	1.066	1.069	0.998
2013—2014	0.991	1.071	0.925	0.929	0.995
2014—2015	0.898	1.006	0.893	0.917	0.975
2015—2016	1.014	1.004	1.010	1.004	1.006
2016—2017	0.998	1.062	0.939	1.007	0.933
2017—2018	1.050	1.068	0.984	1.055	0.933
2018—2019	1.191	1.012	1.178	0.990	1.190
均值	1.035	1.009	1.029	1.021	1.008

4.3.2.25 甘肃省全要素土地利用碳排放动态效率

如表 4-28 所示，2009—2019 年甘肃省土地利用碳排放效率呈现出"V"形发展趋势，整体上有年均 1% 的增长幅度，其中 2015—2016 年的全要素生产率指数增长最快，较上一年有 12.7% 的增幅，而 2014—2015 年的 MI 指数降幅最大，较上一年有 17.1% 的降幅，土地利用碳排放效率整体略有提升。进一步对生产力指数的分解情况进行分析，技术进步呈现出波动下降的发展趋势，而技术效率则呈现出波动上升的发展趋势。在研究时间段之内，纯技术效率及规模效率在这一时期内均有小幅度的上升，因此可以认为技术、管理水平及规模效应的提高促进了甘肃省土地利用碳排放效率的提升。

表 4-28　2009—2019 年甘肃省全要素土地利用碳排放动态效率表

年份	MI	TC	EC	PEC	SEC
2009—2010	1.106	0.991	1.117	1.116	1.000
2010—2011	0.901	1.029	0.876	0.856	1.022
2011—2012	0.993	0.886	1.121	1.186	0.946
2012—2013	0.951	0.905	1.051	0.962	1.092
2013—2014	1.027	1.078	0.953	0.939	1.015
2014—2015	0.829	1.066	0.777	0.753	1.032
2015—2016	1.127	0.956	1.179	1.225	0.962
2016—2017	1.069	1.089	0.981	0.934	1.051
2017—2018	1.098	0.953	1.152	1.162	0.991
2018—2019	0.999	1.034	0.966	0.942	1.026
均值	1.010	0.999	1.017	1.007	1.014

4.3.2.26 青海省全要素土地利用碳排放动态效率

如表 4-29 所示，从青海省全要素土地利用碳排放效率值可以看出，2009—2019 年青海省土地利用碳排放效率呈现出"提升—下降—提升"的"N"形发展趋势，年均有 3.9% 的涨幅，土地利用碳排放效率整体上升。其中技术进步总体呈现出逐年下降的趋势，而技术效率则是呈现出稳定上升的趋势，有年均 8.3% 的增幅。在技术效率的分解指数中，纯技术效率与规模效率均呈现出逐年增长的发展趋势，其中纯技术效率有年均 11.9%

的增幅，而规模效率有年均2%的增幅，即青海省土地利用碳排放效率的提升主要是受到技术、管理水平的提升及规模因素的影响。

表4-29　　2009—2019年青海省全要素土地利用碳排放动态效率表

年份	MI	TC	EC	PEC	SEC
2009—2010	1.132	0.982	1.000	1.000	1.000
2010—2011	1.130	1.036	1.000	1.000	1.000
2011—2012	0.740	0.937	1.000	1.000	1.000
2012—2013	0.980	0.643	1.523	0.795	1.916
2013—2014	0.947	0.866	1.093	1.357	0.806
2014—2015	1.027	0.835	1.000	1.000	1.000
2015—2016	1.111	1.383	1.000	1.000	1.000
2016—2017	1.034	0.947	1.092	1.334	0.819
2017—2018	1.064	0.952	1.118	1.700	0.658
2018—2019	1.224	0.775	1.000	1.000	1.000
均值	1.039	0.936	1.083	1.119	1.020

4.3.2.27　宁夏回族自治区全要素土地利用碳排放动态效率

如表4-30所示，2009—2019年宁夏土地利用碳排放效率呈现出波动上升的趋势，其中2018—2019年全要素生产率指数最高，为1.084，而2009—2010年的全要素生产率指数最低，仅为0.906。对全要素生产率指数分解情况进行进一步分析可以发现，技术进步因素呈现出波动下降的发展趋势，而技术效率则是呈现出波动上升的趋势，有年均10.6%的增幅，对技术效率的影响因素进行分析可以发现，纯技术效率及规模效率在同一时期均处于波动上升的趋势，其中纯技术效率有年均4.8%的增幅，而规模效率则有年均5.2%的增幅，可以得出2009—2019年技术、管理水平的上升及规模因素的影响共同促进了土地利用碳排放效率的提高。

4.3.2.28　新疆维吾尔自治区全要素土地利用碳排放动态效率

如表4-31所示，2009—2019年新疆的土地利用碳排放效率经历了先下降后上升的发展趋势，整体有年均1.9%的增幅，效率整体上升。同时期技术进步与土地利用碳排放全要素生产率指数变化趋势基本一致，有年

第4章 全要素视角下中国土地利用碳排放效率测算及时空特征分析

表4-30 2009—2019年宁夏回族自治区全要素土地利用碳排放动态效率表

年份	MI	TC	EC	PEC	SEC
2009—2010	0.906	0.971	0.933	0.735	1.268
2010—2011	0.989	0.935	1.057	0.999	1.058
2011—2012	1.005	1.008	0.997	1.066	0.935
2012—2013	1.028	0.525	1.956	1.471	1.330
2013—2014	1.036	1.037	0.999	1.041	0.960
2014—2015	0.946	0.847	1.118	1.104	1.012
2015—2016	1.063	1.043	1.019	1.016	1.003
2016—2017	1.011	1.019	0.993	0.996	0.997
2017—2018	0.973	1.038	0.937	0.892	1.051
2018—2019	1.084	1.033	1.049	1.166	0.900
均值	1.004	0.946	1.106	1.048	1.052

均1.5%的增幅，而技术效率在这一时期内呈现出稳定增长的变化趋势。纯技术效率呈现出波动上升的发展趋势，有年均1.2%的增幅，而规模效率则呈现出波动下降的发展趋势。总体来说，技术效率及技术、管理水平的不断提升共同促进了这一时期新疆土地利用碳排放效率的提升。

表4-31 2009—2019年新疆维吾尔自治区全要素土地利用碳排放动态效率表

年份	MI	TC	EC	PEC	SEC
2009—2010	1.002	1.068	0.938	0.944	0.993
2010—2011	0.992	0.991	1.001	0.984	1.018
2011—2012	0.945	0.942	1.003	0.998	1.005
2012—2013	0.964	0.909	1.060	1.084	0.978
2013—2014	1.023	1.019	1.005	1.027	0.978
2014—2015	0.952	1.042	0.913	0.957	0.954
2015—2016	1.025	0.959	1.068	1.038	1.029
2016—2017	1.093	1.074	1.018	1.062	0.958
2017—2018	1.138	1.083	1.051	1.110	0.947
2018—2019	1.059	1.061	0.998	0.916	1.090
均值	1.019	1.015	1.006	1.012	0.995

4.3.2.29 广西壮族自治区全要素土地利用碳排放动态效率

如表4-32所示，2009—2019年广西土地利用碳排放全要素生产率指数整体上变化较小，有年均1%的降幅，碳排放效率整体下降，其中2009—2014年呈现出逐年下降的变化趋势，2014—2019年整体呈上升趋势。进一步分析碳排放效率的生产率指数的分解情况，技术进步在这一时期呈现出波动上升的发展趋势，而技术效率呈现出逐年下降的发展趋势，且变化趋势与全要素生产率指数一致，因此可认为技术效率的下降是这一时期导致土地利用碳排放效率下降的关键因素。

表4-32　2009—2019年广西壮族自治区全要素土地利用碳排放动态效率表

年份	MI	TC	EC	PEC	SEC
2009—2010	0.966	1.042	0.927	0.931	0.996
2010—2011	0.877	1.012	0.867	0.854	1.015
2011—2012	0.879	0.978	0.898	0.917	0.980
2012—2013	0.964	0.894	1.078	1.535	0.703
2013—2014	0.995	0.999	0.997	0.974	1.024
2014—2015	1.140	1.015	1.123	1.247	0.901
2015—2016	1.117	0.993	1.125	0.989	1.138
2016—2017	0.921	1.092	0.843	0.976	0.864
2017—2018	1.049	0.983	1.067	1.032	1.035
2018—2019	0.995	1.036	0.961	0.671	1.432
均值	0.990	1.004	0.989	1.012	1.009

4.3.2.30 内蒙古自治区全要素土地利用碳排放动态效率

如表4-33所示，2009—2019年内蒙古土地利用碳排放效率经历了先下降后上升的发展阶段，总体上呈现增长态势，其中2017—2018年全要素生产率指数最大，有1.164，而2010—2011年的全要素生产率指数最小，仅为0.940。进一步对MI指数分解分析，发现在这一阶段技术进步有年均1%的降幅，而技术效率则是总体上呈现出逐年增长的趋势，有年均5.6%的增幅。对技术效率的影响因素进行分析发现，纯技术效率与这一时期的技术效率发展趋势基本一致，有年均5.3%的增幅，而规模效率变化不大，有年均 0.1% 的增幅，故可以认为在 2009—2019 年技术与管理水平及规模因素的提升促进了碳排放效率的提升。

表 4-33 2009—2019 年内蒙古自治区全要素土地利用碳排放动态效率表

年份	MI	TC	EC	PEC	SEC
2009—2010	0.973	1.135	0.857	0.861	0.995
2010—2011	0.940	0.921	1.021	1.006	1.015
2011—2012	1.026	0.977	1.050	1.054	0.997
2012—2013	0.978	0.952	1.028	1.014	1.013
2013—2014	1.014	0.972	1.043	1.041	1.002
2014—2015	1.021	1.075	0.949	1.004	0.946
2015—2016	1.116	0.880	1.268	1.207	1.051
2016—2017	1.048	1.069	0.981	0.999	0.982
2017—2018	1.164	0.870	1.339	1.307	1.024
2018—2019	1.079	1.050	1.027	1.038	0.990
均值	1.036	0.990	1.056	1.053	1.001

4.3.3 中国土地利用碳排放动态效率空间分析

4.3.3.1 2009—2010 年各省区市土地利用碳排放动态效率

由图 4-5 可以看出，2009—2010 年中国各省区市土地碳排放全要素生产率指数大于 1 的省区市有 17 个，占比为 56.67%，碳排放效率处于提升状态。全要素生产率指数小于 1 的省区市有 13 个，占比为 43.33%，碳排放效率处于下降状态。全国土地利用全要素生产率指数中前五的省市有：青海、甘肃、吉林、上海、山西，MI 指数分别为 1.132、1.106、1.096、1.080、1.079，分别增长了 13.2%、10.6%、9.6%、8.0%、7.9%。全要素生产率指数后五的省区有：海南、黑龙江、浙江、江西、宁夏，MI 指数分别为 0.736、0.851、0.853、0.895、0.906，下降了 26.4%、14.9%、14.7%、10.5%、9.4%。在全国各省区市土地利用全要素生产率指数空间分布上，生产率指数大于 1 和小于 1 的空间分布都比较集中。

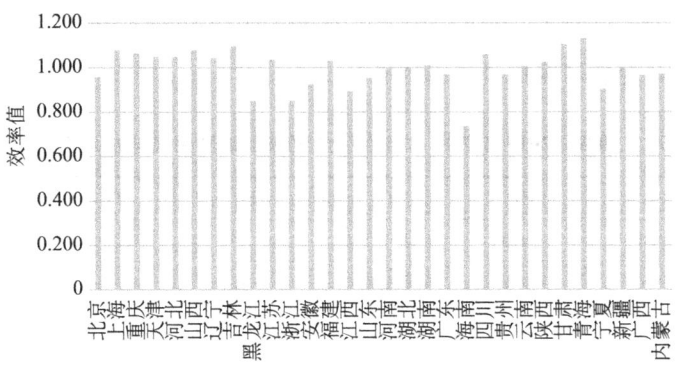

图 4-5　2009—2010 年各省区市土地利用碳排放全要素生产率指数图 (MI)

由图 4-6 可以看出，2009—2010 年中国各省区市土地利用碳排放技术效率指数大于 1 的有 16 个，占比 53.33%，碳排放技术效率处于提升状态，其中有 8 个省区市纯技术效率指数和规模效率指数都大于 1，处于有效状态，土地利用碳排放技术效率指数前五的为：青海、天津、甘肃、四川、山西，技术效率指数分别为 1.152、1.131、1.117、1.107、1.099。技术效率的进步由纯技术效率和规模效率共同引起，剩余省区市中有 3 个规模效率指数大于 1，规模效率的提升是技术效率提升的主要原因，有 5 个省区市纯技术效率指数大于 1，促进了技术效率的提升。

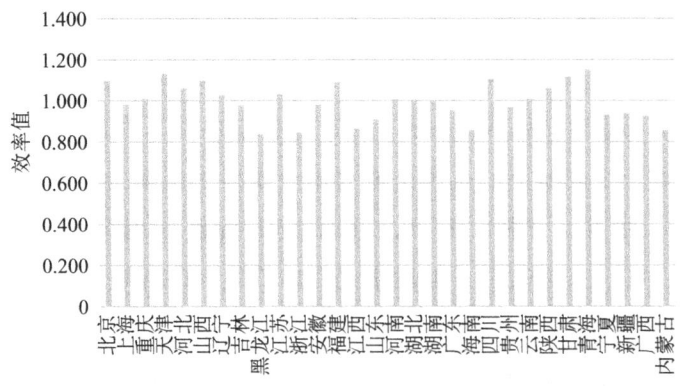

图 4-6　2009—2010 年各省区市的土地利用碳排放技术效率图 (EC)

技术效率指数小于 1 的省区市有 14 个，占比 46.67%，碳排放技术效率处于下降状态，其中有 6 个省区市的纯技术效率指数和规模效率指数都

第 4 章　全要素视角下中国土地利用碳排放效率测算及时空特征分析 | 153

小于 1,最低的依次为黑龙江、浙江、海南、内蒙古、江西,技术效率指数分别为 0.838、0.844、0.856、0.857、0.864。纯技术效率和规模效率的下降导致技术效率的下降,剩余 8 个省区市纯技术效率指数小于 1,导致技术效率的下降。在中国各省区市土地利用碳排放技术效率指数空间分布上,技术效率指数大于 1 的分布集中,小于 1 的分布较为分散。

由图 4 - 7 可以看出,2009—2010 年中国各省区市土地利用碳排放技术进步效率指数大于 1 的有 15 个,占比 50.00%,碳排放技术进步效率提升状态;技术进步效率指数小于 1 的省区市有 15 个,占比 50.00%,这些省区市的土地利用碳排放技术进步效率呈下降趋势。中国各省区市土地利用碳排放技术进步效率指数前五的有:内蒙古、吉林、上海、新疆、重庆,技术进步效率指数分别为 1.135、1.120、1.099、1.068、1.054。中国各省区市土地利用碳排放技术进步效率指数后最低的有:海南、北京、天津、安徽、福建,技术进步效率指数分别为 0.860、0.874、0.929、0.945、0.945。

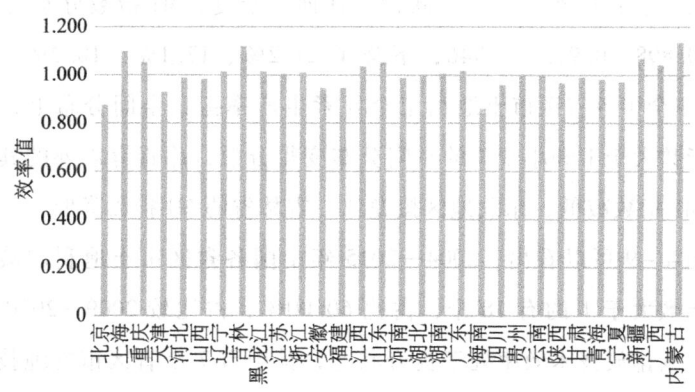

图 4 - 7　2009—2010 年各省区市的土地利用碳排放技术进步效率图 (TC)

4.3.3.2　2014—2015 年各省区市土地利用碳排放动态效率

从图 4 - 8 可以看出,2014—2015 年中国各省区市土地碳排放全要素生产率指数大于 1 的有 14 个,占比 46.67%,土地利用碳排放效率处于提升状态,整体看来,土地利用碳排放效率的变动主要原因在于技术进步效率推动，二者变化趋势相似。

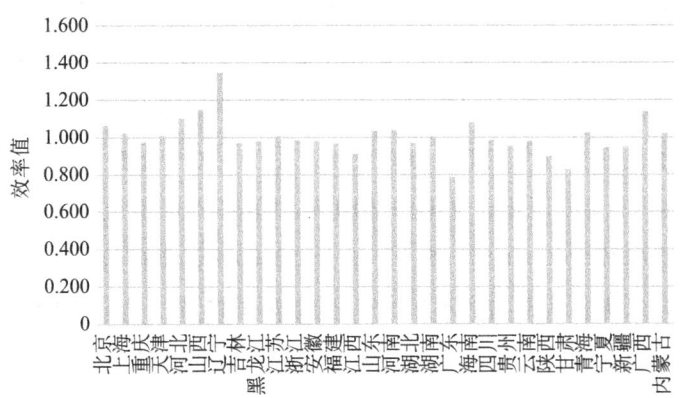

图 4-8　2014—2015 年各省区市的土地利用碳排放全要素生产率指数图 (MI)

全国土地利用全要素生产指数中前五的省区为：辽宁、山西、广西、河北、海南，MI 指数分别为 1.347、1.149、1.140、1.102、1.081，分别增长了 34.7%、14.9%、14.0%、10.2%、8.1%。全要素生产率指数最低的省区市有：广东、甘肃、陕西、江西、宁夏，MI 指数分别为 0.778、0.829、0.898、0.913、0.946，下降了 21.2%、17.1%、10.2%、8.7%、5.4%。在全国各省区市土地利用全要素生产率指数空间分布上，全要素生产率指数大于 1 和小于 1 的空间分布变得分散，除青海以外的其他西部省区市 MI 指数减低，东北地区黑龙江、吉林省的 MI 指数降低。

从图 4-9 可以看出，2004—2015 年中国各省区市土地利用碳排放技术效率指数大于 1 的有 18 个，占比 60.00%，占比较 2009—2010 年增加 6.67%，碳排放技术效率处于提升状态，其中有 7 个省区市的纯技术效率指数和规模效率指数都大于 1，纯技术效率和规模效率共同促进技术效率的进步，剩余有 2 个地区的规模效率指数大于 1，其技术效率的提升是规模效率的作用，有 9 个省区市的纯技术效率指数大于 1，纯技术效率的提升促进技术效率的提升。技术效率指数小于 1 的省区市有 12 个，占比 40.00%，比 2009—2010 年减少 6.67%，碳排放技术效率呈下降趋势，其中有 4 个省区市的规模效率指数、纯技术效率指数小于 1，规模效率、纯技术效率的降低引起技术效率的下降，而 6 个省区市的纯技术效率指数小于 1，纯技术效率的降低导致技术效率的下降，还有两个省区市的规模效率指数小于 1，规模效率的退步导致技术效率的退步。整体看来，2014—2015 年对土地利用碳排放技术效率发展影响最大的是纯技术效率。

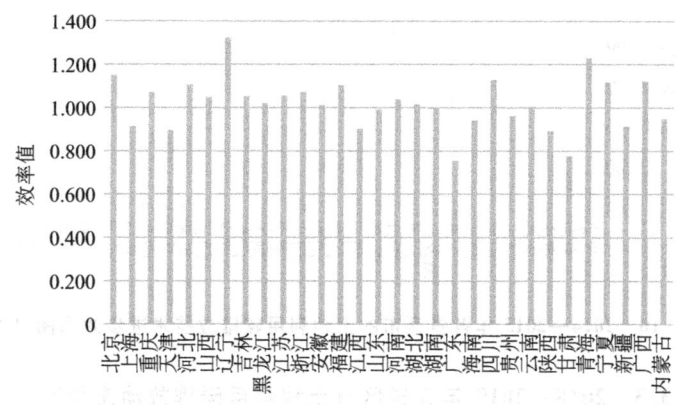

图 4-9　2014—2015 年各省区市的土地利用碳排放技术效率图（EC）

中国各省区市土地利用碳排放技术效率指数前五的有：辽宁、青海、北京、四川、广西，技术效率指数分别为 1.323、1.229、1.150、1.129、1.123。效率低的有：广东、甘肃、陕西、天津、江西，技术效率指数分别为 0.755、0.777、0.893、0.896、0.903。整体来看，碳排放技术效率进步的空间占比略有扩大，在土地利用碳排放技术效率指数空间分布上，大于 1 和小于 1 的省区市分布集中。

从图 4-10 可以看出，2014—2015 年中国各省区市土地利用碳排放技术进步效率指数大于 1 的有 15 个，占比 50.00%，和 2009—2010 年相同，碳排放技术进步效率处于提升状态；技术进步效率指数小于 1 的省区市有 15 个，占比 50.00%，和 2009—2010 年相同，碳排放技术进步效率下降。土地利用碳排放技术进步效率指数前五的为海南、天津、上海、山西、内蒙古，技术进步效率指数分别为 1.148、1.130、1.120、1.095、1.075。效率最低的有：青海、宁夏、四川、福建、重庆，技术进步效率指数分别为 0.835、0.847、0.874、0.879、0.910。在土地利用碳排放技术进步效率空间分布上整体保持稳定，和 2009—2010 年相比，北部地区技术进步效率提高的空间占比扩大，西南地区和东北地区技术进步效率提高的空间占比缩小。

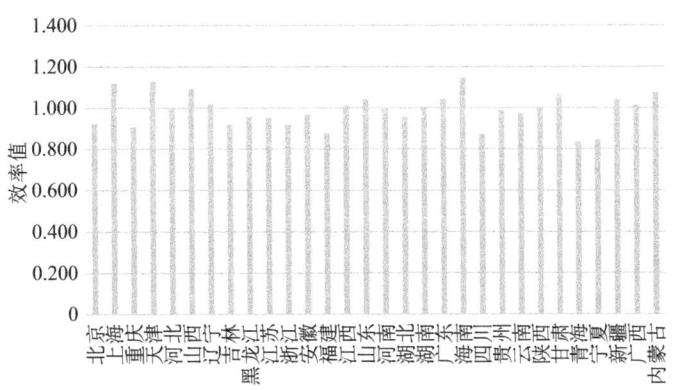

图 4-10 2014—2015 年各省区市的土地利用碳排放技术进步效率图（TC）

4.3.3.3 2018—2019 年各省区市土地利用碳排放动态效率

由图 4-11 可以看出，2018—2019 年中国各省区市土地碳排放全要素生产率指数大于 1 的有 16 个，占比 53.33%，比 2014—2015 年提升 6.67%，碳排放效率是提升状态；全要素生产率指数小于 1 的省区市有 14 个，占比 46.67%，比 2014—2015 年减少 6.67%，碳排放效率处于下降状态。影响碳排放全要素生产指数的主要是技术效率。碳排放效率碳排放全要素生产率提高的空间分布比 2014—2015 年扩大。全国土地利用碳排放全要素生产率指数中前五的省区市为北京、青海、陕西、上海、辽宁，MI 指数分别为 1.250、1.224、1.191、1.137、1.103。全要素生产率指数最低的省市有：海南、天津、四川、山东、浙江，MI 指数分别为 0.781、0.863、0.909、0.920、0.934。在碳排放全要素生产率指数的空间分布上，指数大于 1 和小于 1 的省区市分布分散，西部地区如新疆、云南等省区市又变为土地利用碳排放效率上升状态，福建、山西等地区由土地利用碳排放效率的上升转为下降。

由图 4-12 可以看出，2018—2019 年土地利用碳排放技术效率指数大于 1 的省区市有 14 个，占比 46.67%，较 2014—2015 年减少 13.33%，碳

第4章　全要素视角下中国土地利用碳排放效率测算及时空特征分析 | 157

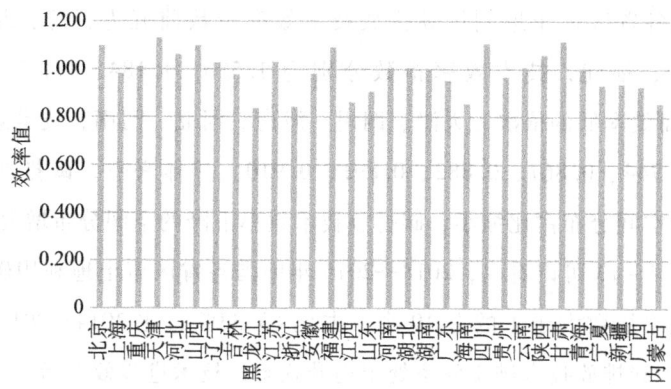

图4-11　2018—2019年各省区市土地利用碳排放全要素生产率指数图（MI）

排放技术效率处于提升状态，其中有4个省区市的纯技术效率指数和规模效率指数都大于1，规模效率、纯技术效率均促进了技术效率的进步，3个省区市的规模效率指数大于1，而技术效率的提高是由规模效率提高引起的，剩余7个省区市的纯技术效率指数都大于1，纯技术效率的提高促进了技术效率的提升。技术效率指数小于1的省区市有16个，占比53.33%，比2014—2015年增加13.33%，其中有5个省区市的规模效率和纯技术效率均小于1，规模效率和纯技术效率的下降引起技术效率下降，其他省区市中有8个纯技术效率指数小于1，纯技术效率下降是导致技术效率下降的主要因素，有3个省区市规模效率指数小于1，导致技术效率的下降。

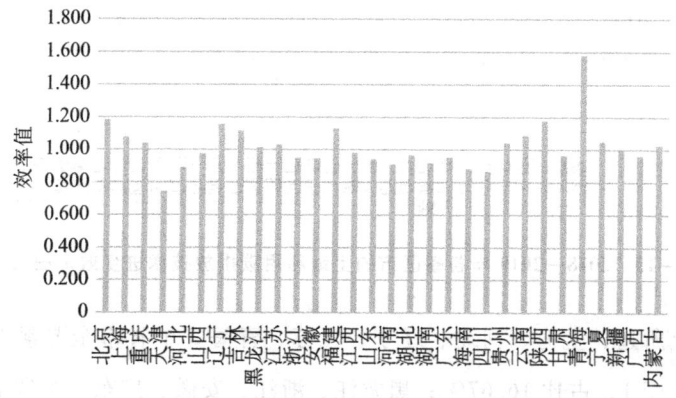

图4-12　2018—2019年各省区市的土地利用碳排放技术效率图（EC）

中国各省区市土地利用碳排放技术效率指数前五为青海、北京、陕西、辽宁、福建，技术效率指数分别为 1.580、1.184、1.178、1.156、1.133，而效率低的依次为天津、四川、海南、河北、河南，技术效率指数分别为 0.744、0.867、0.882、0.891、0.910。整体来看，碳排放技术效率提高的空间分布占比缩小，碳排放技术效率下降的空间分布增大。

从图 4-13 可以看出，2018—2019 年中国各省区市土地利用碳排放技术进步效率指数大于 1 的有 19 个，占比 63.33%，比 2014—2015 年增加 13.33%，碳排放技术进步效率处于提升状态；技术进步效率指数小于 1 的省区市有 11 个，占比 36.67%，比 2014—2015 年减少 13.33%，碳排放技术进步效率下降。中国各省区市土地利用碳排放技术进步效率指数前五为：天津、河北、新疆、北京、上海，技术进步效率指数分别为 1.160、1.140、1.061、1.056、1.056，碳排放技术进步效率低的有：青海、海南、福建、辽宁、云南，技术进步效率指数分别为 0.775、0.886、0.914、0.954、0.967。在中国各省区市土地利用碳排放技术进步效率指数空间分布上，碳排放技术进步效率空间分布扩大。

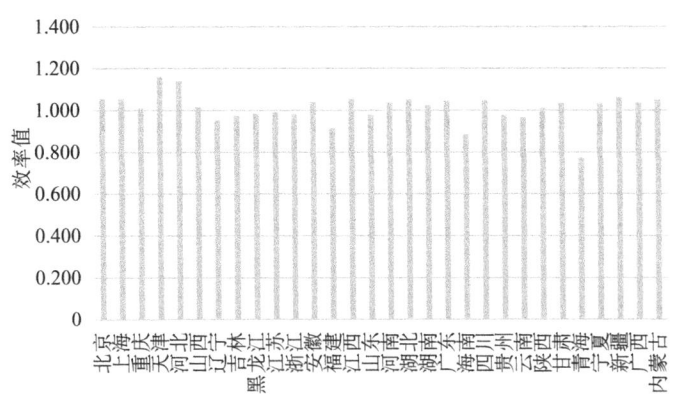

图 4-13 2018—2019 年各省区市的土地利用碳排放技术进步效率图（TC）

综上所述，上海、河北、辽宁、江苏、青海 5 个省市全要素生产率指数一直大于 1，占比 16.67%；黑龙江、浙江、安徽、广东 4 个省全要素生产率指数一直小于 1，占比 13.33%，土地利用碳排放效率提升的地区占比高于下降地区。上海、江西、湖南、广东、新疆、广西、内蒙古 7 个省区市技术进步指数一直都大于 1，占比 23.33%，福建、云南、青海 3 个省技术进步指数始终小于 1，占比 10.00%，土地利用碳排放技术进步效率提升的地区占比高于下降地区。北京、重庆、辽宁、江苏、福建、云南、青海 7 个省市技术效率指数都大于 1，占比 23.33%，江西、山东、广东、海南、新疆 5 个省区的技术效率指数都小于 1，占比 16.67%，土地利用碳排放技术效率提升的地区占比高于下降地区。从空间分布占比来看，各省区市存在显著差异，全要素生产率指数空间分布出现不稳定，技术进步效率指数处于上升状态的空间变大，技术效率空间分布发展不稳定。

4.4 本章小结

全要素是一个国家或地区经济发展、技术进步、土地利用等多方面对生态环境作用的综合反映。本章在单要素碳排放效率的研究基础上，全要素视角下通过改进的 DEA 模型全面分析中国及 30 个各省区市土地利用碳排放的静态效率和动态效率。首先通过超效率 SBM 模型测算静态效率分析全国及各省区市在多投入多产出作用下的综合效率变化，再通过 DEA-Malmquist 模型来分析我国 11 年间土地利用碳排放效率的动态变化特征，其中包括全要素生产率指数、技术进步效率、技术效率。具体研究结果如下。

中国 30 个省区市的全要素碳排放效率在时序变化上有不同，各地区静态和动态效率也存在差异。

（1）从中国土地利用碳排放静态效率时间变化情况来看：2009—2019年中国土地利用碳排放静态效率值的时序变化，呈现下降—上升—下降的波动变化趋势，全国土地利用碳排放静态效率值均在 1 之下，分布于 0.720—0.895，说明土地利用碳排放静态效率处于中等水平，存在较大改善空间。

（2）从中国土地利用碳排放静态效率空间分布情况来看，土地利用碳排放静态效率大于1的高效率地区占比在50.00%—63.33%；土地利用碳排放静态效率值在（0.5，1）区间的中效率地区占比较少，为10.00%—20.00%，分布较为分散；土地利用碳排放静态效率小于1的低效率地区占比分布在16.67%—40.00%，分布较为分散，并向东部转移。各省区市土地利用碳排放效率处于高效率的空间占比一直较高，中效率和低效率空间占比较小。土地利用碳排放静态效率存在显著的区域差异，一直处于有效状态的省区市主要在北京、上海、重庆、天津等经济发展较好、产业结构比较合理的地区，一直处于无效状态的则是经济欠发达、产业结构能源结构有待优化的地区如山西、黑龙江、贵州、甘肃等。

（3）从中国土地利用碳排放动态效率变化情况来看，全要素生产率指数、技术进步效率指数、技术效率指数以及纯技术效率指数数值都大于1，我国土地利用碳排放效率呈现增长趋势。技术效率指数普遍比技术进步效率指数高，技术效率指数的分解中纯技术效率指数普遍大于1，是推动技术效率提升的主要因素。整体来看，技术效率是我国土地利用碳排放全要素生产率提高的重要因素，技术效率的不断提升，构成了土地利用碳排放效率改善的动力。

（4）从30个省区市土地利用碳排放动态效率时间变化方面来看：在2009—2019年，全要素生产率指数、技术效率指数和技术进步效率指数在区域之间差异明显。北京、重庆、天津、上海、河北、山西、辽宁、吉林、江苏、福建、四川、云南、陕西、甘肃、青海、宁夏、新疆、内蒙古、黑龙江19个地区的均值大于1，土地利用碳排放效率整体呈现上升趋势，大多数地区土地利用碳排放效率提高主要是由技术效率推动，其中纯技术效率对技术效率的推动效果更大。浙江、安徽、江西、山东、广西、河南、湖北、湖南、广东、海南、贵州11个地区的均值小于1，土地利用碳排放效率整体呈现下降趋势，这与技术效率降低密切相关，其中纯技术效率指数对技术效率指数的影响较大。

（5）从中国土地利用碳排放动态效率空间分布情况来看：全要素生产率指数大于1的空间占比在46.67%—56.67%，小于1的空间占比分布在

43.33%—53.33%，全要素生产率指数出现空间分布不稳定的现象。技术进步效率指数大于1的空间占比在50.00%—63.33%，主要分布在广西、广东、湖南、江西、内蒙古、新疆等省区市。小于1的空间占比分布在50.00%—36.67%，分布在青海、海南、福建、辽宁、云南等地区，技术进步效率指数处在上升状态的空间增大。技术效率指数大于1的空间占比在46.67%—60.00%，小于1的空间占比在40.00%—53.33%，技术效率空间分布发展不稳定。

第5章 中国土地利用碳排放效率的影响因素分析

第3章、第4章分别从单要素和全要素的视角对中国土地利用碳排放效率做了测算和分析,全国30个省区市之间土地利用碳排放效率存在较大差异,且存在较大的改进空间。本章主要分析土地利用碳排放效率的影响因素,各因素对土地利用碳排放效率的影响程度为提升中国土地利用碳排放效率提供参考。

5.1 指标选取及数据来源

5.1.1 指标选取

土地利用碳排放效率受多种因素的影响,比如经济因素、人口规模、环境因素、政府方面等都有可能有一定程度的影响。参考相关学者的已有研究[58][144-146],考虑数据的可获取性,结合本章研究内容,确定全国土地利用碳排放效率的影响指标如表5-1所示,主要包括经济发展水平、产业结构、人口规模、城镇化水平、对外开放程度、科学技术水平、能源结构、政府干预八个方面。

表5-1 土地利用碳排放效率影响因素变量说明及数据选取表

影响因素	指标选取	单位
经济发展水平(ED)	人均GDP	万元/人

续表

影响因素	指标选取	单位
产业结构（IS）	第二产业产值/GDP	—
人口规模（PS）	年末常住总人口	万人
城镇化水平（UR）	城镇人口/总人口	—
科学技术水平（TL）	科学技术支出/GDP	—
对外开放程度（OD）	外商投资额	百亿美元
能源结构（ES）	煤炭消费量/能源消费总量	—
政府干预（Gov）	环境保护支出	亿元

（1）经济发展水平。经济发展水平在一定程度上能反映地区当前的发展情况，在粗放型经济的工业时代，经济增长较快的地区往往是能源消耗量较大、碳排放位居前列的地区。当代社会经济快速发展，人们对环境保护的意识逐渐增强，倡导低碳经济，在一定程度上也影响着土地利用碳排放效率的变化。因此本章选取全国各省区市的人均 GDP 来表示经济发展水平的高低。

（2）产业结构。产业结构是指在特定时期，三大产业占地区生产总值的比值。从对环境影响的角度上看，工业具有耗能高、污染大的特点，对生态环境的影响要远远大于第一、第三产业。因此本章选取第二产业的产值占地区生产总值的比重表示产业结构。

（3）人口规模。人口的增长，对能源消费、房地产开发、环境污染、基础设施建设等多方面造成不可忽视的压力。像经济发展比较快的城市，吸引很多外来务工人员，甚至超过当地人口最大容量，人口的增多带来住房紧张、资源消耗问题，同时带来环境的压力，土地利用碳排放效率也会受到影响。本章选取地区年末常住人口来表示人口规模。

（4）城镇化水平。我国经济快速发展，各省区市的城镇化水平也有很大提升。城镇化水平的提升，会导致人们消费水平的提高，一定程度上导致碳排放量的增加。另外，科学的城镇化可以提高经济社会质量，有利于经济绿色低碳发展，对土地利用碳排放效率有一定正的影响。因此，本章选取城镇人口占地区总人口的比值来表示城镇化水平。

（5）科学技术水平。科学技术进步影响着各行各业，社会和经济活动深受技术变革的影响，对于土地利用碳减排工作也有很大影响。科技的进步推动着社会经济的发展，促进资源的合理配置，有效提高资源的利用效率，促进土地利用碳排放效率的提升。本章选取科学技术支出占GDP的比值来表示科学技术水平。

（6）对外开放程度。我国注重对外开放的质量和水平，对外贸易总额不断上升，发展为世界贸易大国进出口商品结构进一步优化，交易总额有新的突破。外商投资额的增加，有利于带动当地经济的发展，带来新的科技与创新，对土地利用碳排放效率有一定影响。因此，本章选取外商投资企业总额来表示我国各省区市的对外开放程度。

（7）能源结构。我国能源消费结构是造成二氧化碳排放的主要原因，我国"富煤、少油、少气"的能源特点导致我国形成以煤炭为主的能源结构。近年来，随着对低碳经济的重视以及清洁能源的广泛使用，煤炭消耗量有所减少，但短期内以煤炭为主的结构难以改变。能源消耗造成大量二氧化碳产生，对土地利用碳排放效率有较大影响，因此本章选取煤炭消费量在能源消费总量的占比表示能源结构。

（8）政府干预。目前我国政府采取财政、税收、价格等多方面优惠措施来鼓励和支持环境保护工作，鼓励企业更新换代技术设备，使用清洁能源，减少污染物的排放，促进资源的合理利用，对土地利用碳排放效率有一定的影响。在政府干预方面，本章选取环境保护支出来表示。

5.1.2 数据来源

地区生产总值，总人口、城镇人口、第二产业产值、外商投资额、科学技术财政支出、环境保护支出等变量研究数据，主要从2009—2019年《中国统计年鉴》获取，除此之外，能源数据从《中国能源统计年鉴》获取，为保证数据的客观真实性，首先对各指标进行样本描述性统计，如表5-2所示。

表 5-2　2009—2019 年中国土地利用碳排放效率影响因素指标描述性统计表

变量	最大值	最小值	均值	标准差
经济发展水平 X1	16.151	1.090	4.948	2.722
产业结构 X2	0.590	0.162	0.429	0.084
人口规模 X3	1.249	0.056	0.456	0.280
城镇化水平 X4	0.896	0.299	0.570	0.129
科学技术进步 X5	0.014	0.001	0.004	0.003
对外开放程度 X6	195.325	0.235	15.568	25.795
能源结构 X7	0.942	0.068	0.734	0.143
政府干预 X8	747.44	13.36	130.78	93.126

5.2　灰色关联模型介绍

1981 年，控制论专家邓聚龙教授首次提出灰色系统的概念，后来建立了灰色系统理论[147]。灰色系统理论根据因素之间发展趋势的相似和相异程度，去寻找它们之间的关系。若两个因素变化趋势具有一致性，即二者关联程度比较高，反之则较低。灰色关联分析是分析系统中各因素关联程度的方法，在计算关联之前需要计算关联系数，主要包括初始化处理、求序列差、求两极差、求关联系数、计算灰色关联度共五个步骤，具体计算公式如下。

第一步，对原始数据初始化处理，公式如下：

$$x'_i = x_i / x_i(1) = [x'_i(1), x'_i(2) \ldots x'_i(n)] \tag{5-1}$$

第二步，以土地利用碳排放效率为参考序列，进行差序列转化：

$$\Delta_i(k) = |x'_0(k) - x^k_i(k)| \tag{5-2}$$

第三步，找出最大值为 M，最小值 m，求极差：

$$M = \max\max \Delta_i(k) \tag{5-3}$$

$$m = \min\min \Delta_i(k) \tag{5-4}$$

第四步计算灰色关联系数 η 公式如下：

$$\eta(k) = \frac{m + \rho M}{\Delta_i(k) + \rho M} \tag{5-5}$$

最后一步关联系数求均值,即为灰色关联度:

$$\eta_{0i} = \frac{1}{n}\sum_{k=1}^{n}\eta_{0i}(k) \tag{5-6}$$

其中,$i = 1, 2, \ldots, n$。ρ 为分辨率,取值范围为(0,1),本章 $\rho = 0.5$。

5.3 中国土地利用碳排放效率影响因素分析

5.3.1 数据处理

(1) 根据公式对原数据进行初值化处理,结果如表5-3所示。

表5-3 中国土地利用碳排放效率灰色关联分析初值化处理结果表

年份	eff	X1	X2	X3	X4	X5	X6	X7	X8
2009	1.000	1.000	1.000	1.000	1.000	1.000	1.000	1.000	1.000
2010	0.983	1.171	1.011	1.005	1.033	1.088	1.082	0.966	1.263
2011	0.984	1.373	1.008	1.011	1.072	0.842	1.197	0.980	1.366
2012	1.018	1.495	0.980	1.019	1.098	0.893	1.304	0.957	1.532
2013	1.158	1.684	0.944	1.025	1.127	0.900	1.407	0.941	1.776
2014	1.184	1.809	0.924	1.031	1.153	0.869	1.519	0.919	1.973
2015	1.216	1.950	0.885	1.037	1.186	0.885	1.816	0.891	2.483
2016	1.224	2.092	0.861	1.043	1.217	0.918	2.050	0.869	2.448
2017	1.211	2.295	0.877	1.049	1.246	0.921	2.760	0.846	2.904
2018	1.098	2.561	0.858	1.053	1.272	0.942	3.110	0.824	3.256
2019	1.093	2.751	0.843	1.057	1.297	0.994	3.536	0.806	3.821

(2) 根据公式可以计算出2009—2019年因素指标与中国土地利用碳排放效率的关联系数,如表5-4所示。

表 5-4　　　中国土地利用碳排放效率灰色关联度计算情况表

年份	X1	X2	X3	X4	X5	X6	X7	X8
2009	1.000	1.000	1.000	1.000	1.000	1.000	1.000	1.000
2010	0.879	0.980	0.984	0.965	0.928	0.932	0.988	0.830
2011	0.778	0.983	0.980	0.939	0.906	0.865	0.998	0.781
2012	0.741	0.973	1.000	0.944	0.916	0.827	0.957	0.726
2013	0.722	0.865	0.911	0.978	0.841	0.845	0.863	0.688
2014	0.686	0.840	0.900	0.978	0.813	0.803	0.838	0.634
2015	0.650	0.805	0.884	0.978	0.805	0.695	0.808	0.519
2016	0.611	0.790	0.883	0.995	0.817	0.623	0.794	0.527
2017	0.557	0.803	0.894	0.975	0.825	0.468	0.789	0.446
2018	0.483	0.850	0.968	0.887	0.897	0.404	0.833	0.387
2019	0.451	0.845	0.974	0.870	0.933	0.358	0.826	0.333

(3) 灰色关联结果如表 5-5 所示。

表 5-5　　　　　灰色关联度计算结果及排序情况表

	η_{01}	η_{02}	η_{03}	η_{04}	η_{05}	η_{06}	η_{07}	η_{08}
关联度	0.687	0.885	0.943	0.955	0.880	0.711	0.881	0.625
排序	7	3	2	1	5	6	4	8

根据灰色关联分析结果可知，中国的土地利用碳排放效率的影响因素按重要程度排序为：城镇化水平＞人口规模＞产业结构＞能源结构＞科学技术进步＞对外开放程度＞经济发展水平＞政府干预，可见在土地利用碳排放效率的主要影响因素中，城镇化水平、人口规模是制约中国土地利用碳排放效率提升的主要因素，关系度均在0.9以上；产业结构、能源结构、科学技术水平、对外开放程度对土地利用碳排放效率的影响程度也比较明显，其关联度分布于0.7—0.9。目前来看，经济发展水平、政府干预对我国土地利用碳排放效率的影响相对较小。

5.3.2　结果分析

从上面灰色关联度测算的表 5-4 和表 5-5 中的各因素对土地利用碳

排放效率的影响程度各有不同。与中国土地利用碳排放效率关联度最高的是城镇化水平，关联度达到 0.955，说明城镇化水平是当前影响我国土地利用碳排放效率的主要因素。城镇化水平是通过城镇人口占总人口的比重来表示，在 2009—2017 年，对于土地利用碳排放效率的关联度系数一直保持在 0.9 以上，在 2017—2019 年出现轻微下降。该研究区间内，我国城镇人口数不断增加，城镇化水平也在不断提高。在发展过程中，我国应该推进新型城镇化建设，加快配套措施的出台，促进建设用地绿色技术的开发与应用，减少土地利用碳排放量，促进土地利用碳排放效率的提高。

人口规模与中国土地利用碳排放效率的关联系数为 0.943，关联度排序第二，可见人口规模对我国土地利用碳排放效率的作用明显，是影响土地利用碳排放的一个重要因素。人口规模与土地利用碳排放效率的关联系数普遍较高，均在 0.85 以上，且我国总人口数量一直处于增加状态，说明人口规模的增长对我国土地利用碳排放效率的提高有促进作用。目前来看，受我国人口政策的影响，人口规模应该会长期影响我国土地利用碳排放效率，因此，应该把重点放在吸引和培养更多的人才，提高劳动力质量也是促进土地利用碳排放效率提升的一个重要举措。

产业结构与土地利用碳排放效率的关联度为 0.885，排名第三。2009—2019 年，产业结构与土地利用碳排放效率的关联系数除 2016 年为 0.790，几乎都在 0.8 以上，说明产业结构也是对我国土地利用碳排放效率有较大影响的因素。第二产业产值占 GDP 的比值在 2009—2016 年一直处于下降趋势，而我国的土地利用碳排放效率处于增长状态，说明第二产业产值占比增加会抑制我国土地利用碳排放效率，而进一步优化产业结构会促进碳排放效率的提升。因此我国应该因地制宜地优化产业结构，淘汰落后产能，积极推进战略性新兴产业的发展，提升我国土地利用碳排放效率。

能源结构与土地利用碳排放效率的关联度为 0.881，排名第四。整体来看，2009—2019 年能源结构与土地利用碳排放效率的关联度系数在 0.789—1，煤炭消费量在能源消费总量的占比不断下降，而碳排放效率的测算结果显示，我国 2009—2019 年的土地利用碳排放效率处于增长状态，所以说煤炭消费占比的下降有助于我国土地利用碳排放效率的提升。由于我国能源资源禀赋是以煤等化石燃料为主，因此仍保持以煤炭等化石能源为主的能源消费结构，煤炭消费量仍然十分可观，我国能源结构有待进一步优化，降低煤炭消费量和能源强度，创新发展新能源和清洁能源，减少土地利用碳排放量，以此促进我国土地利用碳排放效率的提高。

科学技术进步与土地利用碳排放效率的关联度为 0.880，在研究时段内科学技术水平对于我国土地利用碳排放效率的关联度一直比较稳定，均保持在 0.8 以上，说明科技水平的进步对土地利用碳排放效率有明显促进作用。通过科学技术财政支出占 GDP 的比值来表示科学技术进步水平，我国的科学技术支出从 2009 年的 3276.8 亿元增长到 2019 年的 9470.79 亿元，翻了接近两番，科学技术支出占 GDP 的占比基本保持在 1% 左右。由此可以看出，科学技术水平与土地利用碳排放效率呈正向发展，科学技术的进步有效促进了我国土地利用碳排放效率的提高。因此我国应该加大科学技术的投入，不断提高科研与创新能力，引导资金向低碳绿色领域流动，提高资源的利用效率，减少土地利用碳排放量。

对外开放程度与土地利用碳排放效率的关联度为 0.711，本章通过每年的外商投资额来表示我国的对外开放程度，在研究时段内我国外商投资额不断在增加，2019 年我国企业接受投资达到 884 百亿美元，对于土地利用碳排放效率的提升有一定促进作用。2009—2019 年以来，对外开放程度对于土地利用碳排放效率的关联度呈现下降趋势。但是，对外开放对于土地利用碳减排的作用不一定都是正向的，还可能产生负向影响，外商投资需要严格把关，引进国外先进的绿色低碳技术和先进理念，控制高污染高排放企业的投资，促进中国低碳经济的发展，提高中国土地利用碳排放效率。

经济发展水平与土地利用碳排放效率的关联度为 0.687，2009—2019年，二者的关联度系数处于不断减小的趋势，说明我国经济发展对于土地利用碳排放效率关联性减少，其影响程度逐渐下降。通过人均 GDP 来表示我国经济发展水平，11 年间我国经济发展迅速，人均 GDP 在不断增加，从 2.56 万元/人增加到 7.03 万元/人，由此可见，经济的发展对于土地利用碳排放效率有一定促进作用。经济快速发展会引起资源的消耗和碳排放量的增加，但是近年来我国不断提出经济要绿色低碳发展和高质量发展，经济的发展已经由高速增长转变为高质量发展，土地利用碳排放强度和碳排放效率不断提升。但是经济发展对于土地利用碳排放的关联度逐渐下降，应该继续平衡好经济发展与资源、环境之间的关系，大力发展低碳经济，向有利于促进土地利用碳减排的方向发展。

政府干预与土地利用碳排放效率的关联度为 0.625，对于我国土地利用碳排放效率的影响相对较小。政府干预是通过政府在环境保护方面的财政支出来表示，2009—2019 年，政府在环境保护方面的支出处于快速增长状态，从 1934.04 亿元增加至 7390.2 亿元，相较于 2009 年翻了接近四倍。2009—2015 年政府干预与土地利用碳排放效率的关联度均在 0.5 以上，政府环境保护财政支出的不断增加对于改善生态环境产生了明显的积极作用，但 2015 年之后，其关联度下降至 0.5 以下，随着我国生态环境的不断改善，政府环保支出的效果变得不太明显。整体来看，政府干预对土地利用碳排放效率的关联度也在 0.6 以上，不能忽略其对碳排放效率的影响，政府作为公共利益的代表，有义务进行干预、加强环境保护、改善生态环境，在促进我国土地利用碳减排方面发挥积极作用。

5.4 各省区市土地利用碳排放效率影响因素分析

根据以上灰色关联度的计算公式，可计算出 2009—2019 年全国 30 个省区市的土地利用碳排放效率的影响因素关联度，并对其进行排序，分析影响各省区市土地利用碳排放效率的主要因素。

5.4.1 北京市土地利用碳排放效率影响因素分析

对北京市土地利用碳排放效率影响因素关联度进行分析，各因素关联度从大到小依次为：人口规模＞科学技术进步＞城镇化水平＞产业结构＞经济发展水平＞能源结构＞对外开放程度＞政府干预，各影响因素与土地利用碳排放效率的关联系数变化一致，稳中有降。人口规模是影响碳排放效率最为重要的因素，关联度为 0.962，北京市人口规模和人口流动量都较大，劳动力素质较高，对土地利用碳排放效率产生了正向的影响。科学技术进步、城镇化水平、产业结构与土地利用碳排放效率的关联度都在 0.900 以上，对北京土地利用碳排放效率有显著影响。经济发展和能源结构与土地利用碳排放效率的关联度都在 0.8 以上，影响也较大。对外开放程度和政府干预的关联系数相对较小，但在 2018—2019 年略有上升（见表 5-6）。

表 5-6　北京市土地利用碳排放效率关联度分析结果表

影响因素	X1	X2	X3	X4	X5	X6	X7	X8
关联度	0.891	0.928	0.962	0.949	0.958	0.741	0.881	0.622
排序	5	4	1	3	2	7	6	8

5.4.2　天津市土地利用碳排放效率影响因素分析

对天津市土地利用碳排放效率影响因素关联度进行分析，各因素关联度从大到小依次为：产业结构 > 城镇化水平 > 能源结构 > 人口规模 > 科学技术进步 > 经济发展水平 > 对外开放程度 > 政府干预，各影响因素与土地利用碳排放效率的关联系数整体呈现稳中有降。产业结构是影响碳排放效率最为重要的因素，关联度为 0.986，其他影响因素除政府干预外关联度都在 0.9 以上，说明城镇常住人口、第二产业总值占比、煤炭消费总量、人口规模、科技水平进步、经济发展水平以及外商投资额对土地利用碳排放效率的影响都十分显著，政府干预与土地利用碳排放效率关联度最小为 0.741，关联系数下降幅度较大，可以充分发挥政府干预的作用，促进天津市土地利用碳排放效率的改善（见表 5-7）。

表 5-7　天津市土地利用碳排放效率关联度分析结果表

影响因素	X1	X2	X3	X4	X5	X6	X7	X8
关联度	0.927	0.986	0.978	0.984	0.954	0.917	0.983	0.741
排序	6	1	4	2	5	7	3	8

5.4.3 河北省土地利用碳排放效率影响因素分析

对河北省土地利用碳排放效率影响因素关联度进行分析,各因素关联度从大到小依次为:产业结构>能源结构>人口规模>城镇化水平>科学技术进步>经济发展水平>对外开放程度>政府干预,整体上各影响因素与碳排放效率的关联系数在2009—2019年稳中有降,在2018—2019年下降明显,其中政府干预的关联系数下降幅度最大,降幅达66.67%。产业结构、能源结构是影响碳排放效率最为重要的因素,关联度为0.962、0.960,2009—2019年第二产业总值占比下降,煤炭消费量占比也持续下降,对碳排放效率影响较大。人口规模、城镇化水平与碳排放效率的关联度都在0.900以上,经济发展和科技水平关联度在0.800以上,这些因素也是碳排放效率的重要影响因素。人均GDP和科学技术投入的增加,对碳排放效率的提升有一定促进作用,政府干预对碳排放效率影响程度最低(见表5-8)。

表5-8　河北省土地利用碳排放效率关联度分析结果表

影响因素	X1	X2	X3	X4	X5	X6	X7	X8
关联度	0.812	0.962	0.960	0.925	0.898	0.760	0.961	0.722
排序	6	1	3	4	5	7	2	8

5.4.4 山西省土地利用碳排放效率影响因素分析

对山西省土地利用碳排放效率影响因素关联度进行分析,各因素关联度从大到小依次为:城镇化水平>人口规模>能源结构>产业结构>政府干预>科学技术进步>经济发展水平>对外开放程度,各影响因素2009—2019年与碳排放效率的关联系数变化不稳定,在2018—2019年下降幅度较大。城镇化水平是影响碳排放效率最为重要的因素,关联度为0.822,其次为人口规模,关联度为0.816。能源结构和产业结构关联度分别为0.814、0.812,对碳排放效率影响也较大。政府干预、科学技术、经济发展和对外开放水平与碳排放效率关联度在0.700—0.800,其中对外开放程度关联度最低为 0.705，政府环境保护支出不断增加，经济发展水平和外资投资额也不断上升，应该注重这三者对碳排放效率提升的潜力（见表 5-9）。

表 5-9　山西省土地利用碳排放效率关联度分析结果表

影响因素	X1	X2	X3	X4	X5	X6	X7	X8
关联度	0.764	0.812	0.816	0.822	0.780	0.705	0.814	0.788
排序	7	4	2	1	6	8	3	5

5.4.5　内蒙古自治区土地利用碳排放效率影响因素分析

对内蒙古土地利用碳排放效率影响因素关联度进行分析，各因素关联度从大到小依次为：能源结构＞人口规模＞产业结构＞城镇化水平＞科学技术进步＞对外开放程度＞政府干预＞经济发展水平，各影响因素与碳排放效率的关联系数整体呈波动上升态势，2009—2010 年关联度下降，2010—2017 年呈现上升趋势，近两年又出现下降，灰色关联度在 0.75 以下。能源结构是影响碳排放效率最为重要的因素，关联度为 0.748，内蒙古是我国重要能源基地，煤炭消费占比在 2009—2019 年整体呈上升趋势，依赖煤炭资源发展带来了生态环境和碳排放问题，对碳排放效率的影响最大。人口规模和产业结构也是影响碳排放效率的重要因素，常住人口比例不断减少，第二产业产值占比下降，对碳排放效率有明显影响。政府干预和经济发展对碳排放效率影响较小（见表 5-10）。

表 5-10　内蒙古自治区土地利用碳排放效率关联度分析结果表

影响因素	X1	X2	X3	X4	X5	X6	X7	X8
关联度	0.528	0.737	0.747	0.712	0.710	0.616	0.748	0.604
排序	8	3	2	4	5	6	1	7

5.4.6　辽宁省土地利用碳排放效率影响因素分析

对辽宁省土地利用碳排放效率影响因素关联度进行分析，各因素关联度从大到小依次为：政府干预＞经济发展水平＞对外开放程度＞城镇化水平>人口规模>科学技术进步>产业结构>能源结构,各影响因素与碳排放效率的关联系数变化趋势大体一致,呈现先下降后上升的趋势,各因素关联度分布在 0.612—0.667,差别较小。政府干预对碳排放效率的关联度最高为 0.667,政府对环境保护的投资整体呈上升趋势,由 2009 年的 55.71 亿元上升至 2019 年的 129.73 亿元。其他影响因素如经济发展、对外开放程度、城镇化水平、人口规模的关联度在 0.616—0.666,关联度相差较小。科学技术水平与碳排放效率的关联度排在第六,关联度为 0.616,科学技术支出在 2013 年后呈现下降趋势。关联度最低为产业结构和能源结构,分别为 0.615、0.612,第二产业产值占比下降,煤炭消费总量占比下降,导致了碳排放效率的变化(见表 5-11)。

表 5-11　　　　辽宁省土地利用碳排放效率关联度分析结果表

影响因素	X1	X2	X3	X4	X5	X6	X7	X8
关联度	0.666	0.615	0.616	0.622	0.616	0.653	0.612	0.667
排序	2	7	5	4	6	3	8	1

5.4.7　吉林省土地利用碳排放效率影响因素分析

对吉林省土地利用碳排放效率影响因素关联度进行分析,各因素关联度从大到小依次为:政府干预>经济发展水平>对外开放程度>城镇化水平>产业结构>科学技术进步>能源结构>人口规模,各影响因素与碳排放效率的关联系数发展平稳,关联度都大体分布在 0.525—0.648。政府干预是影响碳排放效率最为重要的因素,关联度为 0.648,政府环境保护支出不断增加,由 2009 年的 49.48 亿元增至 2019 年的 147.97 亿元。关联度排第二的为经济发展水平,达到 0.638,对外开放程度关联度为 0.557,外商投资额不断提升,对碳排放效率的提升有一定的促进作用。城镇化水平不断提升,对碳排放效率也产生了明显的影响。其余影响因素对碳排放效率的影响潜力较大,第二产业产值占比减少,煤炭消费量占比减少,科学技术投入增加,都有利于碳排放效率的提升(见表 5-12)。

表 5-12　　　　吉林省土地利用碳排放效率关联度分析结果表

影响因素	X1	X2	X3	X4	X5	X6	X7	X8
关联度	0.638	0.535	0.525	0.536	0.534	0.557	0.528	0.648
排序	2	5	8	4	6	3	7	1

5.4.8　黑龙江省土地利用碳排放效率影响因素分析

对黑龙江省土地利用碳排放效率影响因素关联度进行分析，各因素关联度从大到小依次为：能源结构＞政府干预＞对外开放程度＞经济发展水平＞城镇化水平＞人口规模＞科学技术进步＞产业结构，各影响因素与碳排放效率的关联系数不稳定，关联度大体分布在 0.625—0.688。能源结构与土地利用碳排放效率关联度最高，其次是政府干预关联度为 0.682，政府环境保护支出由 2009 年的 59.07 亿元到 2019 年的 211.06 亿元，对土地利用碳排放效率的提升有一定的影响。对外开放程度和经济发展与碳排放效率关联度分别为 0.675、0.669，对黑龙江省土地利用碳排放效率的影响也较为明显。其余影响因素中，城镇化水平提升，城镇常住人口增多，对土地利用碳排放效率也有明显的正向影响。科学技术和产业结构对碳排放效率的影响程度较小，需要注重两者对土地利用碳排放效率的正向作用（见表 5-13）。

表 5-13　　　　黑龙江省土地利用碳排放效率关联度分析结果表

影响因素	X1	X2	X3	X4	X5	X6	X7	X8
关联度	0.669	0.625	0.638	0.648	0.631	0.675	0.688	0.682
排序	4	8	6	5	7	3	1	2

5.4.9　上海市土地利用碳排放效率影响因素分析

对上海市土地利用碳排放效率影响因素关联度进行分析，各因素关联度从大到小依次为：人口规模＞城镇化水平＞能源结构＞产业结构＞科学技术进步＞经济发展水平＞对外开放程度＞政府干预，各影响因素与碳排放效率的关联系数发展趋势一致，稳中有降。人口规模是影响碳排放效率最为重要的因素，关联度为 0.968，上海作为发达城市人口规模和人口流动量较大，对碳排放效率的影响也最大。城镇化水平仅次于人口规模成为影响碳排放效率的第二重要因素，上海市城镇化水平高，位列全国第一，人口、基础设施、产业等区位集聚，资源配置较优，使得碳排放效率提升。其余影响因素中，煤炭消费总量占比、第二产业总值占比、科学技术投入占比对碳排放效率影响较为明显，经济发展、对外开放程度、政府干预对碳排放效率的影响较小（见表 5-14）。

表 5-14 上海市土地利用碳排放效率关联度分析结果表

影响因素	X1	X2	X3	X4	X5	X6	X7	X8
关联度	0.869	0.924	0.968	0.955	0.912	0.798	0.938	0.663
排序	6	4	1	2	5	7	3	8

5.4.10 江苏省土地利用碳排放效率影响因素分析

对江苏省土地利用碳排放效率影响因素关联度进行分析，各因素关联度从大到小依次为：能源结构＞人口规模＞产业结构＞城镇化水平＞科学技术进步＞政府干预＞对外开放程度＞经济发展水平，各影响因素与碳排放效率的关联系数整体呈现下降趋势。能源结构是影响碳排放效率最为重要的因素，关联度为 0.975，人口规模的关联度也较高在 0.911，剩余影响因素的关联度都在 0.900 以下。产业结构、城镇化水平、科学技术与碳排放效率的关联度分别为 0.886、0.841、0.743，说明第二产业总值占比减少，城镇化水平提升以及科学技术投入的增加对提升碳排放效率有明显的作用。政府干预、外商投资以及经济发展对碳排放效率的影响较小，关联度都在 0.7 以下，可以挖掘三要素对碳排放效率的提升路径，缓解碳排放效率提升压力（见表 5-15）。

表 5-15 江苏省土地利用碳排放效率关联度分析结果表

影响因素	X1	X2	X3	X4	X5	X6	X7	X8
关联度	0.635	0.886	0.911	0.841	0.743	0.665	0.975	0.678
排序	8	3	2	4	5	7	1	6

5.4.11 浙江省土地利用碳排放效率影响因素分析

对浙江省土地利用碳排放效率影响因素关联度进行分析,各因素关联度从大到小依次为:产业结构>能源结构>人口规模>城镇化水平>科学技术进步>经济发展水平>对外开放程度>政府干预。在2009—2019年,浙江省土地利用碳排放效率影响程度较高的指标包括产业结构、能源结构、人口规模、城镇化水平、科技支出,这些指标的灰色关联度均大于0.900,其中第二产业/GDP的灰色关联度更是高达0.961。而人均GDP、外商投资额、环境保护支出这些指标的关联度则处在0.760—0.850。11年间在各类影响因素中环境保护支出呈现出逐年下降的发展趋势,其灰色关联度由0.906下降到0.333,总体来看产业结构、人口规模及城镇化水平这些因素对浙江省土地利用碳排放效率有较大的影响(见表5-16)。

表5-16 浙江省排土地利用碳排放效率关联度分析及排序情况

影响因素	X1	X2	X3	X4	X5	X6	X7	X8
关联度	0.849	0.961	0.928	0.925	0.903	0.833	0.952	0.760
排序	6	1	3	4	5	7	2	8

5.4.12 安徽省土地利用碳排放效率影响因素分析

对安徽省土地利用碳排放效率影响因素关联度进行分析,各因素关联度从大到小依次为:城镇化水平>经济发展水平>人口规模>能源结构>产业结构>科学技术进步>政府干预>对外开放程度。在2009—2019年对土地利用碳排放效率影响程度最大的指标为城镇化水平,其灰色关联度为0.845,其次是人均GDP与年末常住总人口,二者的灰色关联度均大于0.800,而能源结构、产业结构、科学技术支出、环保支出、外商投资额这些指标的灰色关联度均处于0.735—0.798,环保支出与外商投资的灰色关联度在这十年间更是呈现出逐年下降的发展趋势,环保支出由0.942下降到0.373,而外商投资由0.944下降到0.333。因此城镇化水平、经济发展水平及人口规模这些因素对安徽省土地利用碳排放效率影响程度较大(见

表 5 – 17）。

表 5 – 17　　安徽省土地利用碳排放效率关联度分析结果表

影响因素	X1	X2	X3	X4	X5	X6	X7	X8
关联度	0.812	0.796	0.806	0.845	0.791	0.735	0.802	0.777
排序	2	5	3	1	6	8	4	7

5.4.13　福建省土地利用碳排放效率影响因素分析

对福建省土地利用碳排放效率影响因素关联度进行分析，各因素关联度从大到小依次为：产业结构 > 人口规模 > 城镇化水平 > 能源结构 > 科学技术进步 > 对外开放程度 > 经济发展水平 > 政府干预。土地利用碳排放效率影响因素排在第一位的是产业结构，灰色关联度达到 0.980，其次人口规模、城镇化水平、能源结构、科技进步这些因素对土地用碳排放效率也有较大程度的影响，灰色关联度均大于 0.900。而对外开放程度、经济发展水平及政府干预这些因素对土地利用碳排放效率的影响程度则相对较小，其中经济发展水平中的人均 GDP 与政府干预中的环保支出这两项指标的灰色关联度更是呈现出逐年下降的趋势，人均 GDP 由 2010 年的 0.923 下降到 2019 年的 0.520，而环保支出由 2010 年的 0.932 下降到 2019 年的 0.333（见表 5 – 18）。

表 5 – 18　　福建省土地利用碳排放效率关联度分析结果表

影响因素	X1	X2	X3	X4	X5	X6	X7	X8
关联度	0.730	0.980	0.977	0.955	0.929	0.802	0.951	0.671
排序	7	1	2	3	5	6	4	8

5.4.14　江西省土地利用碳排放效率影响因素分析

对江西省土地利用碳排放效率影响因素关联度进行分析，各因素关联度从大到小依次为：能源结构 > 产业结构 > 人口规模 > 城镇化水平 > 对外开放程度 > 政府干预 > 科学技术进步 > 经济发展水平。江西省土地利用碳排放效率影响较大的因素包括能源结构、产业结构、人口规模和城镇化水平，灰色关联度均在 0.800 以上，其中煤炭消费量/能源消费总量、第二产业/GDP 二者的灰色关联度在 11 年间变化幅度较小，各年份的灰色关联度均维持在 0.800 以上。而外商投资额、环境保护支出、科学技术支出/GDP、人均 GDP 这些指标的灰色关联度相对较小，在 0.600—0.700 这一范围，且在 11 年间灰色关联度整体上呈现下降的趋势（见表 5 - 19）。

表 5 - 19　　　　　江西省土地利用碳排放效率关联度分析结果表

影响因素	X1	X2	X3	X4	X5	X6	X7	X8
关联度	0.646	0.878	0.873	0.824	0.650	0.687	0.880	0.656
排序	8	2	3	4	7	5	1	6

5.4.15　山东省土地利用碳排放效率影响因素分析

对山东省土地利用碳排放效率影响因素关联度进行分析，各因素关联度从大到小依次为：能源结构 > 产业结构 > 人口规模 > 城镇化水平 > 科学技术进步 > 经济发展水平 > 对外开放程度 > 政府干预。山东省土地利用碳排放效率最大的影响因素为能源结构，灰色关联度为 0.954，排在第二位的是产业结构，灰色关联度为 0.946，第三大影响因素为人口规模，灰色关联度为 0.943，接下来为城镇化水平，灰色关联度为 0.907。而科学技术进步、经济发展水平、对外开放程度及政府干预四类因子的灰色关联度相对较小，保持在 0.600—0.800 这一范围，其中经济发展水平及政府干预 11 年内对土地利用碳排放效率的影响更是呈现出逐年下降的趋势，经济发展水平的灰色关联度由 0.936 下降到 0.558，而政府干预则是由 0.823 下降到 0.395（见表 5 - 20）。

表 5 - 20　　　　　山东省土地利用碳排放效率关联度分析结果表

影响因素	X1	X2	X3	X4	X5	X6	X7	X8
关联度	0.778	0.946	0.943	0.907	0.834	0.725	0.954	0.636
排序	6	2	3	4	5	7	1	8

5.4.16 河南省土地利用碳排放效率影响因素分析

对河南省土地利用碳排放效率影响因素关联度进行分析，各因素关联度从大到小依次为：能源结构＞人口规模＞产业结构＞城镇化水平＞科学技术进步＞政府干预＞经济发展水平＞对外开放程度。第一位的是能源结构，其灰色关联度为 0.945，接下来还包括人口规模、产业结构、城镇化水平、科学技术进步等因素。11 年间各类影响因素中产业结构的影响程度最为稳定，保持在 0.813—0.998 这一区间，而环境保护支出的影响程度变化最为剧烈，呈现出逐年下降的发展态势，由 2009 年的 0.980 下降到 2019 年的 0.333。经济发展水平和对外开放程度影响最小，关联度小于 0.7（见表 5-21）。

表 5-21　　　　　河南省土地利用碳排放效率关联度分析结果表

影响因素	X1	X2	X3	X4	X5	X6	X7	X8
关联度	0.692	0.940	0.943	0.864	0.812	0.689	0.945	0.730
排序	7	3	2	4	5	8	1	6

5.4.17 湖北省土地利用碳排放效率影响因素分析

对湖北省土地利用碳排放效率影响因素关联度进行分析，各因素关联度从大到小依次为：能源结构＞产业结构＞人口规模＞城镇化水平＞政府干预＞科学技术进步＞经济发展水平＞对外开放程度。湖北省土地利用碳排放效率较大的影响因素为能源结构、产业结构、人口规模三项，灰色关联度均在 0.800 以上，而城镇化水平、政府干预、科学技术进步、经济发展水平及对外开放程度这些因素的影响程度则相对较小，均小于 0.800。11 年间各类影响因素中，能源结构的影响程度变化幅度最小，一直保持在 0.821—0.970，相较而言经济发展水平在研究期内变化幅度最大，由 2009 年的 0.910 下降到 2019 年的 0.433。对外开放程度影响最小为 0.619（见表 5-22）。

表 5-22   湖北省土地利用碳排放效率关联度分析及排序情况

影响因素	X1	X2	X3	X4	X5	X6	X7	X8
关联度	0.629	0.837	0.830	0.782	0.632	0.619	0.840	0.674
排序	7	2	3	4	6	8	1	5

5.4.18 湖南省土地利用碳排放效率影响因素分析

对湖南省土地利用碳排放效率影响因素关联度进行分析，各因素关联度从大到小依次为：产业结构＞城镇化水平＞人口规模＞政府干预＞能源结构＞经济发展水平＞科学技术进步＞对外开放程度。湖南省土地利用碳排放效率的各类影响因素的影响程度相差不大，影响程度最高的是产业结构，灰色关联度为 0.877；影响程度最小的因素为对外开放程度，灰色关联度为 0.785。11 年间影响程度变化最大的因素为经济发展水平，其灰色关联度呈现出逐年下降的发展趋势，由 2009 年的 0.985 下降到 2019 年的 0.565，降幅超过 40%，而同一时间能源结构的影响程度则保持在相对稳定的状态，保持在 0.750—0.950（见表 5-23）。

表 5-23   湖南省土地利用碳排放效率关联度分析结果表

影响因素	X1	X2	X3	X4	X5	X6	X7	X8
关联度	0.856	0.877	0.871	0.872	0.840	0.785	0.867	0.869
排序	6	1	3	2	7	8	5	4

5.4.19 广东省土地利用碳排放效率影响因素分析

对广东省土地利用碳排放效率影响因素关联度进行分析，各因素关联度从大到小依次为：产业结构＞能源结构＞城镇化水平＞人口规模＞科学技术进步＞经济发展水平＞对外开放程度＞政府干预。广东省在 2009—2019 年对土地利用碳排放效率影响程度较大的因素包括产业结构、能源结构、城镇化水平及人口规模四类因素，灰色关联度均大于 0.900。其中产业结构的灰色关联度最高，为 0.955，而产业结构在 11 年间的影响程度较为稳定，保持在 0.872—0.992 这一范围内。相较而言科学技术进步、经济发展水平、对外开放程度、政府干预四类因素的影响程度则较小，处于 0.632—0.844 这一范围（见表 5-24）。

表 5-24　　　广东省土地利用碳排放效率关联度分析及排序情况

影响因素	X1	X2	X3	X4	X5	X6	X7	X8
关联度	0.838	0.955	0.922	0.932	0.844	0.783	0.946	0.632
排序	6	1	4	3	5	7	2	8

5.4.20　广西壮族自治区土地利用碳排放效率影响因素分析

对广西壮族自治区土地利用碳排放效率影响因素关联度进行分析，各因素关联度从大到小依次为：能源结构＞产业结构＞人口规模＞城镇化水平＞科学技术进步＞对外开放程度＞政府干预＞经济发展水平。广西最大的影响因素为能源结构，接下来是产业结构、人口规模这些因素，其灰色关联度均在 0.800 以上，相较而言城镇化水平、科学技术进步、对外开放程度、政府干预及经济发展水平对土地利用碳排放效率的影响则比较小。11 年间能源消费结构这一影响因素呈现出逐年上升的发展趋势，由 2009 年的 0.783 上升到 2019 年的 0.900，这表明能源消费对碳排放效率的影响越来越大，而对外开放程度这一影响因素则是呈现出逐年下降的发展趋势，由 2009 年的 0.759 下降到 2019 年的 0.333，降幅超过 50%（见表 5-25）。

表 5-25　　　广西壮族自治区土地利用碳排放效率关联度分析结果表

影响因素	X1	X2	X3	X4	X5	X6	X7	X8
关联度	0.552	0.847	0.841	0.754	0.718	0.647	0.868	0.646
排序	8	2	3	4	5	6	1	7

5.4.21　海南省土地利用碳排放效率影响因素分析

对海南省土地利用碳排放效率影响因素关联度进行分析，各因素关联度从大到小依次为：产业结构＞科学技术进步＞人口规模＞城镇化水平＞

能源结构>政府干预>经济发展水平>对外开放程度。其中，海南省在2009—2019年的产业结构关联度系数一直保持在0.9以上，比较稳定，说明海南省的产业结构对土地利用碳排放效率影响较大。其次是人口规模和城镇化水平，海南省相较于其他省份，人口较少，城镇化水平较高，增加了劳动力产出供给效率，有利于人力资本的提高。科学技术水平对于海南省的土地利用碳排放效率的关联度是0.928，2019年海南省的科学技术财政支出是30.1亿元，占地区生产总值的0.6%，可以看出海南省科学技术水平对土地利用碳排放效率影响是比较显著，应该加大科学技术支出，促进海南省低碳经济发展及土地利用碳排放效率的提高（见表5-26）。

表5-26　　　　海南省土地利用碳排放效率关联度分析结果表

影响因素	X1	X2	X3	X4	X5	X6	X7	X8
关联度	0.685	0.986	0.921	0.913	0.928	0.662	0.840	0.748
排序	7	1	3	4	2	8	5	6

5.4.22　重庆市土地利用碳排放效率影响因素分析

对重庆市土地利用碳排放效率影响因素关联度进行分析，各因素关联度从大到小依次为：人口规模>产业结构>城镇化水平>能源结构>科学技术进步>经济发展水平>对外开放程度>政府干预。2009—2019年重庆市人口规模与土地利用碳排放效率的关联度一直很稳定，均保持在0.9以上，是影响土地利用碳排放效率的一个重要因素。此外产业结构、城镇化水平和能源结构三个因素对土地利用碳排放效率也产生了较大的影响。科学技术、环境保护投入、对外开放与土地利用碳排放效率的关联程度不明显，关联度在0.5上下浮动。重庆市应该在优化产业结构、提高城镇化水平上多下功夫，向利于土地利用碳排放效率的方向发展。政府也应该发挥公共主体的作用，加大在环境保护方面的支出，促进绿色科学技术的开发与应用，促进重庆市低碳发展（见表5-27）。

表 5-27　　重庆市土地利用碳排放效率关联度分析结果表

影响因素	X1	X2	X3	X4	X5	X6	X7	X8
关联度	0.633	0.944	0.988	0.937	0.922	0.563	0.933	0.559
排序	6	2	1	3	5	7	4	8

5.4.23　四川省土地利用碳排放效率影响因素分析

对四川省土地利用碳排放效率影响因素关联度进行分析，各因素关联度从大到小依次为：人口规模＞产业结构＞能源结构＞城镇化水平＞科学技术进步＞政府干预＞对外开放程度＞经济发展水平。由此可见，除了人口，能源是影响四川省土地利用碳排放效率的主要因素，从指标原数据可以看到，2009—2019 年四川省的第二产业产值占比下降接近 10%，煤炭消费量占比下降接近 20%，均取得了明显成效。第二产业产值占比的下降也意味着工业能源消耗的减少，二氧化碳排放量的下降，对于提升建设用地碳排放效率有积极作用，对外开放程度和经济发展水平影响最低，但也在 0.7 以上。因此四川省应不断优化产业和能源结构，提升科技水平，加大对外开放程度，带动四川省的绿色经济发展，促进土地利用碳排放效率的提升（见表 5-28）。

表 5-28　　四川省土地利用碳排放效率关联度分析结果表

影响因素	X1	X2	X3	X4	X5	X6	X7	X8
关联度	0.741	0.963	0.987	0.939	0.889	0.764	0.943	0.869
排序	8	2	1	4	5	7	3	6

5.4.24　贵州省土地利用碳排放效率影响因素分析

对贵州省土地利用碳排放效率影响因素关联度进行分析，各因素关联度从大到小依次为：科学技术进步＞城镇化水平＞政府干预＞经济发展水平＞人口规模＞能源结构＞产业结构＞对外开放程度。科学技术是影响贵州省土地利用碳排放效率的一项重要因素，关联度为 0.940，2009—2019 年科学技术的关联度系数一直保持在 0.8 以上，贵州省可以利用这一优势，发挥科学技术对土地利用碳排放效率的积极影响，促进土地利用碳减排，带动当地低碳经济的发展。其次，城镇化水平、政府干预、经济发展对贵州省的土地利用碳排放效率的关联度也比较高，均在 0.9 以上，积极推进城镇化进程和加大环保投入，有利于贵州省土地利用碳排放效率的提升。影响最小的是产业结构和对外开放程度，但是也在 0.7 以上，影响不可忽视（见表 5-29）。

表 5-29　　贵州省土地利用碳排放效率关联度分析结果表

影响因素	X1	X2	X3	X4	X5	X6	X7	X8
关联度	0.901	0.883	0.895	0.931	0.940	0.705	0.887	0.930
排序	4	7	5	2	1	8	6	3

5.4.25　云南省土地利用碳排放效率影响因素分析

对云南省土地利用碳排放效率影响因素关联度进行分析，各因素关联度从大到小依次为：经济发展水平＞对外开放程度＞政府干预＞城镇化水平＞科学技术进步＝人口规模＞产业结构＞能源结构。云南省经济发展水平与土地利用碳排放效率的关联度最高为 0.707，说明经济发展水平是影响云南省土地利用碳排放效率的重要因素。其他影响因素的关联程度均差别较小，保持在 0.6—0.7，说明对外开放程度、政府干预、城镇化水平、科学技术等因素对于稳定云南省土地利用碳排放效率有较明显作用，可通过吸引外商投资、加大环境保护投入、提高城镇化水平等方式，引导地区经济发展向有利于提升土地利用碳排放效率的方向进行（见表 5-30）。

表 5-30　　云南省土地利用碳排放效率关联度分析结果表

影响因素	X1	X2	X3	X4	X5	X6	X7	X8
关联度	0.707	0.607	0.610	0.625	0.610	0.689	0.606	0.651
排序	1	6	5	4	5	2	7	3

5.4.26　陕西省土地利用碳排放效率影响因素分析

对陕西省土地利用碳排放效率影响因素关联度进行分析，各因素关联度从大到小依次为：经济发展水平＞政府干预＞对外开放程度＞城镇化水平＞科学技术进步＞能源结构＞人口规模＞产业结构。由此可知，陕西省的经济发展水平与土地利用碳排放效率的关联度最高为0.804。近些年来，陕西省的经济发展水平稳中有进，人均GDP也出现了快速上升，2019年达到6.54万元/人，其中2019年陕西省的土地利用碳排放对经济发展的关联系数最高达到0.986。而政府干预、对外开放程度、城镇化水平、科学技术进步对土地利用碳排放效率的影响也十分显著，关联度在0.7—0.779，影响最小的因素为能源结构、人口规模和产业结构，但也在0.67以上，在经济发展过程中也要不断关注这些因素，为陕西省的低碳发展作出贡献（见表5－31）。

表5－31　　　　　　陕西省土地利用碳排放效率关联度分析结果表

影响因素	X1	X2	X3	X4	X5	X6	X7	X8
关联度	0.804	0.678	0.684	0.714	0.700	0.720	0.694	0.779
排序	1	8	7	4	5	3	6	2

5.4.27　甘肃省土地利用碳排放效率影响因素分析

对甘肃省土地利用碳排放效率影响因素关联度进行分析，各因素关联度从大到小依次为：经济发展水平＞政府干预＞对外开放程度＞城镇化水平＞能源结构＞科学技术进步＞人口规模＞产业结构。从结果来看，在该研究区间内尽管经济发展、政府干预、对外开放程度的关联度系数均处于下降趋势，但仍然是影响甘肃省土地利用碳排放效率的三个重要因素。甘肃省经济发展水平与土地利用碳排放效率的关联度最高为0.731，其次是政府干预0.656，政府的环保支出对于当前碳减排也有很大影响。除经济发展水平、政府干预和对外开放程度外，其他影响因素的关联度均在0.6以下，但对于进一步提升甘肃省土地利用碳排放效率仍有一定的影响，需要进一步加强（见表5－32）。

表 5-32　　　　　甘肃省土地利用碳排放效率关联度分析结果表

影响因素	X1	X2	X3	X4	X5	X6	X7	X8
关联度	0.731	0.532	0.536	0.570	0.539	0.623	0.551	0.656
排序	1	8	7	4	6	3	5	2

5.4.28　青海省土地利用碳排放效率影响因素分析

对青海省土地利用碳排放效率影响因素关联度进行分析，各因素关联度从大到小依次为：对外开放程度＞经济发展水平＞政府干预＞城镇化水平＞人口规模＞产业结构＞能源结构＞科学技术进步。可以看出，目前对外开放、经济发展、政府干预是影响青海省土地利用碳排放效率的主要影响因素，其关联度均在 0.8 以上。青海省位于我国西北部地区，对外开放程度有待进一步提高，因此青海省应加大对外开放程度，吸引外商投资，促进当地经济的发展的同时提升青海省土地利用碳排放效率。科学技术、能源结构、产业结构、人口对青海省土地利用碳排放效率的关联度均在 0.6 以下，但在发展过程中，其影响作用也不可忽视。要不断提升经济水平和城镇化水平，增加科技投入，引导其向有利于土地利用碳减排的方向发展（见表 5-33）。

表 5-33　　　　　青海省土地利用碳排放效率关联度分析结果表

影响因素	X1	X2	X3	X4	X5	X6	X7	X8
关联度	0.808	0.584	0.587	0.619	0.545	0.812	0.577	0.803
排序	2	6	5	4	8	1	7	3

5.4.29　宁夏回族自治区土地利用碳排放效率影响因素分析

对宁夏回族自治区土地利用碳排放效率影响因素关联度进行分析，各因素关联度从大到小依次为：科学技术进步＞政府干预＞经济发展水平＞城镇化水平＞人口规模＞能源结构＞产业结构＞对外开放程度。由此可见，科技、经济、政府支持是影响当前宁夏土地利用碳排放效率的主要因素，关联度均大于 0.8，科技的进步带动经济的发展，经济发展促进科技的创新,目前宁夏应加大科技投入,政府增加环保支持,促进地区低碳经济发展。能源、人口、对外开放等因素对宁夏碳排放效率的关联度较小,对外开放对宁夏土地利用碳排放效率的影响最低,但关联度也在 0.7 以上,影响不可忽视(见表 5-34)。

表 5-34　　宁夏回族自治区土地利用碳排放效率关联度分析结果表

影响因素	X1	X2	X3	X4	X5	X6	X7	X8
关联度	0.830	0.771	0.784	0.792	0.853	0.756	0.776	0.840
排序	3	7	5	4	1	8	6	2

5.4.30　新疆维吾尔自治区土地利用碳排放效率影响因素分析

对新疆维吾尔自治区土地利用碳排放效率影响因素关联度进行分析,各因素关联度从大到小依次为:经济发展水平 > 政府干预 > 对外开放程度 > 城镇化水平 > 能源结构 > 人口规模 > 科学技术进步 > 产业结构。受经济发展水平的影响最大,关联度为 0.840,2009—2013 年新疆经济增长速度较慢,近几年的增长较快,新疆人均 GDP 从 1.962 万元/人增加到 5.313 万元/人,经济发展水平与土地利用碳排放效率的关联度也在提高。这与政府的支持也是分不开的,政府干预与土地利用碳排放效率的关联度为 0.789,排名第二,在该研究区间内,新疆政府逐渐增加对环境保护的支出,2019 年达到 87.86 亿元,对于改善当地生态环境给予了很大的支持,对于促进土地利用碳排放效率提高有很大的推动作用。城镇化水平、能源结构、人口规模、科学技术进步、产业结构的关联度均小于 0.7,但都在 0.6 以上,对土地利用碳排放效率也都有一定的影响,需要进一步加强和优化(见表 5-35)。

表 5-35　　新疆维吾尔自治区土地利用碳排放效率关联度分析及排序情况

影响因素	X1	X2	X3	X4	X5	X6	X7	X8
关联度	0.840	0.633	0.672	0.683	0.660	0.703	0.680	0.789
排序	1	8	6	4	7	3	5	2

5.5 本章小结

本章基于测算出来的土地利用静态效率值，选取了经济发展水平、人口规模、产业结构、城镇化水平、科学技术进步、对外开放程度、能源结构、政府干预 8 个指标，对全国（西藏、港澳台除外）30 个省区市的土地利用碳排放效率的主要影响因素进行了灰色关联分析，得出如下结论。

（1）从中国土地利用碳排放效率影响因素的灰色关联分析结果可知，土地利用碳排放效率的影响因素按重要程度排序为：城镇化水平＞人口规模＞产业结构＞能源结构＞科学技术进步＞对外开放程度＞经济发展水平＞政府干预。可见在中国土地利用碳排放效率的主要影响因素中，城镇化水平、人口规模是制约中国土地利用碳排放效率提升的主要因素，关联度均在 0.9 以上；产业结构、能源结构、科学技术水平、对外开放程度对土地利用碳排放效率的影响程度也比较明显，其关联度分布于 0.7—0.9；经济发展水平、政府干预对我国土地利用碳排放效率的影响相对较小。

（2）各省区市城镇化水平与土地利用碳排放效率的关联度较高、地区差异较小。在各省区市土地利用碳排放效率的众多影响因素中均排列在前四名，影响普遍较为显著。其中，山西省和安徽省的城镇化水平与土地利用碳排放效率的关联度排名第一，天津、上海、湖南、贵州四个省区市排名第二，北京、福建、广东、重庆四个省份排名第三，剩余的省区市排名第四。各省区市的城镇化水平整体呈现上升趋势，是土地利用碳排放效率提升的重要因素。

（3）各省区市人口规模与土地利用碳排放效率的关联度普遍较高，全国 30 个省区市除吉林、黑龙江、辽宁、陕西、云南、甘肃、新疆 7 个省区外，其他省区市人口规模与土地利用碳排放效率的关联度均在 0.7 以上。其中，四川、重庆、上海、北京人口规模与土地利用碳排放效率的关联度均排序第一，有 20 个省区市的影响因素排序在前四，整体关联度较高，对土地利用碳排放效率影响较大。

（4）各省区市产业结构与土地利用碳排放效率的关联度总体较高，但是全国30个省区市的产业结构与土地利用碳排放效率的关联度存在较大差异，地区之间发展不平衡。其中，天津、河北、浙江、福建、湖南、广东、海南7个省区市的产业结构与土地利用碳排放效率的关联度均排序第一，占比达到23.33%，江西、山东、河南、湖北、广西、重庆、四川7个省份均排序第二，占比23.33%，而辽宁、黑龙江、陕西、甘肃、新疆5个省份排在最后，对土地利用碳排放效率的影响较小。

（5）各省区市能源结构与土地利用碳排放效率的关联度大多较高。全国30个省份中贵州、四川、重庆、广东、河南、山东、江苏、上海、河北等20个省份的能源结构与土地利用碳排放效率的关联度在0.7以上，占全国的2/3，但是也有1/3的省区市关联度小于0.7。其中，广西、湖北、河南、山东、江西、江苏、黑龙江、内蒙古8个省区的能源结构与土地利用碳排放效率的关联度均排序第一，占比达到26.66%，而青海、甘肃、吉林3个省份关联度均在0.6以下，影响因素排序也较低。

（6）各省区市科学技术进步与土地利用碳排放效率的关联度普遍较高，但是地区之间不均衡。其中，科学技术进步与土地利用碳排放效率关联度在0.9以上的地区有北京、天津、重庆、浙江、海南、福建、贵州7个省份。但有些省份的土地利用碳排放效率与科学技术水平的关联程度较小，如甘肃、青海、湖北、江西、黑龙江、云南、吉林、辽宁这些省份的关联度均在0.7以下，甘肃、吉林甚至只有0.53左右，关联度和排序都较低。其余地区关联度则分布在0.7—0.9，对土地利用碳排放效率有明显的影响。

（7）各省区市对外开放程度与土地利用碳排放效率的关联程度普遍较高。30个地区中有超过2/3的土地利用碳排放效率与对外开放程度的关联度系数在0.7以上。其中北京、天津、河北、山东、河南、上海、江苏、浙江、重庆、四川、福建、广东12个省市对外开放关联度在0.9以上。山西、内蒙古、安徽、江西、湖北、湖南、广西、海南、贵州、宁夏10个省区市关联度位于0.7—0.9。只有黑龙江、吉林、辽宁、云南、甘肃、陕西、青海、新疆 8 个省份的对外开放程度与土地利用碳排放效率的关联度较低，关联系数分布于 0.5—0.7。

（8）各省区市经济发展水平与土地利用碳排放效率的关联度程度差异比较明显，主要分布在 0.528—0.927。其中，内蒙古自治区经济发展水平与土地利用碳排放效率的关联程度最小，天津市关联程度最高。北京、天津、陕西、河北、上海、浙江、安徽、湖南、宁夏、广东、贵州、青海、新疆 15 个省区市的经济发展水平与土地利用碳排放效率的关联度在 0.8 以上，占全国的 50%。其他省份的经济发展与土地利用碳排放效率的关联度均小于 0.8。

（9）各省区市政府干预与土地利用碳排放效率的关联度普遍偏低。具体来看，全国只有宁夏、青海、贵州、四川、湖南 5 个省区的关联度大于 0.8，其他省份的政府干预与土地利用的关联程度均小于 0.8，占 83.3%，其中重庆市政府干预与土地利用碳排放效率的关联程度最小为 0.559，新疆、青海、甘肃、海南、广西、辽宁、吉林等地区的环境保护支出均较低。

第6章 "双碳"目标下中国土地利用减碳增效的适应性策略

土地利用碳排放效率取决于土地利用碳排放量和各种要素值,因此效率的提升一方面要增加碳吸收减少碳排放,降低净碳排放量,另一方面要从影响因素角度去分析提升碳排放效率的适应性策略。之前的研究结果表明土地利用碳排放量的主要影响因素为土地面积、能源消耗、农业生产等,影响中国土地利用碳排放效率的主要因素有城镇化水平、能源结构、产业结构、科学技术水平、对外开放程度,在此基础上对土地利用减碳增效的制约因素进行分析,并提出中国土地利用减碳增效的对策建议,为经济高质量发展提供助力。

6.1 土地利用减碳增效的制约因素分析

6.1.1 耕地面积总量减少,耕地碳排放量增加

耕地的各种作物会通过光合作用进行固碳释氧,从而达到碳吸收的目的。2009—2019年,全国30个省区市(西藏以及港澳台除外)耕地面积由203076.8万亩减少到191792.79万亩,减少了6%。只有辽宁、吉林、黑龙江、新疆、内蒙古5个省区出现耕地面积增加的现象,其中辽宁、吉林、黑龙江分别增加了3%、7%和8%,而新疆和内蒙古耕地面积增加较多,分别增加了38%和25%。剩余25个省区市耕地面积均出现了不同程度的下降,下降幅度在5%—59%,下降幅度比较明显的地区有北京、湖

南、浙江、海南、福建、陕西、天津、广西，均在25%以上，而耕地面积减少量比较大的地区有四川、贵州、陕西、广西、山东、浙江、河南，减少量均在1000万亩以上，其中贵州、陕西、云南、广西地区属于山地丘陵高原地区，土地坡度较大，坡耕地、沙化地耕种条件较差，粮食作物产量较低，因此在国家退耕还林政策不断落实和推动下，林地和园地面积出现了增加，耕地面积随之下降。山东、浙江、河南、四川等地区的耕地面积减少，除了林地和园地面积扩大外，建设用地面积增加也是原因之一。

耕地除了能够进行碳吸收，还会产生碳排放。种植作物过程中会有人类活动的干扰，如施用化肥农药、进行灌溉和使用机械等，这些都会产生碳排放。2009—2019年，全国30个省区市（西藏以及港澳台除外）耕地碳排放量由6502.52万吨增加到7025.06万吨，增加了522.54万吨，增长率达到8%，其主要原因是翻耕、灌溉和农膜使用量增加引起的。翻耕会引起土壤呼吸速率的增加，从而引起二氧化碳排放量的增加，而灌溉会有能源消耗，从而导致碳排放量的增加。耕地面积虽然在减少，但是农作物产量却在增加，为了提高农作物产量，翻耕和灌溉面积在不断扩大，除北京、上海、天津等少数地区外，大多地区翻耕和灌溉面积都出现了增长。而农膜使用量除北京、上海、天津、河北、辽宁、江苏、湖北、贵州、福建、山东10个省市下降外，其余20个省区市均出现不同程度的上升。化肥、农药、农业机械也是影响耕地碳排放的主要因素，虽然从全国整体情况来看，这些因素呈现下降趋势，但是部分地区仍然在增长。如化肥使用量增加的地区有：山西、吉林、辽宁、黑龙江、浙江、河南、云南、陕西、宁夏、新疆、广西、内蒙古；农药使用量增加的地区有：吉林、甘肃、云南、新疆、广西和内蒙古；农业机械使用量增加的地区则较多，包括重庆、吉林、黑龙江、江苏等18个省区市。化肥、农药、农膜的生产运输和使用过程均会引起碳排放，除此之外，化肥、农药也会造成土壤的结构破坏和污染，因此，控制化肥、农药的施用量是农业低碳的重要举措，也是绿色农业的必然选择。

6.1.2 草地水域面积减少，系统碳吸收量降低

草地是重要的碳汇资源，草本植物具有一定的固碳功能，而草地生态系统是中国最大的陆地生态系统，因此虽然其碳吸收系数较小，但是对于增加土地利用系统的碳汇仍有一定的积极作用。2009—2019 年，全国 30 个省区市（西藏以及港澳台除外）草地面积由 430970 万亩减少到 396795.21 万亩，减少了约 34174.79 万亩，下降了 8%。除天津、江苏、上海、甘肃、新疆 5 个省区市有所增加外，其余地区均呈现草地面积下降的趋势，下降幅度为 2%—93%。其中，内蒙古、青海、四川、云南、贵州草地面积减少最多，均在 2000 万亩以上，而河北、陕西、山西、黑龙江、广西草地面积减少也在 1000 万亩以上，除黑龙江是由于耕地、园地面积增加外，其余地区则是由于林地、园地和建设用地面积增加所导致的。

水域是下降幅度最大的土地类型。2009—2019 年，全国 30 个省区市（西藏以及港澳台除外）水域面积由 64035.5 万亩减少至 54431.78 万亩，减少了约 9604 万亩，下降了 15%。除江西、四川、贵州、新疆、重庆水域面积略有增加外，其余省区市水域面积均出现不同程度的下降，下降幅度在 1%—50%。其中，减少面积较多的地区有广东、内蒙古、江苏、黑龙江、甘肃、青海，减少量在 500 万亩以上；而河北、浙江、福建、山东、河南、湖南则次之，减少量在 200 万亩以上。河流、湖泊等水生生态系统是重要的碳汇资源，能将二氧化碳以生物体有机碳和溶解性有机碳等形态固定于水体，因此保护水域也是增加碳汇的主要途径之一。

6.1.3 建设用地规模增大，能源消耗持续增加

建设用地包括工矿用地、商服用地、公共管理与公共服务用地、交通运输用地等，主要用于第二、第三产业，是能源消耗的主体，也是最重要的碳源；同时，由于建设用地的扩张会导致农用地的减少，从而降低土地利用碳吸收。2009—2019 年，我国 30 个省区市（西藏以及港澳台除外）

建设用地面积由 52499.328 万亩增加到 68492.328 万亩，增长量为 15993 万亩，上升幅度达到了 30%。绝大多数地区建设用地面积出现不同程度的增加，增加面积最多的依次为内蒙古、河北、山东、新疆、四川、云南，均在 1000 万亩以上；增长幅度最大的则依次为贵州、云南、青海、内蒙古、新疆、河北、甘肃 7 个省区，增长幅度在 50% 以上。

反映建设用地碳排放量的主要指标为能源消耗，能源消耗量的增加直接引起碳排量的增大，两者呈正相关关系。2009—2019 年，全国能源标准煤使用量由 424380.19 万吨上升至 555855.44 万吨，增加了约 131475 万吨，增长率达到 31%，上升幅度较大。北京、重庆、河南、四川 4 个省市出现能源消耗量下降，上海基本保持不变，其余 25 个地区均出现不同程度的上升。其中，消耗量增长较大的地区依次为：内蒙古、山西、山东、新疆和陕西，能源标准煤的使用量增长均在 10000 万吨以上，是典型的资源型地区和高耗能产业较为集中的地区；能源消耗量增长幅度较大的地区依次为：宁夏、新疆、内蒙古、陕西、山西、广西、海南和江西，增长幅度均在 50% 以上。

6.1.4 能源结构高碳低效，产业结构有待优化

整体来看，2009—2019 年中国煤炭消费占总消费量的占比呈下降趋势，但比重一直较高，说明我国能源消费结构中仍以煤炭能源为主。从全国 30 个省区市的能源结构来看，全国大多省区市煤炭消费量均占能源消费量的一半以上，煤炭消耗量较大的省区市有山西、山东、内蒙古，煤炭消费占比一直位居前列，远高于天然气等清洁能源的占比，不均衡的能源结构导致了二氧化碳的过量排放。从单要素土地利用碳排放效率也可以看出，能源消费量对土地利用碳排放效率有抑制作用，土地利用碳排放量较大，阻碍土地利用碳排放效率的增长。尽管全国各省区市都在积极降低能源消费强度，控制煤炭消费量，加强对清洁能源的使用，煤炭占能源消费的比重仍然较大，天然气、水电等清洁能源占比较小，各省区市能源结构需要进行绿色低碳转型。

我国产业结构有待进一步优化,尽管第二产业产值整体呈现逐年下降趋势,占比由 2009 年的 46.2% 降低为 2019 年的 39.0%,但与发达国家相比仍有差距。工业发展过程中的碳排放对于土地利用碳排放效率的提升有阻碍作用。山西、河南、陕西、江苏、浙江、安徽、福建、江西、湖北、广东、重庆、宁夏共 12 个省区市的工业产值占比在 40% 以上,仍保持在较高水平,产业结构有待进一步优化。粗放式的重工业消耗占比较高,其中煤炭、石油加工、炼焦等重化工业释放大量的二氧化碳,对土地利用碳排放效率有明显的负向影响。因此,减少工业产业的碳排放,开发和应用绿色低碳技术,增大节能减排的空间,是促进碳排放效率提升和优化我国产业结构的必要措施。

6.1.5 科学技术投入较低,制约区域低碳发展

从全国来看,科技支出整体比较稳定,但占比较低,仅保持在 0.8%—1%。从各省区市来看,科学技术水平发展不一,各省区市存在较大差距。从土地利用碳排放效率上看,大多数省区市的土地利用碳排放效率与科学技术水平灰色关联度较大,科学技术水平对于提高土地利用碳排放效率有明显影响。本章通过科学技术支出占 GDP 比重来表示科技水平,内蒙古、辽宁、黑龙江、广西、海南等地区的科学技术投入占 GDP 的比重在均 2016 年左右出现小幅度下降,而且山西、新疆、陕西、甘肃、云南、重庆、广西、四川等超过全国一半的省份科技支出占比都低于 0.5%,大多分布在我国中西部和北部地区,其科学技术投入水平较低,抑制了土地利用碳排放效率的提高,这与地区的经济发展、产业结构有密切的关系,经济欠发达地区的经济结构相对单一,资源依赖性较强,创新性略显不足,劳动力素质有待提高,会制约科技水平的提高,影响区域低碳发展。各省区市应该充分发挥科学技术进步对于土地利用碳排放效率的积极优势,加大对科技的创新投入,减少土地利用碳排放量的产生,提高土地利用碳排放效率,带动地区低碳发展。

6.2 土地利用减碳增效的适应性策略

6.2.1 耕地保数量提质量，稳步提升碳汇能力

根据之前的统计研究，我国目前还有 25 个省区市存在耕地面积减少的情况，耕地虽然既有碳吸收也有碳排放，但是根据统计数据，2019 年我国 30 个省区市（西藏以及港澳台除外）耕地碳吸收量为 90762.14 万吨，而耕地碳排放量仅有 7025.06 万吨，因此耕地主要是碳吸收。《新土地管理法实施条例》和《乡村建设行动实施方案》等政策明确要求，实行最严格的耕地保护制度，严格保护耕地生产空间和生态空间，牢牢守住 18 亿亩耕地红线和永久基本农田保护红线，这不仅是粮食安全底线，也是进行土地利用碳减排的必要举措。已经出现耕地面积减少的省区市，在以后的发展中要尽可能保证耕地数量不下降，按照质量优先序进行结构性保护，有效遏制耕地非农化、非粮化。此外，通过完善耕地占补平衡制度、严格新增耕地认定和监管，健全土地流转和设施用地制度，进一步达到保护耕地的目的。

研究发现虽然耕地面积减少，但是碳吸收却在增加，其主要归因于农作物播种面积和产量的提高。因此，在确保数量不减少的同时，提升耕地质量和农业效率也是保证耕地碳汇增量的关键因素。要重点加强耕地质量建设，从规划、设计、工程建设等全过程进行质量提升，通过秸秆、农家肥还田和施用有机肥等措施改善土壤理化性质，提高其有机质、氮、磷等的含量，这一举措可以重点针对高标准农田建设、土地开发整理、土地复垦和生态修复等过程，在经济发达地区和国家粮食主产区率先出台相关政策及标准，提高耕地质量标准和验收标准。长江中下游、西南地区、华南地区等地的土壤多呈酸性，不仅会引起土壤养分流失、肥力下降、土壤退化，还会加重重金属污染，因此要采取施用绿肥和土壤调理剂的方法提高土壤质量；在东北黑土地区，则要完善农田防护体系和基础设施建设，防

止土壤的风蚀、水蚀，并进行种养结合的保护性耕作，增施绿肥和秸秆还田，增强土壤肥力；在西北地区和沿海等盐碱地集中的地区，则要推广使用土壤调理剂、绿肥、深耕和灌排系统等一系列配套技术措施，逐步改善土壤的理化性质。土壤质量的提高直接影响农作物的产出，可以达到耕地增汇减碳的效果。

6.2.2 提高农业用水效率，加强农业污染防治

我国农业灌溉面积呈现逐年上升的趋势，由于灌溉引起的燃料消耗增加，从而最终导致碳排放量的增大。华北、西北地区干旱少雨，耕地以旱地为主，但是也有部分水浇地，尽可能利用降水来发展雨养农业，在降水量较小的地方推广建设集雨蓄水的窖池用于耕地的灌溉；而在内蒙古中西部和黄土高原等土壤侵蚀较为严重的地区还要推广防风、间作、田间集雨等水土保持措施；此外各地区都要逐渐采用渠道防渗、低压管灌、喷灌、微灌等技术，减少漫灌的面积。在水资源稀缺地区（西北、华北地区等）和经济较为发达的地区（长三角、珠三角等），可以率先深入推进农业水权交易，鼓励进行行业内、行业间、区域内、区域间等多种水权交易，探索新的水权分配方式和交易方式，以市场手段进行水资源优化配置，从而实现农业用水效率的提高。

我国的化肥、农药施用量虽然整体呈现减少的态势，但是数量仍然较大，而且在东北、西北大多数地区以及华北、西南部分地区化肥、农药的施用量仍然呈现增长趋势，因此农药、化肥减量施用也是减少碳排放的关键因素。除了上述内容中重点推进秸秆、粪肥、绿肥、堆肥等有机肥还田利用，还可在一些粮食主产区积极应用水肥一体化、测土施肥、种肥同播等技术，在减少用量的同时提高效率，同时使用新型高效机械，提高农药利用效率，进一步深入开展防治病虫害的研究与应用，减少农药使用。农膜的生产、运输、使用等过程也会引起碳排放，近年来农膜的使用一直呈现增长态势，要因地制宜进行适宜性评估，减少农膜的使用范围，加强农膜的回收再利用，在全生命周期中降低能源消耗，减少碳排放。此外，因

地制宜推广使用生物降解地膜，除可治理塑料污染外，还可促进农业种植技术的发展，降低农业灌溉用水，促进耕地减碳增效。

6.2.3 加强林地系统建设，保障林业碳汇增量

加强林地生态系统建设是保证碳汇增量的主要途径。近年来，我国陆续出台了《关于加快推进生态文明建设的意见》和《生态文明体制改革总体方案》等一系列生态文明建设的政策文件，对林草系统全面进行生态修复，绿化成效显著，林地面积整体呈现增长趋势，但也有少数地区出现了下降，林地资源总量相对不足，生态系统尤其是一些人为修复的生态系统较为脆弱，林地资源无论从数量还是质量上看，都需要进行提升。在北方新疆、内蒙古、京津冀地区，要持续推进三北防护林、退耕还林还草和荒漠化治理工程建设，加强退化林修复技术研究和生态系统修复的科学研究，这一地区林地增长空间较大，是保持碳汇增量的主要来源。东北地区则是重要的粮食产区，所以黑龙江、吉林出现了林地减少、耕地增加的现象，东北林区也是东北、华北等地重要的生态屏障，林地面积较大，是形成我国林业碳汇的主要组成部分，因此在保证主要粮食产区和耕地不减少的前提下要稳定林地的面积，对大小兴安岭、长白山等天然林进行重点保护，部分地区进行合理评估后实施退耕还林还草。对于湖南、广西、贵州、云南等丘陵山地区，重点对石漠化地区实施退耕还林还草，通过建设防护林推进石漠化治理和实现林业增汇减碳。青海、甘肃、山西、陕西、内蒙古、宁夏、河南、山东等是黄河流域主要省区，该区域和西南地区的林地增量为全国最高，在全国林业碳汇能力提高中发挥了重要的作用，这一区域要在黄河流域生态保护和高质量发展重大国家战略指引下，从源头、黄土高原、各大支流、入海口等重点区域推进三北营造林、退耕还林还草、城乡增绿工程建设，加大森林抚育力度和退化林修复，推动森林生态系统的健康发展，从而实现林业碳汇持续稳定增长的目标。此外，积极引入市场机制，对于有条件的地区尽可能明晰林地产权，各省区市不断完善林权的市场交易平台和机制，通过产权交易实现林业资源的优化配置和

可持续利用；进一步完善和推进林业相关的 CCER 项目建设和交易，建立林业碳汇损失或空间补偿机制，有助于提升林业碳汇能力和增量，实现行为引导和先进技术引进的激励功能，使林业资源能够实现高效可持续利用。

6.2.4 统筹园地草地建设，进一步增强碳吸收

草地产生的碳吸收虽然较小，但由于其面积较大，也是构成碳汇的主要部分。近十年来我国草地出现了较大面积的减少，降幅达8%，25个省区市草地面积呈下降趋势，除部分变更为林地和园地外，建设用地占用也是主要原因之一。首先，要重点保护天然草原，主要分布地区为新疆、西藏、青海、内蒙古、四川、甘肃等省区，严禁随意改变用途，推行草畜平衡、休养生息等政策，部分重要生态功能区等实施禁牧，保护天然草原。其次，对于退化草原开展植被、土壤生态修复工程，开展京津风沙源草地治理、退化草原修复治理等工作；除天然草地外，我国其他地区大多是人工牧草地和其他草地，以后者居多，建设用地占用也较多，对于这部分草地可以进行人工植被重建和生态修复。此外，也可以通过对裸土地、沙地、盐碱地等未利用地实施客土覆盖、土壤改良、技术改良等措施复垦为林草地，增加草地面积。加强草地管理制度建设也是保护草地资源的一个重要方面，要通过制度设计避免出现建设用地大量占用草地的情况发生。

园地的碳吸收系数高于林地和草地，因此加强园地建设既可以提高经济效益，也可以提高生态扶贫成效，同时还可以增汇减碳，达到经济效益、生态效益和社会效益的统一。各个地区要加强土地复垦、生态修复等措施的适宜性评价，完善土地质量标准、适宜性评价标准和依据，制定相应的地方标准和政策，因地制宜统筹园地、林地、耕地和草地的建设，合理进行土地规划。

6.2.5 严控建设用地总量，加快能源减碳增效

土地利用的碳源主要由建设用地和耕地产生。而根据之前的计算结果

可知，建设用地碳排放量是耕地碳排放量的 69 倍，因此建设用地是土地利用中最主要的碳源，工业、交通、建筑等消耗的化石能源均会产生相应的碳排放，而且建设用地扩张所导致的农用地的减少也会引起碳吸收量的下降，对增汇减碳起到一定的抑制作用。2009—2019 年，我国经济发展和城市化的推进，导致建设用地出现了扩张现象，而建设用地的碳排放量是按照能源消耗量来进行计算，因此经济社会的发展、建设用地的扩张导致能源消耗量的不断增加，对应的能源标准煤使用量增加了 31%，造成了碳排放量的上升。

针对这一现象提出以下适应性策略：一是强化建设用地总量管控。充分发挥国土空间规划的作用，推进建设用地数量结构、空间布局的低碳优化，优先利用未利用地。2019 年，全国 30 个省区市（西藏以及港澳台除外）未利用地面积为 102472.12 万亩，利用空间较大。进一步挖掘盘活存量建设用地，尤其是城市地下空间、闲置产业园区等建设用地挖潜空间较大，根据各自的约束条件因地制宜科学划定城镇边界，用地向低碳项目倾斜，从而达到控制建设用地总体规模的目的。二是大力发展清洁能源。提高风能、太阳能、地热能、生物质能等可再生能源消耗的比例。内蒙古、河北、吉林、黑龙江、辽宁、甘肃、山东、山西等地区的风能资源丰富，可以积极推进风电基地建设和风电资源发展；我国宁夏、新疆、甘肃、青海、西藏和山西等地区的太阳能资源较为丰富，要创新推广光伏产业，充分利用沙漠荒漠等未利用地进行合理有序开发；山东、江苏、河南、湖北等中东部地区经济发达、人口密度大、作物产量高，生物质能利用空间更大。在黄河、金沙江、澜沧江、大渡河等主要水风光能资源丰富的流域，开展以水风光为主的可再生能源一体化发展。还要有序推进氢能、地热能等其他新型清洁能源的产业布局和技术研发及应用。三是实现传统化石能源绿色低碳转型。我国能源的主要结构仍然是以传统化石能源为主，而且石油、天然气等优质能源占比较小，短期内我国以传统化石能源为主的能源消耗模式不会发生根本改变，因此要推动化石能源清洁高效利用，从开采、输送、使用和废弃物处置等工序全部实施绿色低碳技术。开展煤层气综合利用技术研究和应用,在减少甲烷温室气体排放的同时,还可作为清洁能源产生碳减排。四是把节约能源资源、提高能源利用效率放在重要位置。节能是维护国家能源安全与推进"双碳"目标的重要举措,要实行全面节能战略,使能源消费方式由粗放向集约转变,树立能效引领导向,制定能效标准,推进用能权交易,形成能源高效利用的长效机制。五是推动产业结构转型升级。要想实现碳达峰、碳中和的目标,经济高质量发展和产业转型升级势在必行,我国产业要由要素驱动向创新驱动的新动能转化,形成绿色资产、碳资产新模式,尤其是资源型地区和高耗能产业较为集中的北方地区,除了进行能源转型,更重要的是经济转型,从源头减少能源消耗,从而达到减碳的目的。六是完善碳排放权交易体系。充分发挥市场机制的作用,不断扩大交易履约行业,探索效率更高的配额分配方法,探索市场和政府共同确定的碳排放权定价机制,使其接近企业的减排成本,达到能源资源的优化配置,提高能源利用效率,从而达到碳减排的目的。

6.2.6 调整优化产业结构,提升城镇化水平

第二产业产值占 GDP 的比重与土地利用碳排放效率关联度较高,呈明显的负相关关系,因此优化经济结构与产业结构是提高土地利用碳排放效率的重要途径。优化产业结构首先要推动第二产业转型升级,依法依规压缩和淘汰落后产能,对钢铁、焦化、水泥、船舶等严重过剩行业进行投资引导,有效控制高耗能产业的扩张,推动产业体系和基础能力升级,推动环渤海、长三角、珠三角、中西部等地区优势制造业绿色化转型,支持制造业企业兼并重组。其次,继续推动战略性新兴产业的发展,如信息、生物、高端装备制造、新能源、新材料、绿色低碳产业等作为现阶段重点发展的战略性新兴产业,推广自由贸易试验区、国家级新区、国家级综合改革试验区、国家自主创新示范区等的经验政策,支持各个新区和实验区做强主导产业,大力推行绿色生产方式和发展循环经济,推动产业低碳发展,提高碳排放效率。最后要加快发展现代服务业,通过放宽市场准入机

制，扩大服务业规模，各省区市要因地制宜聚焦优势领域，与当地产业深度融合，创新服务业态和服务模式，使传统服务业向专业化、精细化、高端化转变，不断提升服务业的规模与质量，提高第三产业占比，从而达到提高土地利用碳排放效率的目的。

由研究可知，城镇化水平与土地利用碳排放效率呈正相关关系，提升城镇化水平有助于提高土地利用碳排放效率。"十三五"以来，新型城镇化取得重大进展，但是仍然存在一些问题，如城镇化质量有待提升、城镇化发展空间和动力较大，因此需要继续深入推进城镇化的发展。首先就是要加快农业转移人口市民化，除北京、上海等超大城市外，其他地区可以放宽落户限制，不断完善农业转移人口基本公共服务机制和标准，保障其教育、医疗、住房、劳动等各项权益。其次优化城市空间格局，推动京津冀、长三角、北部湾、粤闽浙、中原等多个城市群的发展，对于大中城市要优化布局和功能以提升城市的品质，增加城市绿化率，对于小城市与小城镇要因地制宜发展特色优势产业，加强公共服务设施建设和低碳改造，推进城乡融合和功能互补，加快实施新型城镇化建设和现代化农村建设。此外，要促进城市建设用地集约高效利用，严格控制建设用地规模的扩张，推进生产消费的低碳化，引导企业绿色低碳转型，倡导市民绿色消费，使得在城镇化水平提升的情况下土地利用碳减排量和碳排放效率仍能稳步提升。

6.2.7 增加科学技术支出，积极引导外商投资

科学技术支出占 GDP 的比重与土地利用碳排放效率关联性较强，是主要的影响因素，加大科学技术支出有利于提高土地利用碳排放效率。党的十八大提出创新是第一动力，我国要建设成为世界科技强国和创新型国家，"双碳"目标的提出也亟须进行产业和能源低碳转型，科学技术发挥着重要的战略作用，形成高效的科技资源配置模式，体现了科技创新的引领和带动功能。引导科技支出向绿色低碳土地利用方向进行，加强物理、化学、材料、数学等学科的基础研究，为绿色低碳转型打下科学基础。山

西、内蒙古、陕西、新疆、湖北、河北等可以立足能源资源禀赋优势和产业优势，开展新能源、新材料、节能环保等领域的关键技术研发和应用，支持与之相应的战略性矿产资源勘探开采技术研究，加大科技支出比重。而在东部经济发达地区可以加大节能环保、生物技术、信息技术等领域的科技投资力度，有效推动低碳技术创新和提高碳排放效率。对耕地、林地、草地、水域等不同生态系统碳汇机理进行深入分析，推动碳汇增加、碳捕集封存等的技术攻关，不断完善相应的碳源碳汇核算方法、体系、参数和模型，提高科学技术支出中低碳相关技术领域的占比，提高土地利用系统生态服务功能和减碳增效力度。发挥政府的投资引导作用和激励机制，要聚焦投资市场不能有效配置资源的节能低碳领域，优化资金的支出结构，充分发挥环境税费等的资金配置功能，用于区域环境保护和绿色低碳转型。创新城市投资运营模式，积极引导外部社会资金投入，拓展多元化融资渠道，完善投资审批制度，加强与土地、环保等制度的协调，提供良好的投融资环境，保证科学技术资金的投入和高效使用。

研究可知，外商投资额对土地利用碳排放效率有明显的促进作用，加大对外开放、积极引导外商投资能够促进土地利用碳排放效率的提高。要鼓励外商在服务业、信息、新能源等新领域进行绿色低碳经济投资，加快引入先进的理念、技术和管理模式。近年来新冠疫情给世界经济发展带来了巨大的挑战，也给外商企业投资和对外贸易带来了不确定性，因此要积极创造良好的营商环境，优化投资环境，加大外商投资合法权益保护力度，稳定外商的投资预期和信心，助力其在华投资经营活动。目前外商的投资主要集中在东部地区，要出台相应的政策措施，以劳动力、资源、平台建设等优势吸引外商增加对中西部地区的投资，将符合我国经济社会高质量发展的绿色低碳、数字经济等新兴领域和中西部优势产业纳入鼓励外商投资的产业目录，一方面可以推进我国经济结构和产业结构转型升级，另一方面可以增加能源环保领域的投资力度，实现土地资源绿色低碳化利用。

6.3 土地利用减碳增效推动经济高质量发展

党的十九大报告指出:"我国经济已由从高速增长阶段转向高质量发展阶段,正处在转变发展方式、优化经济结构、转换增长动力的攻关期,建设现代化经济体系是跨越关口的迫切要求和我国发展的战略目标。"因此,经济高质量发展成为新时代经济发展的战略选择。其核心理念是创新、协调、绿色、开放、共享,是要满足人民群众日益增长的美好生活的需要,加快实现经济建设、政治建设、文化建设、社会建设、生态文明建设"五位一体"全面可持续发展的增长方式。目前中国土地利用产生的碳排放仅次于化石能源燃烧产生的碳排放,减少土地利用碳排放量和提升土地利用碳排放效率不仅有助于我国碳达峰、碳中和目标的实现,同时也推动了我国经济的高质量发展。

6.3.1 优化土地资源配置,发挥科技创新作用,推动经济创新发展

劳动力、土地、科技、能源、资本等要素是经济高质量发展的主要投入要素,而在一个完整的资源环境经济系统中,除了GDP等经济产出外,还会有污染物排放、碳排放、生态环境效益等非期望产出。土地资源作为系统中一个重要的资源要素,深化土地要素市场化配置改革,进行合理高效的资源配置,不仅有利于减碳增效,而且对于推动经济创新发展具有重要的作用。土地利用减碳增效过程中充分发挥了土地资源的载体功能,优化空间布局和统筹各类用地建设,在土地资源稀缺条件下要进行耕地保护、林地草地园地建设以及建设用地总量管控,并且还要保障经济的发展和社会的稳定,因此提高土地资源的集约利用水平和生产效率成为土地利用减碳增效的重要途径。调整优化产业结构和能源结构作为土地利用减碳增效的重要对策,提高了产业的准入门槛,倒逼企业低碳创新和转型升级,激发创新创业活力,推动了新技术、新产业、新业态的出现和发展。

在创新发展中科技创新是关键因素,要构建市场导向的绿色创新体系,加强各重点领域基础和前沿技术的研发力度。土地利用减碳增效中需要不断优化产业结构和能源结构,提升绿色产业的比重,提高建设用地的碳排放效率,这一举措加快了绿色低碳新技术的研发和应用。能源领域是低碳创新的重点领域,在传统能源绿色转型和清洁能源替代过程中,促进了燃煤高效清洁利用技术、煤层气页岩气等开发利用技术的大力发展,同时也推动了光伏、风能、生物质能、氢能等清洁能源在全生命周期中的低碳、低成本、高效率的综合利用技术。能源技术创新是从源头解决碳排放问题,而工业领域技术创新可以从过程到末端进一步减少碳排放,电力、化工、石油、冶金、钢铁等是能源消耗较高的行业,减碳增效过程中会加快低碳、集成耦合、资源循环再利用等技术的研发和应用,实现工业领域低碳数字化的创新发展。农用地土地利用过程中农膜、化肥农药、水资源等的使用会产生碳排放,而减碳的关键是提高农业用水效率、加强农业污染防治,这一措施对于发展高效节水灌溉技术、农膜回收利用技术和绿色肥料生产技术等具有很强的激励作用,使得绿色低碳农业的成本不断下降、效率不断提高,促进我国农业的创新发展。有限的建设用地资源是制约经济发展的重要因素,因此策略中提出的严控建设用地总量、调整优化产业结构是解决低碳发展的必然途径,在市场的调控下,会产生积极的行为引导作用,土地资源会流向一批高技术含量、高附加值的创新型企业,从而实现建设用地资源的最优配置,形成科学合理的产业结构,带动企业、产业、经济的创新发展。

6.3.2 因地制宜减碳增汇,统筹发展城乡区域,推动经济协调发展

中国土地利用类型多样,土地资源禀赋差距较大,各省区市之间经济发展普遍存在不平衡,要实现经济协调发展必须依托各地区的土地资源优势,因地制宜推进土地利用碳减排,通过科学合理的土地资源开发利用实现经济协调发展。在前述的土地利用减碳增效适应性策略中,提出了要因

地制宜统筹规划耕地、林地、园地、草地和建设用地。对于耕地要保数量、提质量，稳步提升碳汇能力，耕地面积减少的25个省区市在以后的发展中要尽可能保证耕地数量不下降，按照质量优先次序进行结构性保护，并针对国家粮食主产区、长江中下游、西南地区、华南地区、东北地区、西北地区提出了相应的提升耕地质量的措施，既减少了碳排放，又促进了作物产量的提高，有利于提高耕地经济效益，促进各地经济发展。对于林地要加强建设，保障林业碳汇增量，重点区域包括东北、新疆、京津冀地区、西南丘陵山区、黄河流域地区等，有针对性地提出了退耕还林还草、荒漠化治理、天然林保护、石漠化治理、产权交易等相应对策，增汇的同时利用市场化手段实现林业资源的生态价值，促使林业资源优化配置，是"绿水青山就是金山银山"的生动体现，有助于推动生态环境与经济的协调发展。对于园地草地建设，要重点保护西北地区天然草原，对于退化草原和未利用地开展生态修复工程，制定相应的地方标准和政策，因地制宜统筹安排园地草地建设，保证土地的碳吸收，而且茶园、果园、畜牧业等直接经济收益较大，对于发展地方经济和提高农村居民收入有一定的正向作用。此外，还可产生一定的生态效益和社会效益，实现经济、生态、社会三者的协调发展。对于建设用地要严控总量，加快能源减碳增效，提出挖掘盘活存量建设用地和利用未利用地的策略，并针对不同地区的能源禀赋提出相应的应对措施，如发展清洁能源、传统化石能源绿色低碳转型、产业结构转型升级、完善碳排放权交易体系等，从源头解决建设用地碳排放问题，通过政策和市场手段引导，提升绿色低碳产业占比，有限的土地资源和能源资源能进行优化配置和可持续利用，最终提高整个地区的经济效率，协调区域间的经济发展。区域间还产生了能源—产业关联，西部能源输往东部沿海经济发达地区，地区形成了各自的支柱和优势产业，这种能源—产业关联产生了区域间的碳排放转移，构成了区域协同发展的基础。在可再生能源产业布局中，经济发达的东部沿海地区可以承担技术研发、高端制造等功能，中部地区承担新材料研发和制造功能，西部地区承担项目落地和运行，充分发挥区域优势，推动区域绿色低碳协调发展。

我国城乡差异巨大，经济发展不平衡，实施城乡协调发展是贯彻新发展理念的必然要求，提升城镇化水平、加快城乡融合是实现城乡协调发展的必由之路。由研究可知，城镇化水平与土地利用碳排放效率呈正相关关系，提升城镇化水平有助于提高土地利用碳排放效率，在此基础上提出农业转移人口市民化、优化城市布局和功能、城乡融合等提升土地碳排放效率的适应性策略。农业转移人口市民化使城镇公共服务惠及更多农业人口，提升农业转移人口素质和收入，缩小差距。加快城乡融合可以提升城镇化水平、推进农业农村现代化，都市圈、县域、发达的乡镇是城乡融合的切入点，要因地制宜发展特色优势产业，加强公共服务设施建设和低碳改造，推进城乡融合和功能互补，充分发挥都市圈、县域、乡镇的引领示范作用，辐射周边乡村，推动人口、土地、资本、科技要素的自由合理流动，加快推进园区建设和培育优势产业，引导产业在城乡有序转移和融合。城镇化水平提升既可稳步提高碳排放效率，也可促进城乡系统的相互融合，实现经济的协调发展。

6.3.3 节能减排降碳增效，提升生态空间质量，推动经济绿色发展

CO_2和$PM_{2.5}$、SO_2、NO_2等常规污染物具有同源性，大部分是来自于化石燃料的燃烧和使用，我国的生态环境问题和土地利用碳排放问题主要是传统化石能源为主的能源结构问题以及高能耗高污染高碳的产业结构问题，因此做好土地利用的减碳增效工作，有利于推动节能提高能效、污染物减排和碳减排，实现减污与降碳、环境保护与气候治理协同增效。土地利用减碳增效策略中提出了加快能源减碳增效，大力发展清洁能源是最重要的途径，结合区域可再生能源禀赋特征，因地制宜地发展可再生能源产业，加强研发和应用，使技术持续进步，不断降低可再生能源的边际开采成本，实现传统能源向可再生能源的平稳过渡，形成能源绿色低碳转型，实现可再生能源的高质量发展。传统化石能源供应的稳定性和可靠性相对更高，因此在一定时期内仍然是能源的主力军，但是传统化石能源要向绿

色低碳转型，实行绿色智能开发和清洁高效利用，加大煤电系统的碳中和及环境治理，推动传统化石能源的绿色高质量发展。节能增效是维护国家能源安全与推进"双碳"目标的必然选择，坚持节能和提高能源利用效率能够加快生产生活方式绿色低碳转型，降低能源消耗，抑制能源浪费，为经济绿色高质量发展提供坚强保证。产业结构转型升级能够从源头减少能源消耗，从而达到碳减排的目的，大力发展绿色低碳产业、信息化产业、生物产业等，培育经济高质量发展动力，提升创新能力的同时推动绿色发展。

减碳增汇是实现"双碳"目标的必由之路，可以减缓气候变化带来的不利影响，提升生态系统服务功能和生态空间质量，土地利用减碳增效过程中推进了国土空间开发、保护、管控新格局的形成，提升了生态系统碳汇能力，统筹推动了经济的绿色发展。研究结果表明，耕地、林地、园地、草地、水域是主要的碳汇空间，而土地利用减碳增汇就是要因地制宜统筹规划土地资源，提升碳汇生态空间质量，稳定农用地生态系统的固碳作用。严守生态红线、严保生态空间，统筹山水林田湖草沙一体化建设，提升耕地质量，增加林地园地面积，加强草地生态保护，持续加强生态恢复和生态建设，建立一系列生态保护制度体系，确保生态系统的完整性和固碳功能，促进人与自然和谐共生，坚持生态优先、保护优先的绿色发展观，促进经济绿色高质量发展。

6.3.4 努力践行"双碳"目标，提升对外开放水平，推动经济开放发展

中国既是经济全球化和开放型经济的贡献者，也是受益者。入世以来，中国积极融入经济全球化，遵守国际贸易规则，参与和推动各项谈判，为完善全球经济治理贡献了自己的力量；同时，我们也收获了对外开放的红利，利用外资额不断上升，关税大幅下降、营商环境逐渐变好，因此我国提出要努力构建开放型经济体系，推动经济开放发展。2020年9月，习近平总书记在第75届联合国大会上提出中国碳达峰、碳中和的

"双碳"目标，关系到全球经济的可持续发展，推动构建人类命运共同体，有利于促进经济低碳转型，推动全球气候治理进程，这一目标的实现需要不断提升对外开放水平，加强国际交流与合作，积极参与国际标准和规则制定，强化与发达国家、"一带一路"沿线国家等的低碳合作，推动绿色贸易扩量提质。

研究可知，外商投资额对土地利用碳排放效率有明显的促进作用，积极引进外商投资能够促进土地利用碳排放效率的提高。鼓励外商在健康、绿色、数字、创新等领域进行投资与合作，广泛利用世界市场和全球优质资源要素，创造良好的营商环境和外部条件，才能快速提高自主创新能力，使得产业和能源进一步转型升级，在低碳发展的同时实现开放发展。"双碳"目标下的对外开放会产生更多的积极引导，会进一步优化外贸结构，扩大绿色低碳先进技术和产品的贸易，推动节能环保和环境服务快速发展，优化外商投资产业结构，鼓励投资绿色低碳领域，打造一批外贸转型升级重点示范区，在数字低碳领域扩大开放，推动示范区培育特色主导产业，对标高标准国际规则和标准，并在全国范围复制推广，充分发挥引领和示范作用，促进经济开放发展。对于中西部能源资源较为丰富的地区，将中西部优势产业纳入鼓励外商投资的产业目录，增加在能源环保领域的投资力度，支持新能源、新材料产业创新发展，加快中西部地区对外开放的力度，实现经济开放发展。

中国政府在全面建成小康社会目标引领下，统筹推进经济、政治、文化、社会和生态文明"五位一体"建设，生态文明建设是其中的重要一环，将碳达峰、碳中和纳入生态文明建设整体布局，凸显了其重要定位和重大意义。中国幅员辽阔，人口众多，土地利用类型多样，生态环境比较脆弱，极易受到气候变化的影响，而近年来中国碳排放总量始终位居世界第一，土地利用是仅次于化石能源的又一重要的碳排放源。土地利用碳减排涉及到了减碳和增汇两个方面，一方面要保持农用地碳汇增量，另一方面减少建设用地能源消耗碳排放，在此过程中不断推进山水林田湖草沙一体化治理，加快自然生态系统减排增汇能力，为碳中和目标如期实现奠定了基础。土地利用碳排放效率可以较好地体现经济系统要素和碳排放之间的关系，结合计算结果和主要影响因素研究，提出能源、科技、产业、对外开放、城镇化水平方面的适应性策略，助力实现"双碳"目标，推动经济高质量发展，共建清洁美丽的家园。

参考文献

[1] 赖力. 中国土地利用的碳排放效应研究[D]. 南京大学, 2010.

[2] 孙赫, 梁红梅, 常学礼等. 中国土地利用碳排放及其空间关联[J]. 经济地理, 2015, 35 (03): 154-162.

[3] 王成, 魏朝富, 邵景安等. 局地土地利用变化现实情景研究[J]. 地理科学进展, 2006 (06): 76-86.

[4] 李雪梅, 周文华. 土地利用碳排放与经济增长脱钩分析——以天津市滨海新区为例[J]. 天津城建大学学报, 2020, 26 (01): 60-64.

[5] 姜尚堃, 李飞, 陈立峰. 遥感技术在分布式水文模型中的应用研究进展[J]. 水资源与水工程学报, 2013, 24 (01): 174-180.

[6] 李秀彬. 全球环境变化研究的核心领域——土地利用/土地覆被变化的国际研究动向[J]. 地理学报, 1996 (06): 553-558.

[7] David S. Schimel. Terrestrial biogeochemical cycles: Global estimates with remote sensing [J]. Remote Sensing of Environment, 1995, 51 (1): 49-56.

[8] 杨风亭, 刘纪远, 庄大方等. 中国东南红壤丘陵区土地利用变化的生态环境效应研究进展[J]. 地理科学进展, 2004 (05): 43-55.

[9] 卢露. 碳中和背景下完善我国碳排放核算体系的思考[J]. 西南金融, 2021 (12): 15-27.

[10] 冀永侠. 张掖灌区土地碳排放与减排研究[D]. 西北师范大学, 2017.

[11] 杨元合, 石岳, 孙文娟等. 中国及全球陆地生态系统碳源汇特

征及其对碳中和的贡献[J]. 中国科学: 生命科学, 2022, 52 (04): 534-574.

[12] 倪筱珈. 湖南省农业低碳化发展评价与优化[D]. 湖南工业大学, 2020.

[13] 连玉明. 低碳城市的战略选择与模式探索[J]. 城市观察, 2010 (02): 5-18.

[14] 陈义. 碳达峰、碳中和形势下打造绿色资产和节能减排路径探讨[J]. 黑龙江科学, 2022, 13 (18): 86-88.

[15] 王胜今, 朱润酥. 低碳城市建设能否助力政府实现碳达峰碳中和目标?——基于低碳城市试点的准自然实验[J]. 现代经济探讨, 2022 (07): 10-17, 40.

[16] 吴建新. 区域净碳排放量系统动力学模型构建研究[J]. 科技与管理, 2011, 13 (01): 66-68.

[17] 马远, 刘真真. 黄河流域土地利用碳排放的时空演变及影响因素研究[J]. 生态经济, 2021, 37 (07): 35-43.

[18] 王涛. 中国土地利用碳排放时空特征及影响因素研究[D]. 中南财经政法大学, 2020.

[19] 夏颖, 蔡丽等. 湖南省碳排放重心转移与碳排放空间依赖研究[J]. 科技创新与生产力, 2020 (01): 25-29, 33.

[20] 张梅, 赖力, 黄贤金等. 中国区域土地利用类型转变的碳排放强度研究[J]. 资源科学. 2013, 35 (04): 792-799.

[21] 吕儒云. 长沙市土地利用碳排放特征及其影响因素研究[D]. 湖南工业大学, 2021.

[22] 王利君. 吉林省土地利用碳排放时空演变规律及效率研究[D]. 吉林大学, 2021.

[23] 张苗. 中国土地利用碳排放效率与收敛性研究[D]. 华中农业大学, 2017.

[24] 乔清亮. 低碳经济背景下贵阳市土地利用碳排放及模拟预测

[D]. 贵州财经大学, 2021.

[25] 谭文兵. 从人地关系视角探讨人类的土地开发利用行为 [J]. 中国国土资源经济, 2016, 29 (06): 11-14.

[26] 包广静, 杨子生. 基于人地关系理论的区域土地持续利用规划反思 [J]. 云南财经大学学报, 2007 (02): 76-80.

[27] 许亚静. 低碳经济的理论基础及其经济学价值 [J]. 科技经济市场, 2017 (03): 91-93.

[28] 朱永霞, 朱红梅, 谭雪兰等. 长沙市低碳经济与土地集约利用的关系研究——基于Tapio脱钩理论的实证 [J]. 国土与自然资源研究, 2016 (01): 53-56.

[29] 许亚静. 低碳经济的理论基础及其经济学价值 [J]. 科技经济市场, 2017 (03): 91-93.

[30] 张昕. 重庆市土地资源可持续利用评价及对策研究 [D]. 重庆大学, 2014.

[31] 陈英, 张仁陟, 张军. 土地利用可持续发展位理论构建与应用 [J]. 中国沙漠, 2012, 32 (02): 574-579.

[32] 冯雪艳. 改革开放40年中国可持续发展理论的演进 [J]. 现代管理科学, 2018 (06): 27-29.

[33] 高宇. 生产效率理论演进及其比较研究 [J]. 天府新论, 2008 (01): 43-48.

[34] 李勇峰. 效率理论视域下提升跨国并购战略绩效路径研究 [D]. 内蒙古大学, 2022.

[35] 吴菲. 基于生产理论的全要素能源效率与能源拥挤研究 [D]. 南京航空航天大学, 2017.

[36] 唐睿, 彭开丽. 土地利用变化对区域陆地碳储量的影响研究综述 [J]. 江苏农业科学, 2018, 46 (19): 5-11.

[37] 李仕利, 唐国滔, 董先胜等. 国内外土地利用/土地覆盖变化研究综述 [J]. 广西农学报, 2008 (03): 42-44.

[38] 万炜,魏伟,钱大文等.土地利用/覆被变化的环境效应研究进展[J].福建农林大学学报(自然科学版),2017,46(04):361-372.

[39] V. Kumar and S. Agrawal. AGRICULTURAL LAND USE CHANGE ANALYSIS USING REMOTE SENSING AND GIS: A CASE STUDY OF ALLAHABAD, INDIA[J]. ISPRS - International Archives of the Photogrammetry, Remote Sensing and Spatial Information Sciences, 2019, XLII-3/W6: 397-402.

[40] Navin Ramankutty and Jonathan A. Foley. Estimating Historical Changes in Land Cover: North American Croplands from 1850 to 1992[J]. Global Ecology and Biogeography, 1999, 8(5): 381-396.

[41] Tukura Nasir Gebi and Akalu Mahmud Mustefa. SOIL EROSION RISK ASSESSMENT DUE TO LAND USE/LAND COVER CHANGES (LULC) IN HANGAR RIVER WATERSHED, NORTHWEST ETHIOPIA[J]. Journal of Sedimentary Environments, 2010, 4(4): 379-386.

[42] Austin K. G. and Jones J. P. H. and Clark C. M. A review of domestic land use change attributable to U. S. biofuel policy[J]. Renewable and Sustainable Energy Reviews, 2022, 159: 112181.

[43] Padbhushan Rajeev et al. Impact of Land-Use Changes on Soil Properties and Carbon Pools in India: A Meta-analysis[J]. Frontiers in Environmental Science, 2022, 9: 794866.

[44] 李旭亮,杨礼箫,田伟等.中国北方农牧交错带土地利用/覆盖变化研究综述[J].应用生态学报,2018,29(10):3487-3495.

[45] 曹献珍,黄洁.我国《土地管理法》成长历程及修改完善[J].中国国土资源经济,2010,23(03):31-33,55.

[46] 张卫国.塔里木河干流土地利用/覆被变化与植被盖度研究[J].黑龙江水利科技,2014,42(07):1-4.

[47] 葛全胜,赵名茶,郑景云.20世纪中国土地利用变化研究[J].地理学报,2000(06):698-706.

[48] 王中华.中国土地利用与土地覆被变化的研究进展与前瞻[J].

徐州教育学院学报，2007（04）：32-35.

［49］刘纪远，宁佳，匡文慧等.2010—2015年中国土地利用变化的时空格局与新特征［J］.地理学报，2018，73（05）：789-802.

［50］朱闯，刘沁萍，田洪阵.2001—2017年中国土地利用时空变化［J］.中国资源综合利用，2019，37（09）：70-71，74.

［51］匡文慧，张树文，杜国明等.2015—2020年中国土地利用变化遥感制图及时空特征分析［J］.地理学报，2022，77（05）：1056-1071.

［52］李沛.基于GIS的长武县土地利用时空变化特征及驱动力分析［D］.长安大学，2020.

［53］张晓瑶，张潇，李冬花等.城市土地利用变化对生态系统服务价值影响的多情景模拟——以深圳市为例［J］.生态学报，2022，42（06）：2086-2097.

［54］王晶，侯兰功，何小勤等.成都平原城市群2000—2019年土地利用变化及其生态环境效应［J］.水土保持通报，2022，42（01）：360-368.

［55］张婷，蔡海生，王晓明.土地利用变化的碳排放机理及效应研究综述［J］.江西师范大学学报（自然科学版），2013，37（01）：93-100.

［56］李键，毛德华，蒋子良等.长株潭城市群土地利用碳排放因素分解及脱钩效应研究［J］.生态经济，2019，35（08）：28-34，66.

［57］王瑶.国内外土地利用碳排放研究进展与挑战——基于CiteSpace知识图谱分析［J］.上海房地，2022（03）：31-33.

［58］唐洪松.西北地区土地利用碳排放效率及减排潜力研究［D］.新疆农业大学，2018.

［59］王震.温州市土地利用碳排放效应及其与经济增长的解耦关系分析［D］.重庆师范大学，2021.

［60］曲福田，卢娜，冯淑怡.土地利用变化对碳排放的影响［J］.中国人口·资源与环境，2011，21（10）：76-83.

[61] R A Houghton The annual net flux of carbon to the atmosphere from changes in land use 1850-1990 [J]. Tellus B: Chemical and Physical Meteorology, 2016, 51 (2): 298-313.

[62] 吴彤. 内蒙古城市土地利用效率与碳排放测度及关联研究 [D]. 内蒙古科技大学, 2020.

[63] Dixon R. K. et al. Carbon Pools and Flux of Global Forest Ecosystems [J]. Science, 1994, 263 (5144): 185-190.

[64] 方精云, 陈安平. 中国森林植被碳库的动态变化及其意义 [J]. 植物学报, 2001 (09): 967-973.

[65] 王伟峰, 段玉玺, 张立欣等. 适应全球气候变化的森林固碳计量方法评述 [J]. 南京林业大学学报（自然科学版）, 2016, 40 (03): 170-176.

[66] 李阳. 城市土地利用/覆盖变化与 CO_2 排放研究 [D]. 华中科技大学, 2013.

[67] 娄伟. 城市碳排放量测算方法研究——以北京市为例 [J]. 华中科技大学学报（社会科学版）, 2011, 25 (03): 104-110.

[68] 刘晔. 武汉市土地利用碳排放压力、减排潜力与低碳优化策略研究 [D]. 华中农业大学, 2019.

[69] 袁壮壮. 南昌市土地利用碳排放变化特征及低碳优化研究 [D]. 东华理工大学, 2021.

[70] 吴谦. 浙江省城镇土地利用碳排放影响因素及减排潜力分析 [D]. 浙江大学, 2019.

[71] 冯杰, 张胜, 王涛. 中国省际土地利用碳排放及其影响因素分析 [J]. 统计与决策, 2019, 35 (05): 141-145.

[72] 张秀梅, 李升峰, 黄贤金等. 江苏省1996年至2007年碳排放效应及时空格局分析 [J]. 资源科学, 2010, 32 (04): 768-775.

[73] 王桂波, 南灵. 陕西省土地利用碳排放效应时空差异分析 [J]. 资源与产业, 2012, 14 (01): 124-130.

［74］周婷婷，毛春梅．我国土地利用与碳排放的关系研究［J］．安徽农业科学，2012，40（02）：1175-1177，1242．

［75］崔艺凡．长三角城市群土地利用碳排放特征及其影响因素研究［D］．中国矿业大学，2019．

［76］卫晓庆．京津冀地区土地利用碳排放特征及影响因素分析［D］．西安科技大学，2019．

［77］魏媛，简小玉．基于碳达峰碳中和的贵州省土地利用碳排放演变及预测研究［J］．生态经济，2022，38（04）：108-114．

［78］禹康康，王延华，孙恬等．太湖流域土地利用碳排放变化及其预测［J］．土壤，2022，54（02）：406-414．

［79］范建双，虞晓芬，周琳．南京市土地利用结构碳排放效率增长及其空间相关性［J］．地理研究，2018，37（11）：2177-2192．

［80］董捷，员开奇．湖北省土地利用碳排放总量及其效率．水土保持通报，2016，36（2）：337-342．

［81］张苗，甘臣林，陈银蓉．基于SBM模型的土地集约利用碳排放效率分析与低碳优化［J］．中国土地科学，2016，30（03）：37-45．

［82］朱巧娴．基于碳排放测算的湖北省土地利用结构效率的时空演变及改进研究［D］．华中农业大学，2016．

［83］程余．中国省级绿色经济发展效率评估和碳减排路径研究［D］．上海大学，2021．

［84］陈星．基于土地利用碳排放效率的区域碳权分配研究［D］．华中农业大学，2017．

［85］Charnes A. and Cooper W. W. and Rhodes E. Measuring the efficiency of decision making units［J］．European Journal of Operational Research，1978，2（6）：429-444．

［86］Hailu A, Veeman T S. Non-parametric productivity analysis with undesirable outputs: an application to the Canadian pulp and paper industry［J］．American Journal of Agricultural Economics，2001，83（3）：605-616．

[87] Tone K. A slacks – based measure of efficiency in data envelopment analysis [J]. European Journal of Operational Research, 2001, 130 (3): 498 – 509.

[88] 金雯. 陕西省土地利用碳排放总量及其效率分析 [J]. 中国资源综合利用, 2018, 36 (05): 165 – 170.

[89] 胡光伟, 刘玉安, 张明等. 基于SBM模型的湖南省城市土地集约节约利用碳排放效率评价 [J]. 国土资源科技管理, 2020, 37 (06): 14 – 27.

[90] 孙艺璇, 程钰, 张含朔. 城市工业土地集约利用对碳排放效率的影响研究——以中国15个副省级城市为例 [J]. 长江流域资源与环境, 2020, 29 (08): 1703 – 1712.

[91] 员开奇. 湖北省土地利用碳排放效率及差别化低碳土地利用调控研究 [D]. 华中农业大学, 2015.

[92] 余光英, 员开奇. 武汉城市圈土地利用碳排放效率评价研究 [J]. 资源开发与市场, 2014, 30 (07): 801 – 805, 816.

[93] 余光英, 员开奇. 湖南省土地利用碳排放动态效率研究: 基于Malmquist指数模型 [J]. 环境科学与技术, 2015, 38 (02): 189 – 194.

[94] 游和远, 吴次芳. 土地利用的碳排放效率及其低碳优化——基于能源消耗的视角 [J]. 自然资源学报, 2010, 25 (11): 1875 – 1886.

[95] 张勇, 张乐勤, 汪应宏等. 安徽省池州市土地利用碳排放演变及其影响因素 [J]. 中国农业大学学报, 2014, 19 (02): 216 – 223.

[96] 张杰, 陈海, 刘迪等. 基于县域尺度土地利用碳排放的时空分异及影响因素研究 [J]. 西北大学学报 (自然科学版), 2022, 52 (01): 21 – 31.

[97] 任菲儿. 陕西省土地利用碳排放及碳减排情景模拟研究 [D]. 长安大学, 2021.

[98] 潘伟, 胡程. 我国不同行业能源消费碳排放分解研究 [J]. 统计与决策, 2019, 35 (04): 141 – 145.

[99] 刘玉珂，金声甜．中部六省能源消费碳排放时空演变特征及影响因素 [J]．经济地理，2019，39 (01)：182 - 191．

[100] 李键，毛德华，蒋子良等．长株潭城市群土地利用碳排放因素分解及脱钩效应研究 [J]．生态经济，2019，35 (08)：28 - 34，66．

[101] 邓宣凯．武汉市土地利用碳排放的影响因素研究——基于扩展的 Kaya 等式和 LMDI 分解方法 [J]．农业与技术，2021，41 (20)：104 - 109．

[102] 宁论辰，郑雯，曾良恩．2007—2016 年中国省域碳排放效率评价及影响因素分析——基于超效率 SBM - Tobit 模型的两阶段分析 [J]．北京大学学报（自然科学版），2021，57 (01)：181 - 188．

[103] 田云，王梦晨．湖北省农业碳排放效率时空差异及影响因素 [J]．中国农业科学，2020，53 (24)：5063 - 5072．

[104] 郭炳南，卜亚．人力资本、产业结构与中国碳排放效率——基于 SBM 与 Tobit 模型的实证研究 [J]．当代经济管理，2018，40 (06)：13 - 20．

[105] 李海霞．京津冀城市碳排放效率与影响因素研究 [D]．天津理工大学，2020．

[106] 臧红映．碳排放效率测算及其影响因素的实证分析 [D]．重庆交通大学，2016．

[107] 曹丹娜，杨小雄，黎虹鑫等．广西地区土地利用与碳排放关联研究 [J]．绿色科技，2022，24 (15)：231 - 235．

[108] 张余，姜博，赵映慧等．东北地区城市土地利用碳排放效应研究 [J]．环境科学与技术，2022，45 (07)：209 - 217．

[109] 袁壮壮．南昌市土地利用碳排放变化特征及低碳优化研究 [D]．东华理工大学，2021．

[110] 孙赫，梁红梅，常学礼等．中国土地利用碳排放及其空间关联 [J]．经济地理，2015，35 (03)：154 - 162．

[111] 赵荣钦，黄贤金，钟太洋等．区域土地利用结构的碳效应评估及低碳优化 [J]．农业工程学报，2013，29 (17)：220 - 229．

[112] 邢秀为，李晓丹，黄鑫等. 中国土地利用碳排放空间特征演化研究 [J]. 资源开发与市场，2019，35（11）：1351-1361.

[113] 石洪昕，穆兴民，张应龙等. 四川省广元市不同土地利用类型的碳排放效应研究 [J]. 水土保持通报，2012，32（03）：101-106.

[114] 方精云，郭兆迪，朴世龙等. 1981~2000年中国陆地植被碳汇的估算 [J]. 中国科学（D辑：地球科学），2007（06）：804-812.

[115] 孙贤斌. 安徽省会经济圈土地利用变化的碳排放效益 [J]. 自然资源学报，2012，27（03）：394-401.

[116] 盖兆雪，詹汶羲，王洪彦等. 耕地利用转型碳排放时空分异特征与形成机理研究 [J]. 农业机械学报，2022，53（07）：187-196.

[117] 卫晓庆. 京津冀地区土地利用碳排放特征及影响因素分析 [D]. 西安科技大学，2019.

[118] 李波，张俊飚，李海鹏. 中国农业碳排放与经济发展的实证研究 [J]. 干旱区资源与环境，2011，25（12）：8-13.

[119] 伍芬琳，李琳，张海林等. 保护性耕作对农田生态系统净碳释放量的影响 [J]. 生态学杂志，2007（12）：2035-2039.

[120] 丁宝根，杨树旺，赵玉等. 中国耕地资源利用的碳排放时空特征及脱钩效应研究 [J]. 中国土地科学，2019，33（12）：45-54.

[121] 张晓雨. 碳排放约束下中国耕地利用效率研究 [D]. 天津商业大学，2020.

[122] Tristram O West and Gregg Marland. A synthesis of carbon sequestration, carbon emissions, and net carbon flux in agriculture: comparing tillage practices in the United States [J]. Agriculture, Ecosystems and Environment, 2002, 91 (1): 217-232.

[123] 朱松丽，蔡博峰，朱建华等. IPCC国家温室气体清单指南精细化的主要内容和启示 [J]. 气候变化研究进展，2018，14（01）：86-94.

[124] 潘栋. 中国省域能源碳排放影响因素分析及预测研究 [D]. 北京林业大学，2020.

[125] 余雪振. 武汉市土地利用变化碳排放效应研究 [D]. 华中农业大学, 2013.

[126] 徐智明, 杨林锋, 孙铭. 合肥市能源消费碳排放测算与分析 [J]. 江西化工, 2015 (02): 83-88.

[127] 曹庆仁, 周思羽. 中国碳减排政策对地区低碳竞争力的影响分析——基于省际面板数据的分析 [J]. 生态经济, 2020, 36 (11): 13-17, 24.

[128] 秦岩, 於冉, 於忠祥等. 2000—2018年长三角中心区土地利用碳排放强度的时空特征 [J]. 河南农业大学学报, 2021, 55 (01): 132-140.

[129] 齐绍洲, 黄锦鹏. "十三五"时期碳排放总量控制对经济发展的影响——以湖北为例 [J]. 湖北社会科学, 2017 (05): 70-75.

[130] 郭永奇. 河南省农田生态系统碳源/碳汇及其碳足迹动态变化 [J]. 东北农业科学, 2021, 46 (06): 87-92.

[131] 王诚, 王晓娟. 长江经济带碳排放效率: 测度与分析 [J]. 统计与决策, 2022, 38 (17): 82-85.

[132] 张苗. 中国土地利用碳排放效率与收敛性研究 [D]. 华中农业大学, 2017.

[133] 顾剑华, 占迎, 李梦. 中国区域间产业转移的全要素碳排放效率动态效应研究 [J]. 西南师范大学学报(自然科学版), 2020, 45 (11): 40-47.

[134] 张胜武, 冯小进. 基于DEA-Malmquist指数的旅游业融资效率研究 [J]. 河南科技学院学报, 2021, 41 (11): 11-19.

[135] Kaoru Tone. A slacks-based measure of super-efficiency in data envelopment analysis [J]. European Journal of Operational Research, 2002, 143 (1): 32-41.

[136] 宁论辰, 郑雯, 曾良恩. 2007—2016年中国省域碳排放效率评价及影响因素分析——基于超效率SBM-Tobit模型的两阶段分析 [J]. 北

京大学学报（自然科学版），2021，57（01）：181-188.

［137］少剑，高爽，黄永源等．基于超效率SBM模型的中国城市碳排放绩效时空演变格局及预测［J］．地理学报，2020，75（06）：1316-1330.

［138］欧国立，许畅然．京津冀货运碳排放效率分析——基于超效率SBM模型及ML指数［J］．北京交通大学学报（社会科学版），2020，19（02）：48-57.

［139］郭炳南，曹国勇．中国各省份碳排放效率与减排潜力测度研究——基于Undesirable-SBM超效率模型的实证分析［J］．生态经济，2017，33（08）：20-24，47.

［140］陈燕和．我国省域碳排放绩效差异及影响因素研究——基于非期望产出的SBM模型及Malmquist指数分解［J］．海南金融，2022（09）：42-57.

［141］何刚，Dongphil Chun，刘海峰等．中国工业行业视角下的石化业全要素生产率Malmquist指数研究［J］．天然气与石油，2022，40（04）：143-151.

［142］尹妮妮，王川川，闫鹏程．"一带一路"省域碳排放效率及驱动因素研究［J］．煤炭工程，2022，54（09）：182-186.

［143］喻葩．基于DEA模型的广东碳排放绩效静态水平与动态变化研究［D］．哈尔滨工业大学，2015.

［144］游和远，吴次芳．农地集约利用的碳排放效率分析与低碳优化［J］．农业工程学报，2014，30（02）：224-234.

［145］宋宝东．全要素视角下西部地区碳排放效率收敛性及影响因素研究［D］．西安建筑科技大学，2019.

［146］周洁．山西省碳排放效率评价及其影响因素研究［D］．中北大学，2016.

［147］谭峥嵘．中国省级区域碳排放效率及影响因素［J］．环保科技，2012，18（02）：35-39.

后　　记

　　自 2020 年中国提出"力争 2030 年前实现碳达峰、2060 年前实现碳中和"的目标以来，中央和地方陆续出台了一系列相关政策、规划和方案，"双碳"战略成为推动经济高质量发展的重要动力。在这一意义深远的时代背景下，作者选取了土地利用碳减排这一角度对我国土地利用碳排放效率进行了研究，并顺利完成了这一工作。

　　行文至此，回首展望，百感交集，收获了许多，也留有一些遗憾。一路走来，得到了太多的帮助和支持，无比感恩！首先感谢学校给予成果的资金资助，使这本书能顺利出版；感谢山西财经大学张苏教授在成书过程中给予的大力支持和帮助；感谢中国地质大学白中科教授提出的宝贵意见；感谢薛盼、武艳晶、杨凯丽、李星翼等在数据资料收集、整理、分析等方面的参与和协作；感谢家人在写作过程中给予的支持和鼓励。谢谢你们！

　　仰之弥高，钻之弥坚。书虽成稿，但仍有很多不足和遗憾，需要在今后的研究和工作中不断学习和探索，借鉴经验，砥砺前行。只要始终保持革故鼎新、一往无前的勇气，始终葆有善于变革、敢于创新的锐气，必定能在未来道路上交出更加优异的答卷！